Helmut Hark
Kollektive Träume

Helmut Hark

Kollektive Träume

Die gemeinsame
Bilderwelt der Seelen

Mit sechs farbigen Abbildungen

Walter Verlag

Die Deutsche Bibliothek – CIP-Einheitsaufnahme

Hark, Helmut:
Kollektive Träume :
die gemeinsame Bilderwelt der Seelen / Helmut Hark. –
Düsseldorf ; Zürich : Walter, 2002
ISBN 3-530-42165-0

© 2002 Patmos Verlag GmbH & Co. KG
Walter Verlag, Düsseldorf und Zürich
Alle Rechte, einschließlich derjenigen des auszugsweisen Abdrucks sowie der foto-
mechanischen und elektronischen Wiedergabe, vorbehalten.
Seite 5: Ulrich Schaffer, Ich träume... um meine tiefsten Wünsche zu spüren, Foto-
kunst-Verlag Groh, Wörthsee bei München 1991
Umschlaggestaltung: Groothuis & Consorten, Hamburg
Satz: KompetenzCenter, Düsseldorf
Druck und Bindung: Freiburger Graphische Betriebe, Freiburg
ISBN 3-530-42165-0
www.patmos.de

Ich träume,
daß wir alle wieder Träumer werden
und das nicht mehr belächeln,
was wir früher für verrückt hielten,
weil es jetzt
unter unseren Händen
zu der Wirklichkeit unseres Lebens wird.

Ich träume
von deiner und meiner Fähigkeit,
so zu träumen,
daß durch die Kraft unserer Träume
die Welt verwandelt wird,
unbeweisbar, unerklärlich,
aber doch spürbar, fest und bleibend.

Ich träume, daß wir,
gespeist von einer inneren Energie
und angeschlossen an Gottes Träume für die Welt,
größer denken, als man es uns gelehrt hat,
und das Wunder immer für möglich halten,
weil es nur dann geschehen wird.

Ulrich Schaffer

Inhalt

Vorwort

Bevor wir uns auf die eigentliche Thematik dieses Buchs einlassen, ein paar persönliche Betrachtungen. Während meiner Lehranalyse und der Ausbildung zum analytischen Psychotherapeuten in den Jahren 1968–74 hatte ich einige bedeutsame Träume, die mir durch die bekannten Deutungsverfahren von Jung, Freud oder Adler nicht hinreichend erschlossen werden konnten. So begab ich mich auf die Suche nach weiteren Möglichkeiten der Interpretation der Träume, die mich auf eine spirituelle Wirklichkeit und eine bewußtseinstranszendente Dimension verwiesen. Bereits während meines Studiums der evangelischen Theologie (von 1957 bis 1964) erweckten biblische Träume mein besonderes Interesse[1]. Ich fand in deren religiösen Symbolen Verstehensmöglichkeiten für jene großen Träume, die ich in diesem Buch als »kollektive Träume« bezeichnen werde, sie gehen nämlich – dies sei hier vorausgeschickt – aus dem kollektiven Unbewußten hervor und verbinden uns mit der kollektiven Seele, an der alle Menschen mit ihrem kollektiven Unbewußten partizipieren.

Während meiner Ausbildung in analytischer Psychologie hatte ich zwei wichtige Erkenntnisse, die für mein späteres Verständnis der kollektiven Träume von grundlegender Bedeutung wurden. Ich fand bei Gotthilf Heinrich von Schubert (1780–1860), einem wichtigen Denker der Romantik, einige Aussagen und Erkenntnisse über Träume, die nach meiner Einschätzung wichtige Einsichten der Traumpsychologie von Freud und Jung vorwegnahmen. Nach v. Schubert wohnt den Träumen eine außergewöhnliche Weisheit inne, auf die wir in der Regel mit unserem wachen Bewußtsein nicht kommen. »Die Reihe unserer Lebensbegebnisse scheint sich nämlich ungefähr nach einer ähnlichen Ideenassoziation des Schicksals zusammenzufügen, als die Bilder im Traume; mit anderen Worten: die Aufeinanderfolge des Geschehenen und Geschehenden, in und außer uns, deren innere Gesetzmäßigkeit uns so vielfältig unbemerkbar und dunkel bleibt, redet dieselbe Sprache, wie unsere Seele im Traume. Dieser gelingt es deshalb, sobald sie ihre Traumbildersprache redet, Kombinationen in derselben zu machen, auf die wir im Wachen freilich nicht kämen; sie knüpft das Morgen geschickt ans Gestern, das Schicksal ganzer künftiger Jahre an die Vergangenheit an, und die Rechnung trifft ein, der Erfolg zeigt, daß sie uns das, was künftig ist, oft ganz richtig vorhersagt.«[2] Ähnlich wie C. G. Jung etwa hundert Jahre später nimmt dieser Gelehrte, der mit seiner Traumpsychologie sehr maßgeblich zur Wertschätzung der Träume in der Romantik beitrug, Analogien an zwischen den bewußten Gedanken und Ideen einerseits und den schöpferischen Kombinationen und Symbolbildungen in den Träumen andererseits.

Weitere Impulse für die Erweiterung meines Weltbildes und meiner Traumpsychologie fand ich bei den Vorsokratikern der alten Griechen, speziell in den Fragmenten von Heraklit aus Ephesus, der im 45. Fragment sagt: »Der Seele Grenzen kannst du im Gehen nicht ausfindig machen, und ob du jegliche Straße abschrittest; so tiefen Sinn hat sie.«[3] An anderer Stelle nennt er die Schlafenden (und man darf auch die Träumenden einschließen) »Werker und Mitwirker an den Geschehnissen in der Welt«. Daraus leite ich die Erkenntnis ab, daß wir in den großen und kollektiven Träumen teilhaben an einem größeren Ganzen. Auch der Arzt und große Gelehrte Hippokrates (um 460 bis 377 v. Chr.) weist darauf hin, daß sich in Träumen spirituelle Einflüsse manifestieren können und wir durch diese Offenbarungen Erkenntnisse gewinnen, die wir auf keinem anderen Wege erfahren könnten[4]. C. G. Jung, der große Lehrer, spricht vom kollektiven Unbewußten, aus dem ich mein Konzept der kollektiven Träume ableite, das ich im Laufe des Buchs darstellen werde. Neben Traumbeispielen liefert dieses Buch auch Praxishilfen und Hinweise für die persönliche Deutung von Träumen.

Zum besseren Verständnis wird empfohlen, zunächst das Glossar mit der Erklärung der grundlegenden Begriffe zu lesen.

Mögen meine Beispiele und die Ausführungen Sie neugierig machen auf die persönlichen Träume, in denen oftmals eine tiefe Weisheit der Seele zum Ausdruck kommt. In diesem Sinne rufe ich Ihnen zu:

Verträumen Sie nicht Ihr Leben, leben Sie Ihre Träume!

Karlsruhe, am Erntedanktag 2001 *Dr. Helmut Hark*

Einführende Bemerkungen

Ein Mandala als Ursymbol für kollektive Träume

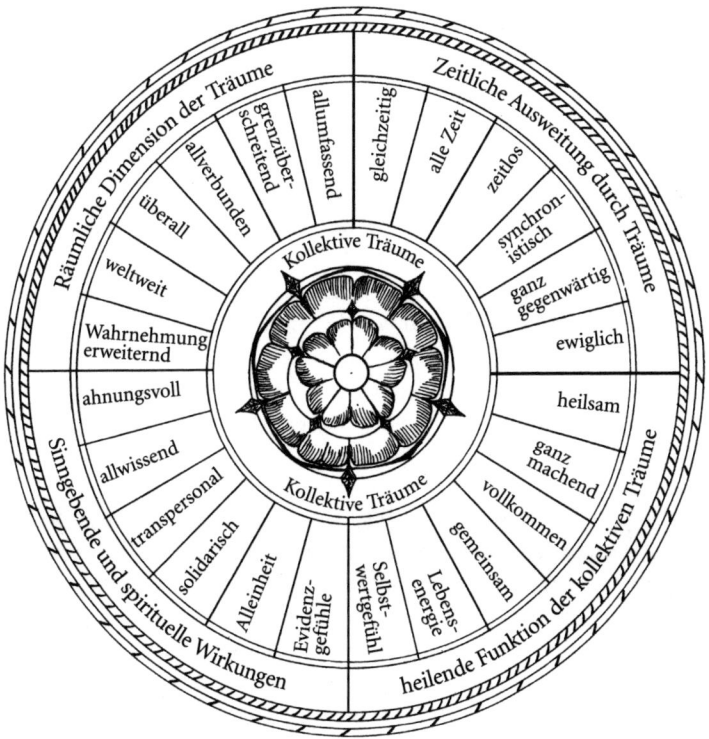

Die gemeinsame Bilderwelt aller Menschen ist weltweit und grenz-überschreitend. So wie die Luft sich nicht an Landesgrenzen hält und die Zugvögel die Kontinente überfliegen, so vermag die Seele auch ihre Schwingen auszubreiten, die Wahrnehmungen zu erweitern und eine Allverbundenheit mit allen Menschen, Wesen und Dingen zu ermöglichen. Bei der Betrachtung der räumlichen Dimension der kollektiven Träume ist auffällig, daß sie durch eine Weite und einen Raum der Freiheit gekennzeichnet ist. Wie von unsichtbarer Hand und einer außergewöhnlichen Kraft und Macht werden die betreffenden Träumerinnen und Träumer in einen bisher nicht gekannten weiten Raum geführt, von dem es im Psalm heißt: »DU stellst meine Füße auf weiten Raum!« (31,9).

In der griechischen Sprache wird dieser Ort »topos« genannt, von dem unser Fremdwort Topographie und die U-topie abgeleitet sind. Das Erscheinungsbild dieses Ortes, seine Bildgestalt und das dahinter verborgene Muster wird »typos« genannt, wovon auch der Begriff Archetypos als Urbild abgeleitet wird. Durch die Imagination und/oder Meditation dieses weiten Raumes kann eine Bewußtseinserweiterung erfolgen. Die weiteren Stichworte im Mandala verweisen auf weitere Qualitäten dieser außergewöhnlichen Raum-Zeit.

Ähnlich verhält es sich mit der zeitlichen Ausweitung, in kollektiven Träumen, also synchronistischen Phänomenen (siehe Kapitel über Präkognition und Wahrträume). Unsere vertrauten Kategorien von Gegenwart, Vergangenheit und Zukunft können in den kollektiven Träumen aufgehoben erscheinen, so daß ein Gefühl von Zeitlosigkeit und Ewigkeit erfahrbar wird. Diese außergewöhnliche Traumzeit in den kollektiven Träumen hat im subjektiven Erleben die Qualität von Zeitlosigkeit. Es erweitert sich das lineare Zeitverständnis und ermöglicht so eine Gleichzeitigkeit, in der die Lebensenergien in tieferen Schichten der Seele berührt und deren Heilkräfte integriert werden können.

Die Lebensenergien dieser Träume haben meistens eine heilsame Qualität und wirken ganz machend auf das Bewußtsein. Das Erleben der mitmenschlichen Gemeinschaft und das Spüren einer seelischen Vollständigkeit stärkt und steigert das Selbstwertgefühl. Damit aufs engste verbunden ist die Sinn gebende und spirituelle Wirkung der kollektiven Träume, weswegen auch häufig spirituelle Symbole und/oder religiöse Rituale darin erscheinen. Diese wiederum rufen ein Evidenzgefühl (Stimmigkeit) hervor, so daß eine Solidarität und ein großes Gefühl von Einheit gespürt werden kann.

Wenn Sie, verehrte Leserinnen und Leser, den Eindruck haben, Sie hätten einen kollektiv bedeutsamen Traum, dann betrachten Sie die 24 Stichworte des Mandalas, um sie auf Ihren Traum anzuwenden. Wenn mindestens drei Merkmale oder mehr zu Ihrem Traum passen, dürfte es sich um einen großen Traum handeln.

Freud, Adler, Jung – Traumtheorien in der Tiefenpsychologie

Seit Menschengedenken helfen Träume in allen Kulturen und Religionen, verborgene Dimensionen des Lebens zu erschließen. In alten Zeiten glaubten die Menschen darüber hinaus, daß die Götter und Göttinnen die Träume als Medium benutzten, um den Menschen Botschaften zu übermitteln. Auch in unserer jüdisch-christlichen Tradition dienen die Träume in der biblischen Überlieferung des Alten Testamentes und des Neuen Testamentes zur Offenbarung der göttlichen Wahrheit und zur Hilfe bestimmter Lebensentscheidungen[5]. Doch in den letzten Jahrhunderten, verstärkt durch die Aufklärung mit ihrer Überbetonung des rationalen Denkens, galten Träume als Schäume, denen angeblich keinerlei Bedeutung innewohne. Erst seit Ende des 19. Jahrhunderts und zu Beginn des 20. Jahrhunderts wurden die Träume durch die Seelenärzte und Tiefenpsychologen Sigmund Freud, Alfred Adler und Carl Gustav Jung in ihrer grundlegenden Bedeutung für die Psychotherapie erkannt. Besonders bemerkenswert war die allen drei tiefenpsychologischen Schulrichtungen gemeinsame Erfahrung, daß mittels der Träume Heilkräfte aus dem Unbewußten zugänglich wurden und damit den therapeutischen Prozeß maßgeblich unterstützten. Gemäß den theoretischen Konzepten und den philosophischen Hintergründen von Freud, Adler und Jung war das Traumverständnis recht unterschiedlich, wie ich im folgenden kurz ausführen möchte.

Nach Freuds bekannter Traumdefinition sind Träume Wunscherfüllungen. Er bezeichnet den ursprünglichen Traum als latenten Traum und den zensierten sowie maskierten Traum, an den man sich nach dem Aufwachen erinnert, als manifesten Traum[6]. Seinem innersten Wesen nach stellt der Traum einen Kompromiß dar zwischen dem Unbewußten und dem Bewußtsein. Es werden folgende Mechanismen der innerseelischen Traumarbeit im Schlaf unterschieden:

1. Verdichtung
2. Verschiebung
3. Symbolisierung
4. Dramatisierung

In dem Prozeß der Verdichtung werden die verschiedensten Bilder zusammengefügt und miteinander verschmolzen. In der Verschiebung geschehen Übertragungen von Gefühlen aus der ursprünglichen Situation auf andere Gegenstände und Personen. In der Symbolisierung geschieht eine Darstellung der Inhalte durch symbolische Repräsentanzen. In der Dramatisierung schließlich geschieht eine Darstellung der inneren Traumgeschichte in Bildern und Symbolen. Da es inzwischen eine große Anzahl von Darstellungen über die Traumtheorie von Freud gibt, seien Interessierte darauf verwiesen[7].

Nach Alfred Adler sind Träume ein Produkt der schöpferischen Kraft des Menschen und Ausdruck des persönlichen Lebensstils. Sie haben die Funktion, die Zugehörigkeit zur Gemeinschaft zum Ausdruck zu bringen, das Selbstwertgefühl des Träumenden zu erhalten. Die Traumsymbole sind Ausdrucksformen des übergeordneten kulturellen Zusammenhangs, der den individuellen Lebensstil mit bestimmt. Der Psychoanalytiker Rainer Schmidt faßt die Traumtheorie von Adler in folgenden zehn Punkten zusammen:

1. Der Traum ist Ausdrucksform des Lebensstils.

2. Der Traum spiegelt den Lebensstil in der Bewegung des Träumenden von einem zum anderen Tag.

3. Der dem Traum innewohnende latente Traumgedanke kann nur gedeutet werden im Kontext und im Verstehen der frühesten Kindheitserinnerungen und dem allgemeinen Verhalten des Individuums.

4. Der Traum hat vor allem die Funktion, das Selbstwertgefühl des Träumenden nicht sinken zu lassen.

5. Der Traum verdichtet Elemente der unteilbaren Ganzheit des Träumenden und seines unauflösbaren Verflochtenseins in einem sozialen Kontext.

6. Jedes Traumelement ist eine Spiegelung des Träumenden selbst.

7. Die im Traum auftretenden Symbole sind zwar Ausdrucksform des kulturellen Zusammenhangs, in dem der Träumende steht, sie sind aber nur zu verstehen vor dem Hintergrund seines individuellen Lebensstils.

8. Traumzensur im Sinne einer Abwehr unerlaubter Triebanteile kommt nicht vor. Abgewehrt wird vielmehr eine drohende Beeinträchtigung des Selbstwertgefühls.

9. Was Freud Widerstand nennt, ist in Wirklichkeit eine Entwertung jener Gedanken, die das Selbstwertgefühl des Ich bedrohen können.

10. Eine Verdrängung findet nicht statt. Auch der Traum unterliegt den Gesetzen der tendenziösen Apperzeption. Es wird zum Bewußtsein nicht zugelassen, was nicht in den Lebensstilkram (Adler) paßt.[8]

C. G. Jung schließlich hat den Träumen eine große lebenspraktische Bedeutung beigemessen[9]. Für ihn resultiert der Traum aus einem ganzheitlichen psychischen Kontext: »Der Traum ist, wie jedes Stück des psychischen Zusammenhanges, eine Resultante des Ganzen der Psyche. Daher dürfen wir erwarten, im Traume auch alles zu finden, was im Leben der Menschheit seit uralters Bedeutung hatte. Sowenig sich das menschliche Leben an sich auf diesen oder jenen Grundtrieb beschränkt, sondern sich auf eine Vielheit von Trieben, Bedürfnissen, Notwendigkeiten, physischen und psychischen Bedingtheiten aufbaut, ebensowenig ist der Traum aus diesem oder jenem Element zu erklären, so bestechend einfach eine derartige Erklärung auch ausfallen mag. Wir können sicher sein, daß sie unrichtig ist, denn keine einfache Triebtheorie wird jemals im Stande sein, die menschliche Seele, dieses gewaltige und geheimnisvolle Ding, zu erfassen und daher auch nicht ihren Ausdruck, den Traum.«[10]

Im Hinblick auf die Beziehung der Träume zum Bewußtsein können nach Jung folgende grundlegende Traumtypen unterschieden werden:

1. Reaktionsträume
2. Situationsträume
3. kompensatorische Träume
4. kollektive Träume aus dem kollektiven Unbewußten.

Bei dem erstgenannten Traumtyp stellt der Traum eine unbewußte Reaktion auf eine bewußte Lebenssituation dar. Die Situationsträume entspringen dem Konflikt und den Spannungen zwischen dem Bewußtsein und dem Unbewußten. Die kompensatorischen Träume verkörpern eine Tendenz im Unbewußten, die danach strebt, die bewußte Haltung des Träumers zu verändern und zu einer ganzheitlichen Lebenseinstellung zu kommen. Unter der Kompensation in tiefenpsychologischem Sinne wird ein fortwährender psychischer Prozeß des Ausgleichs und der Balance zwischen dem Bewußtsein und dem Unbewußten verstanden, welcher der Erhaltung, der Gesundheit und der persönlichen Ausgeglichenheit dient. »Die allgemeine Funktion der Träume besteht in dem Versuch, uns das psychische Gleichgewicht wiederzugeben, indem sie Traummaterial produzieren, das auf subtile Weise die gesamte psychische Balance wiederherstellt. Dies nenne ich die komplementäre (oder kompensatorische) Funktion der Träume. Das erklärt z. B., warum Menschen, die unrealistische Ideen oder eine zu hohe Meinung von sich selbst haben oder allzu grandiose Pläne machen, die außerhalb ihrer Möglichkeiten liegen, oft vom Fliegen oder Fallen träumen. Der Traum kompensiert die Mängel ihrer Persönlichkeit und warnt sie gleichzeitig vor den Gefahren ihres gegenwärtigen Kurses. Wenn die Warnungen des Traumes nicht beachtet werden, können wirkliche Unfälle die Folge sein.«[11]

Der amerikanische Mediziner Albert S. Lyons stellt die drei tiefenpsychologischen Traumkonzepte von Freud, Adler und Jung wie folgt gegenüber:

Gegenstand des Traums

Freud: Verdrängte Frustrationen von Wunscherfüllungen aus der Vergangenheit.

Adler: Überwindung zukünftiger Hindernisse, die der aktiven Selbstbestätigung im Wege stehen.

Jung: Momentane psychische Probleme, die in unserer biologischen Struktur angelegt sind und das kollektive Unbewußte formen.

Ziel des Traums

Freud: Konflikte zwischen den unbewußten Trieben und den bewußten Forderungen der Realität auszudrücken.

Adler: Probleme, die vor einem liegen, auszuloten und ihre Lösung vorzubereiten.

Jung: Uns mit unserer ererbten psychischen Struktur in Einklang zu bringen.

Ursache des Traums

Freud: Unterdrückung von infantilen Bedürfnissen aus der Vergangenheit.

Adler: Vorwegnahme von zukünftigen Problemen.

Jung: Eingebungen unseres biologischen Erbes.

Funktion des Traums

Freud: Als Wächter des Schlafs gewähren Träume Befriedigung und erlauben uns, weiterzuschlafen.

| Adler: | Ratgeber in wichtigen Angelegenheiten. |
| Jung: | Führer durch die Seele des Menschen. |

Tätigkeit des Verstandes im Schlaf

Freud:	Bearbeitung von Bildern, so daß sie akzeptabel und befriedigend werden.
Adler:	Ermöglicht es der Person, Schwierigkeiten klarer zu erkennen.
Jung:	Enthüllt die Verbindung von Mensch und Universum.[12]

Bevor ich auf die spezielle Thematik der kollektiven Träume im Werk von C. G. Jung eingehe, möchte ich zunächst eine allgemeine Begriffsklärung zum Verständnis des Kollektiven geben und dann die Merkmale von kollektiven Träumen beschreiben.

Kollektive Phänomene und Merkmale kollektiver Träume

Im folgenden gehe ich auf die tiefenpsychologische Bedeutung von kollektiven Phänomenen allgemein und von kollektiven Träumen insbesondere ein. Einleitend möchte ich einiges klären zur allgemeinen Bedeutung des Begriffs »kollektiv«. In der Umgangssprache verstehen wir unter einem Kollektiv einen Zusammenschluß, eine Gemeinschaft von Menschen in der Arbeitswelt, in Politik, Religion oder in Vereinen mit bestimmten gemeinsamen Zielen und Überzeugungen. Besonders im Sozialismus aller totalitärer Staaten wurde der Kollektivismus zu der leitenden Ideologie. Indem sich der einzelne kritiklos in ein Kollektiv einfügte, wurde eine gewisse Sicherung und Schutz der persönlichen Existenz in Aussicht gestellt. Zu den Strukturen und Wertvorstellungen von solchen Kollektiven heißt es: »Disziplin, blindes und kritikloses Vertrauen zur Führung, unbedingten Gehorsam, Einsatzbereitschaft, Opferwilligkeit, usw. Dafür verspricht das Kollektiv dem Einzelnen eine gewisse Sicherung seiner Existenz. Das Bedürfnis nach Existenzsicherung ist (in Europa seit dem ersten Weltkrieg) so übermächtig, daß die mit dem Eintritt in ein Kollektiv verbundenen Nachteile entweder überhaupt nicht als solche empfunden oder aber in Kauf genommen werden.«[13]

Aus der totalen Einfügung in ein Kollektiv und der Solidarisierung mit den kollektiven Normen und Werten ergeben sich folgende Nachteile für den einzelnen: Verzicht auf Kritik an den kollektiven Theorien, zunehmende Einbuße der persönlichen Kritikfähigkeit, Verlust des logischen Denkens, Einbuße der individuellen Persönlichkeitswerte, wie z. B. freie Meinungsäußerung, individuelle Lebensgestaltung sowie Delegation der persönlichen Verantwortung auf das Kollektiv eines totalitären Staates. Ein derartiger »Kollektivismus« breitet sich überall da aus, wo wirtschaftliche, politische oder geistige Not das Selbstvertrauen so erschüttert, daß der Einzelne mit den Schwierigkeiten und Problemen des Daseins allein nicht fertigzuwerden glaubt[14].

Nach dem Zusammenbruch der totalitären Staaten mit ihren verschiedenen Kollektivismen scheinen sich in unseren Tagen neue und andere Formen des Kollektivismus und des Kollektivbewußtseins zu entwickeln, und zwar durch die Globalisierung in Wirtschaft und Politik. Weltweite Vernetzung, Internet, Telekommunikation, unabdingbare Begleiterscheinungen der Globalisierung, zeigen ein bisher wenig beachtetes kollektives Grundbedürfnis nach Gemeinschaft und Verbundenheit an. Nach meiner Sicht haben sie ihre Wurzeln in religiösen Grundbedürfnissen, wie es die Bibel der Juden und Christen bezeugt und wie es die heiligen Schriften der anderen Religionen zum Ausdruck bringen. Zur Veranschaulichung dieser Sicht beschränke ich mich auf den jüdisch-christlichen Kontext.

In der biblischen Überlieferung versteht man unter dem Begriff der Gemeinschaft und der Gemeinde eine Versammlung all derer, die die Glaubensüberzeugungen teilen. Eine derartige Gemeinschaft wird inhaltlich definiert als innige Beziehung der Gläubigen untereinander und als enge Verbindung zu Gott oder Christus. Während Martin Luther die entsprechenden Bibelstellen mit Gemeinschaft übersetzt, spricht die ökumenische Einheitsübersetzung von Teilhabe und Zugehörigkeit[15]. Darüber hinaus wird der Begriff auch ausgeweitet auf die Teilhabe und die Gemeinschaft im Heiligen Geist[16]. Der einzelne Mensch und Gläubige wird damit in der überpersönlichen Verbundenheit mit dem Göttlichen gesehen. Diese grundlegende Erfahrung findet in den Konzilien der späteren Jahrhunderte seinen Ausdruck im Glaubensbekenntnis: »Ich glaube an die Gemeinschaft der Heiligen!«

Bereits an dieser Stelle möchte ich einen ersten Versuch machen, die Gegensätze bzw. die Polaritäten einer religiösen Gemeinschaft einerseits und dem politischen Kollektivismus andererseits in Beziehung zu setzen zu dem Phänomen der Träume. Der Traum kann eine kompensatorische Funktion erfüllen, indem er zu einseitige Machtverhältnisse im Kollektiv und bei religiösen Einengungen eine Balance herstellt. Obwohl diese Ausgleichsprozesse im Unbewußten für die Identität der Person sowie der seelischen Gesundheit von größter Bedeutung sind, indem sie das Kollektiv stabilisieren und die religiöse Gemeinschaft fördern, sind gerade die Träume in beiden Systemen häufig bekämpft und unterdrückt worden. Der entscheidende Grund dafür dürfte der befürchtete Machtverlust in den politischen Kollektiven und in den Kirchen sein. Dennoch lassen sich seelische Grundbedürfnisse wie das Träumen nicht unterdrücken und können gerade in Zeiten, in denen die traditionellen Kollektive an Einfluß verlieren, wesentlich zur geistigen Orientierung des Einzelnen und ganzer Gruppen beitragen.

Es hat sich immer wieder gezeigt, daß gerade in Zeiten des Überganges zu neuen geistigen Orientierungen die Beachtung der Traumbotschaften von grundlegender Bedeutung sein kann. Diese Zusammenhänge möchte ich kurz an den Träumen im biblischen Buch Daniel aufzeigen. Das Buch Daniel wurde im 2. Jahrhundert vor Christus verfaßt, als der babylonische König Nebukadnezar viele Menschen aus Judäa in sein Land verschleppte und die Menschen ihre persönliche Identität und geistige Orientierung zu verlieren drohten. Unter ihnen befand sich auch der junge Daniel, der es am Hofe des Königs durch seine Kunst der Traumdeutung recht bald zu hohem Ansehen brachte. Er verstand es trefflich, einen Traum des Königs von einem gewaltigen Standbild und einem Weltenbaum, der bis an den Himmel reichte und auf der ganzen Erde zu sehen war und den wir als kollektiven Traum verstehen, zu deuten, indem er dem König die göttliche Offenbarung für die politische Situation verkündigte. Später hat Daniel selber einen Traum von den vier Tieren und von dem »Menschensohn« als Ankündigung des erwarteten Erlösers. Eindrucksvoll schildert der Text die psychosomatischen Auswirkungen des Traumes auf Daniel, der in der Folge mehrere Tage krank und erschöpft im Bett lag[17]. Als er schließlich wieder aufstehen konnte und seinen Dienst beim König versehen mußte, bedrückte ihn weiterhin der Traum, bis ihm schließlich der Engel Gabriel die klare Einsicht vermittelte. Diese Geschichte liefert bereits einen ersten Anhaltspunkt zum Verständnis von kollektiven Träumen. Kollektiv bedeutsame Träume haben im allgemeinen eine überwältigende Wirkung auf die Betroffenen, auch der König wurde durch seine Träume erschreckt und in Angst versetzt[18]. Seelische Energien können ähnlich wie bei Daniel zu psychosomatischen Reaktionen führen, so daß die Betreffenden unter Schwindelgefühlen leiden oder erschöpft im Bett liegen müssen. Ein weiteres Merkmal für kollektiv bedeutsame Träume ist, daß sie bei Unverständnis ein besonders bedrückendes Gefühl hinterlassen. Ähnlich wie bei Daniel haben mir Menschen in den letzten Jahren von ihrer entsetzlichen Aufregung und tiefen Betroffenheit berichtet, die große Träume aus dem kollektiven Unbewußten auslösen können. Während Daniel dem König die kollektiven Träume zu deuten vermochte, verstand er seinen eigenen großen Traum selber nicht. Die gleiche Erfahrung kenne ich von zahlreichen Traumtherapeuten und von mir selbst. Deshalb erhält der Engel Gabriel die göttliche Weisung zur Deutung und teilt dem Daniel die kollektive Bedeutung mit. Dieser Engel ist uns auch als Verkündigungsengel aus der Weihnachtsgeschichte des Lukas bekannt, der Maria die Botschaft bringt, daß sie einen Sohn gebären werde[19]. Für die Deutung von kollektiven Träumen aus der Tiefenschicht des Selbst bedarf es nach dem Buche Daniel und auch nach meinen Erfahrungen der Mitwirkung der transzendenten Funktion der Seele, die uns zum einen mit dem spirituellen Selbst in Beziehung setzt und die Botschaft aus dieser Dimension zu verstehen hilft.

Die vielgestaltigen Ausdrucksformen von kollektiven Träumen

Nach einer kurzen Einführung in die allgemeine Traumpsychologie möchte ich jetzt den Leserinnen und Lesern einen ersten Überblick über die vielgestaltigen Ausdrucksformen und Motive von kollektiven Träumen geben. Im Unterschied zu den individuellen Träumen, die ganz persönliche Erfahrungen und individuelle Probleme zum Ausdruck bringen, ist ein grundlegendes Merkmal der kollektiven Träume, daß sie die einzelnen Träumer zu einem größeren Ganzen in Beziehung bringen. Damit ist gemeint, sich in einem derartigen Traum eins zu fühlen mit der Natur, der Umwelt oder sogar dem Kosmos.

Da in den letzten Jahren viele Menschen Erfahrungen mit dem Internet gemacht haben, kann diese Möglichkeit der Vernetzung ein Sinnbild für das sein, was auch in kollektiven Träumen erfahrbar wird. In engstem Zusammenhang mit der Vernetzung steht das Gefühl der Zugehörigkeit zu einer großen menschlichen Gemeinschaft, einer Kultur oder einer Religion. Durch diese Erfahrung der Zugehörigkeit des Individuums durch einen kollektiven Traum entsteht ein Gemeinschaftsgefühl, durch das die Isolation des Einzelnen aufgehoben wird. Während das Surfen im Internet u. a. manchmal die Illusion erwecken kann, der Einsamkeit und der Isolation zu entfliehen, vermitteln die genannten kollektiven Träume ein tragendes Gefühl der Gemeinschaft und Zugehörigkeit.

Ein vielfältiges Anschauungsmaterial für das Erkennen von kollektiven Träumen bilden Märchenmotive und mythologische Symbolgestalten in den Träumen. Besonders in den sogenannten großen Träumen erscheinen häufig Motive aus Märchen und Mythen, die damit den Traum des Individuums in einen kollektiven Zusammenhang stellen. Aus der Traumtherapie und der Traumforschung ist bekannt, daß insbesondere Kinder häufig derartige Motive träumen.

Als Beispiel für diese Zusammenhänge berichtet C. G. Jung die Traumserie eines 8-jährigen Mädchens, das ein Jahr später unerwartet an einer Infektionskrankheit sterben sollte. Das Mädchen träumt von einem schlangenähnlichen Ungeheuer mit vielen Hörnern. Dann ereignet sich eine Himmelfahrt, wo heidnische Tänze zelebriert werden und danach ein Abstieg in die Hölle geschieht. In einem weiteren Traum wird das Mädchen von Tieren geängstigt, die schließlich ungeheuer groß werden und das Mädchen verschlingen. In einem anderen kosmischen Traum sieht das Mädchen auf dem Mond eine Wüste, in der sie so tief in den Boden versinkt, daß sie schließlich in der Hölle landet. Später träumt das Mädchen, daß sie krank sei und Vögel aus ihrer Haut kommen und sie vollständig bedecken. Auch zahlreiche weitere Motive im Traum des Mädchens zeigen kollektive Symbole, welche ein Merkmal von kollektiven Träumen sind[20].

Auch archetypische Symbole, die zu allen Zeiten und in allen Kulturen und Religionen eine überpersönliche Lebenserfahrung oder eine Gottesvorstellung zum Ausdruck bringen, kennzeichnen kollektive Träume, sowie auch die vier Elemente: Feuer, Wasser, Luft und Erde. Die Erfahrungen, die Menschen zu allen Zeiten mit diesen Elementen und deren Symbolisierung in Träumen gemacht haben, mögen zwar in Nuancen in den verschiedenen Kulturen etwas variieren, aber die grundlegenden Erfahrungen sind stets die gleichen.

Schließlich seien noch die verschiedenen Grenzerfahrungen in den verschiedenen Entwicklungsstadien des Lebens erwähnt, die ebenfalls in kollektiven Symbolen in Erscheinung treten. Dazu gehören insbesondere die Todesträume, die entweder den symbolischen Tod im Sinne des ewigen Stirb und Werde ankündigen oder den tatsächlich bevorstehenden Tod vor Augen führen[21]. Auf derartige Erfahrungen und weitere Merkmale für kollektive Träume wird im Verlaufe der späteren Ausführungen eingegangen.

Der Theologe Walter Pahnke hat für mystische Erlebnisse und spirituelle Erfahrungen folgende grundlegende Motive und Symbole zusammengestellt, die nach meiner Erkenntnis auch für die Bedeutung und Wirkung von kollektiven Träumen zutreffend sind:

1. Einheit: das Gefühl der kosmischen Einheit, bedingt durch positive Ich-Transzendenz (»Alles ist eins«, »Unio mystica«),
2. Transzendenz von Raum und Zeit, das Verschmelzen von Vergangenheit, Gegenwart und Zukunft (Akasha),
3. tiefe positive Stimmung: Gefühle von Glückseligkeit, Gnade, Frieden und Liebe,
4. das Gefühl von Heiligkeit: Vergöttlichung von Ich und Du,
5. höchste Wirklichkeitsqualität,
6. Paradoxie: die Auflösung von Gegensätzen,
7. Unaussprechlichkeit: die linguistische Unausdrücklichkeit,
8. Vergänglichkeit des Gipfelerlebnisses bei einer andauernden Nachwirkung,
9. bleibende positive Änderungen in Anschauungen und Verhalten, sich selbst und anderen gegenüber[22].

Kollektive Träume im Leben und Werk von C. G. Jung

Für unser Thema wichtig ist der Begriff des kollektiven Unbewußten, den C. G. Jung kreiert hatte, um jene Tiefenschichten der Seele zu beschreiben, in der alle Menschen miteinander durch die Grunderfahrungen des Lebens verbunden sind. Nachdem Jung bereits während seiner Zusammenarbeit mit Freud im Jahre 1909 durch einen großen Traum mit archtypischen Bildern von diesem Begriff und in den folgenden Jahren in seinen Briefen und Werken wiederholt darauf zu sprechen kam[23], wollte er wegen mancherlei Mißverständnisse diesen Begriff in einem grundlegenden Vortrag 1936 in einem Hospital vor Ärzten und Kollegen in London klären. Er führte dazu aus: »Das kollektive Unbewußte ist ein Teil der Psyche, der von einem persönlichen Unbewußten dadurch negativ unterschieden werden kann, daß er seine Existenz nicht persönlicher Erfahrung verdankt und daher keine persönliche Erwerbung ist. Während das persönliche Unbewußte wesentlich aus Inhalten besteht, die zu einer Zeit bewußt waren, aus dem Bewußtsein jedoch entschwunden sind, in dem sie entweder vergessen oder verdrängt wurden, waren die Inhalte des kollektiven Unbewußten nie im Bewußtsein und wurden somit nie individuell erworben, sondern verdanken ihr Dasein ausschließlich der Vererbung. Der Begriff des Archetypos, der ein unumgängliches Korrelat zur Idee des kollektiven Unbewußten bildet, deutet das Vorhandensein bestimmter Formen in der Psyche an, die allgegenwärtig oder überall verbreitet sind[24].

Wie bereits erwähnt, hatte Jung während der Zusammenarbeit mit Freud zu Beginn unseres Jahrhunderts mehrere große Träume mit kollektivem Inhalt, die eine Fülle von symbolischem Material beinhalteten. Besonders der folgende Traum, den er während einer Reise zusammen mit Freud im Jahre 1909 auf der Fahrt in die USA hatte, vermittelte Jung eine grundlegende Einsicht in die Symbole kollektiver Träume. Dieser Traum lautet:

»Ich war in einem mir unbekannten Hause, das zwei Stockwerke hatte. Es war ›mein Haus‹. Ich befand mich im oberen Stock. Dort war eine Art

Wohnzimmer, in welchem schöne alte Möbel im Rokokostil standen. An den Wänden hingen kostbare alte Bilder. Ich wunderte mich, daß dies mein Haus sein sollte und dachte: nicht übel! Aber da fiel mir ein, daß ich noch gar nicht wisse, wie es im unteren Stock aussähe. Ich ging die Treppe hinunter und gelangte in das Erdgeschoß. Dort war alles viel älter, und ich sah, daß dieser Teil des Hauses etwa aus dem 15. oder aus dem 16. Jahrhundert stammte. Die Einrichtung war mittelalterlich, und die Fußböden bestanden aus rotem Backstein. Alles war etwas dunkel. Ich ging von einem Raum in den anderen und dachte: Jetzt muß ich das Haus doch ganz explorieren! Ich kam an eine schwere Tür, die ich öffnete. Dahinter entdeckte ich eine steinerne Treppe, die in den Keller führte. Ich stieg hinunter und befand mich in einem schön gewölbten, sehr altertümlichen Raum. Ich untersuchte die Wände und entdeckte, daß sich zwischen den gewöhnlichen Mauersteinen Lagen von Backsteinen befanden; der Mörtel enthielt Backsteinsplitter. Daran erkannte ich, daß die Mauern aus römischer Zeit stammten. Mein Interesse war nun aufs höchste gestiegen. Ich untersuchte auch den Fußboden, der aus Steinplatten bestand. In einer von ihnen entdeckte ich einen Ring. Als ich daran zog, hob sich die Steinplatte, und wiederum fand sich dort eine Treppe. Es waren schmale Steinstufen, die in die Tiefe führten. Ich stieg hinunter und kam in eine niedrige Felshöhle. Dicker Staub lag am Boden, und darin lagen Knochen und zerbrochene Gefäße wie Überreste einer primitiven Kultur. Ich entdeckte zwei offenbar sehr alte und halb zerfallene Menschenschädel. – Dann erwachte ich.«[25]

Die Bilder und Symbole des Traumes zeigen eindrucksvoll den Abstieg in immer tiefere Schichten der Seele. Jung erkennt, daß die Mauern aus römischer Zeit stammten. Schließlich gelangt der Träumer in eine Felsenhöhle, die nach dem tiefenpsychologischen Schichtenmodell auf das Matriarchat verweist. Für Jung bedeutet dieser Traum eine Initiation in das kollektive Unbewußte, wo wir den Überresten einer primitiven Kultur begegnen.

Über die Bedeutung und den Sinn des Traumes schreibt Jung:

»Es war mir deutlich, daß das Haus eine Art Bild der Psyche darstellte, d. h. meiner damaligen Bewußtseinslage mit bis dahin unbewußten Ergänzungen. Das Bewußtsein war durch den Wohnraum charakterisiert. Er hatte eine bewohnte Atmosphäre, trotz des altertümlichen Stils. Im Erdgeschoß begann bereits das Unbewußte. Je tiefer ich kam, desto fremder und dunkler wurde es. In der Höhle entdeckte ich Überreste einer primitiven Kultur, d. h. die Welt des primitiven Menschen in mir, welche vom Bewußtsein kaum mehr erreicht oder erhellt werden kann. Die primitive Seele des Menschen grenzt an das Leben der Tierseele, wie auch die Höhlen der Urzeit meist von Tieren bewohnt wurden, bevor die Menschen sie für sich in Anspruch nahmen. Es wurde mir damals in besonderem Maße bewußt, wie stark ich den Unterschied zwischen Freuds geistiger Einstellung und der meinigen empfand.«[26]

Weil dieser Traum für Jung bei der Entwicklung seiner Vorstellung vom kollektiven Unbewußten und für die Bedeutung kollektiver Träume wichtig wurde, lasse ich ihn nochmals zu Worte kommen:

»Mein Traum (...) ging offenbar zurück bis in die Grundlagen der Kulturgeschichte, einer Geschichte aufeinander folgender Bewußtseinslagen. Er stellte etwas wie ein Strukturdiagramm der menschlichen Seele dar, eine Voraussetzung durchaus *unpersönlicher* Natur. Diese Idee schlug ein, »it clicked«, wie der Engländer sagt; und der Traum wurde mir zu einem Leitbild, das sich in der Folgezeit in einem mir unbekannten Maße bestätigte. Er gab mir die erste Ahnung eines kollektiven a priori der persönlichen Psyche, das ich zunächst als Spuren früherer Funktionsweisen auffaßte. Erst später, bei vermehrter Erfahrung und zuverlässigerem Wissen erkannte ich die Funktionsweisen als Instinktformen, als Archetypen.«[27]

Als Jung dann ab 1934 mit der systematischen Erforschung der Alchimie begann, entdeckte er weitere kollektive Bedeutungen der Schädelsymbolik. Nach alchimistischer Anschauung soll das Gefäß für die Wandlung des Stoffes, das »vas hermeticum« nach der Form des Schädels nachgebildet sein und eine runde Form haben. Nach alter Anschauung ist der Kopf, respektive das Gehirn, der Sitz der »anima intellectualis«, des geistigen Potentials des Menschen und verbindet ihn mit der Weltenseele, der »anima mundi«. Die Krönung des alchimistischen Werkes ist dann die Herstellung des »Runden«, für das der Schädel und alle runden Ausdrucksformen der Träume ein Beispiel sind.

Nachdem Jung im Anschluß an seinen kollektiven Traum den Begriff des kollektiven Unbewußten zur Diskussion gestellt hatte, sollte in den folgenden Jahrzehnten eine rege Diskussion daran folgen. In einem Brief an Dr. Kurt Plachte schreibt Jung: »Wir dürfen uns das kollektive Unbewußte weder als Ordnung noch als Unordnung vorstellen. Die Erfahrung weist beides nach. Es kann daher bei ungeordnetem Bewußtsein Ordnung aus dem Unbewußten kommen und umgekehrt, bei zu engem Kosmos des Bewußten bricht unbewußtes Chaos herein. Bei der Bildung großer Religionen handelt es sich zunächst um kollektive Desorientiertheit, welches ein überwältigendes Ordnungsprinzip im Unbewußten allgemein konstelliert (kollektive Erlösungssehnsucht). Der Prophet erkennt aus der Not der Zeit durch innere Schau das hilfreiche Gebilde im kollektiven Unbewußten und spricht es aus im Symbol; weil er aus dem kollektiven Unbewußten spricht, so spricht er für jedermann.«[28] Ähnlich wie ein Prophet, ein Visionär oder Träumer im religiösen Kontext die Urbilder im kollektiven Unbewußten schaut, so sind auch die großen Künstlerinnen und Künstler zu allen Zeiten die Vermittler dieser kollektiven Urbilder.

Über die seelische Spiegelung der Welt in den kollektiven Träumen und über die psychischen Voraussetzungen einer derartigen Erfahrung schreibt Jung an einen Adressaten in Holland:

»Das Unbewußte ist keineswegs, wie es in der Freudschen Auffassung erscheint, ein an sich leerer Sack, in dem die Abfälle des Bewußtseins gesammelt werden, sondern es ist die ganze andere Hälfte der lebendigen Seele. Ja noch mehr, es ist eine seelische Spiegelung der ganzen Welt. Wenn Sie sich auf diese Problematik einlassen, so werden Sie bald sehen, daß unser Subjekt hineingestellt ist zwischen zwei gegensätzliche Weltgegebenheiten, zwischen die sog. äußere, den Sinnen erschlossene Welt und die unbewußte psychische Voraussetzung, welche Welterfassung überhaupt ermöglicht. Diese psychische Voraussetzung muß notwendigerweise verschieden sein von der sogenannten äußeren Welt, weil sonst gar keine Möglichkeit existierte, letztere zu erfassen, denn Gleiches kann Gleiches nicht erkennen. Psychisch stehen Sie sozusagen unmittelbar vor der Realisierung des kollektiven Unbewußten. Dabei hilft Ihnen entlehntes Wissen nur indirekt, d. h. nur dann, wenn Sie das Ihnen individuell entgegentretende Unbewußte wenigstens zu einem Teil in eigenstem Erleben erfahren haben. Ich zweifle, ob Sie diesen Weg ganz allein machen können. Auf alle Fälle sollten Sie jemanden haben, der Ihnen wenigstens moralisch, wenn nicht [mit] kompetentem Rat beisteht. Einige praktische Ratschläge können Sie bekommen durch die erwähnten Bücher. Auf alle Fälle können Sie sicher sein, daß es sich um einen natürlichen Entwicklungsprozeß handelt. Wenn man nur die Geduld hat, die bestehenden Gegensätze wirken zu lassen, so ergibt sich ein Drittes. Träume können in dieser Hinsicht sehr hilfreich sein.«[29]

Schließlich sei noch der Brief C. G. Jungs an Prof. J. B. Rhine, der Professor für Psychologie und Direktor des Parapsychologischen Laboratoriums in USA war und berühmt wurde durch seine experimentellen Untersuchungen auf dem Gebiete der Parapsychologie, speziell der außersinnlichen Wahrnehmung, zu dessen Deutung er Jung angefragt hatte. Dazu schreibt Jung:

»Ich kann außersinnliche Wahrnehmung nur durch die Arbeitshypothese der Relativität von Zeit und Raum erklären. Diese scheinen psychisch relativ zu sein; d. h. was man z. B. absoluten Raum nennt, existiert nur in der Welt makrophysikalischer Aspekte. In der mikrophysikalischen Welt ist die Relativität von Zeit und Raum eine feststehende Tatsache. Soweit die Psyche Phänomene nicht-räumlichen oder nicht-zeitlichen Charakters hervorruft, gehört sie anscheinend zur mikrophysikalischen Welt. Dies würde auch die offensichtlich nicht-räumliche Natur psychischer Gegebenheiten, wie etwa Gedanken etc., sowie die Tatsache der Präkognition erklären. Da die Psyche ein energetisches Phänomen ist, besitzt sie Masse, allerdings Masse von mikrophysikalischer Ausdehnung oder Gewicht. Aus dieser Tatsache können wir materielle Wirkungen der Psyche ableiten.«[30]

Durch die genannte Relativität von Zeit und Raum sowie durch die Tatsache von Präkognitionen erhalten wir grundlegende Verstehensmöglichkeiten für das kollektive Unbewußte und damit auch für kollektive Träume. In ihnen und durch sie erhält die individuelle Seele Anteil an einer umfassenden Wirklichkeit. (siehe dazu weitere Stichworte im Mandala zu kollektiven Träumen S. 13)

Nach diesem wissenschaftlichen Exkurs zum Thema des kollektiven Unbewußten berichte ich einen weiteren Traum C. G. Jungs. Im Gegensatz zu dem erwähnten Traum, der in eine ferne Vergangenheit führte, offenbart der folgende prophetische Traum aus dem Jahre 1914, kurz vor dem Ausbruch des Ersten Weltkrieges, einen Vorausblick in die kommende Schreckenszeit mit der Verwüstung von weiten Teilen Europas. Der Traum lautet:

»Im Oktober, als ich mich allein auf einer Reise befand, wurde ich plötzlich von einem Gesicht befallen: Ich sah eine ungeheure Flut, die alle nördlichen und tiefgelegenen Länder zwischen der Nordsee und den Alpen bedeckte. Die Flut reichte von England bis nach Rußland und von den Küsten der Nordsee bis fast zu den Alpen. Als sie die Schweiz erreichte, sah ich, daß die Berge höher und höher wuchsen, wie um unser Land zu schützen. Eine schreckliche Katastrophe spielte sich ab. Ich sah die gewaltigen gelben Wogen, die schwimmenden Trümmer der Kulturwerke und den Tod von ungezählten Tausenden. Dann verwandelte sich das Meer in Blut. Dieses Gesicht währte etwa eine Stunde, es verwirrte mich und machte mir übel. Ich schämte mich meiner Schwäche. Es vergingen zwei Wochen dann kehrte das Gesicht unter denselben Umständen wieder, nur die Verwandlung in Blut war noch schrecklicher. Eine innere Stimme sprach: ›Sieh es an, es ist ganz wirklich, und es wird so sein; daran ist nicht zu zweifeln.‹ Im Winter darauf fragte mich jemand, was ich über die nächste Zukunft des Weltgeschehens dächte. Ich sagte, ich dächte nichts, aber ich sähe Ströme von Blut. Das Gesicht ließ mich nicht los. Ich fragte mich, ob die Visionen auf eine Revolution hinwiesen, konnte mir das aber nicht recht vorstellen. So zog ich den Schluß, daß sie mit mir selber zu tun hätten und nahm an, ich sei von einer Psychose bedroht. Der Gedanke an Krieg kam mir nicht. Bald darauf, es war im Frühling und Frühsommer 1914, wiederholte sich dreimal ein Traum, daß mitten im Sommer eine arktische Kälte hereinbräche und das Land zu Eis erstarre. So sah ich z. B. die gesamte lothringische Gegend und ihre Kanäle gefroren. Alles Land war menschenleer, und alle Seen und Flüsse waren zu Eis erstarrt. Alles lebendig Grüne war erstarrt. Dieses Traumbild kam im April und Mai und das letzte Mal im Juni 1914. Im dritten Traum war wieder eine ungeheure Kälte aus dem Weltraum hereingebrochen. Er hatte jedoch ein unvermutetes Ende: da stand ein blättertragender, aber früchteloser Baum (mein Lebensbaum, dachte ich), dessen Blätter sich durch die Einwirkung des Frostes zu süßen Weinbeeren voll heilenden Saftes verwandelt hatten. Ich pflückte die Trauben und schenkte sie einer großen harrenden Menge.«[31]

Jung vermerkt zu seinem prophetischen Traum, daß er in ihm vor allem zu verstehen suche, was in Zukunft geschehen würde und wie sein eigenes Erleben mit dem der Kollektivität zusammenhinge. Diese Zusammenhänge erforschte er mittels seiner aktiven Imaginationen, einer Technik zur Auslösung und Aktivierung des unbewußten Bilderstroms – durch das Spielen mit Kieselsteinen im Garten seines Turmes am Zürcher Obersee sowie durch das Aufzeichnen seiner Gedanken und Phantasien.

»Es war ein unaufhörlicher Strom von Phantasien, der dadurch ausgelöst wurde, und ich tat mein Möglichstes, um die Orientierung nicht zu verlieren und einen Weg zu finden. Ich stand hilflos in einer fremdartigen Welt, und alles erscheint mir schwierig und unverständlich. Ich lebte ständig in einer intensiven Spannung, und es kam mir oft vor, als ob riesige Blöcke auf mich herunterstürzten. Ein Donnerwetter löste das andere ab. Daß ich es aushielt, war eine Frage der brutalen Kraft. Andere sind daran zerbrochen. Nietzsche und auch Hölderlin und viele andere. Aber es war eine dämonische Kraft in mir, und von Anfang an stand es für mich fest, daß ich den Sinn dessen finden mußte, was ich in den Phantasien erlebte. Das Gefühl, einem höheren Willen zu gehorchen, wenn ich dem Ansturm des Unbewußten standhielte, war unabweisbar und blieb richtunggebend in der Bewältigung der Aufgabe. Ich war so aufgewühlt, daß ich die Emotionen durch Yogaübungen ausschalten mußte. Da es aber mein Ziel war, zu erfahren, was in mir vorging, machte ich sie nur solange, bis ich mir Ruhe geschaffen hatte und die Arbeit mit dem Unbewußten wieder aufnehmen konnte. Sobald ich das Gefühl hatte, wieder ich selber zu sein, gab ich die Kontrolle auf und ließ den Bildern und inneren Stimmen erneut das Wort.«[32]

Nach diesen Gedanken C. G. Jungs zu den kollektiven Träumen sollen zum Schluß dieses Kapitels einige Träumer und Träumerinnen zu Worte kommen, die von ihren Erfahrungen mit kollektiven Träumen berichten.

Erkenntnisgewinn aus kollektiven Träumen

Ein Arzt faßte seine Erfahrungen mit der Traumpsychologie C. G. Jungs in einem Traumworkshop wie folgt zusammen: »Für mich ist C. G. Jung ein erfahrener alter weiser Mann, der mir durch seine Schriften und Briefe sehr geholfen hat, einige Lebensfragen zu klären und vor allem besser mit meinen Träumen umzugehen. Wo auch immer ich mich lesend und nachdenkend in die Werke Jungs vertiefte, bekam ich das Gefühl, an einem reichen Strom der Erfahrungs- und Gedankenwelt teilzunehmen und dadurch inspiriert zu werden, meine eigenen Gedanken und Fragen zum Sinn meines Lebens zu klären.

Als naturwissenschaftlich ausgebildeter Arzt hat mir C. G. Jung die innere Welt der Bilder erschlossen und überzeugend deutlich gemacht, daß es hinter dem rationalen Ich, dem Intellekt und dem Bewußtsein noch weitere Tiefenschichten der Seele gibt, die mich beeinflussen und in den Träumen mir Wege zeigen zu den Wurzeln meiner Vorfahren. Zu meinen Vorfahren gehören leider auch einige

Nazis, die als Soldaten und Offiziere mit beteiligt waren an den Greueltaten an unschuldigen Menschen in Rußland und an der Westfront. Die Theorie des kollektiven Unbewußten macht mir verständlich, warum ich durch die Gewalttaten der Nazis in der Gegenwart so betroffen werde. In meinen gelegentlichen Alpträumen höre und sehe ich manchmal die Soldaten durch die Straßen marschieren und spähe, ob ich unter ihnen meinen Vater, dessen Bruder und einen Onkel sehen kann. Manchmal stelle ich mir vor, wenn ich sie endlich einmal gesehen hätte, dann würde ich Frieden finden!«

Verena Kast, eine der bekanntesten Jung-Autorinnen, bringt in ihrem Dankesbrief aus Anlaß des 125. Geburtstages von C. G. Jung einige Gedanken zum Ausdruck, die Jungs Beitrag zur Schaffung einer Kulturtheorie förderlich sind. Sie schreibt:

»Der Begriff des ›Kollektiven Unbewußten‹ vor allem seine Beziehung zu gesellschaftlichen Problemen und Entwicklungen, wird mir immer wichtiger. Deine Psychologie ist ja auch eine Kulturtheorie, die der Symbolarmut des westlichen Menschen entgegenwirken könnte. Die moderne Systemtheorie, auch die Chaostheorie, ermöglichen einen neuen Blick auf die Bedeutsamkeit der Archetypen, und zwar als ›Ordnungsfaktoren‹, also als Faktoren, die uns Möglichkeiten der Strukturierung geben, wenn das innere und äußere Chaos immer größer wird. Dabei ist es wichtig, daß Archetypen als Strukturelemente mit einem dynamischen Potential gesehen und nicht inhaltlich festgeschrieben werden. Sobald sie inhaltlich festgeschrieben sind, vergißt man, daß Archetypen sich immer wieder neu zeigen müssen, neu in die Sprache der Gegenwart übersetzt werden müssen.«[33]

Wenn Sie, verehrte Leserinnen und Leser, sich mit der Traumdeutung beschäftigen oder sich mit den verschiedenen Chaostheorien auseinandersetzen, könnten von den genannten Bereichen Brücken geschlagen werden zum kollektiven Unbewußten. Für die Entwicklung einer Traumkultur paßt auch eine wegweisende Aussage Jungs in einem Brief an James Kirsch: »Im tiefsten Sinne träumen wir alle nicht aus uns, sondern aus dem, was zwischen uns und dem anderen liegt.«[34] Für die Lebensenergien und die Psychodynamik in allen bewußten Beziehungen zwischen den Menschen und darüber hinaus auf die unbewußten Beeinflussungen, verwendet Verena Kast den Begriff des »emotionalen Selbst« und meint damit »den Kern der Persönlichkeit. Die Emotionen bringen Symbole archetypischer wie auch mehr komplexhafter Herkunft in Zusammenhang mit Kognition, mit Verhalten, mit Ausdruck, mit der Regulierung von Beziehungen und mit dem Funktionieren aller neuro-physiologischen Systeme und ihrer Subsysteme. Geht man von den speziellen Emotionen, ihren jeweiligen Funktionen und den möglicherweise gestörten Funktionen aus, ist eine ganzheitliche Sicht der Psyche möglich, die allgemein verständlich dargestellt werden kann. In diesem Zusammenhang interessiere ich mich immer mehr für Deine Forschungen über den Zusammenhang von Psyche und Materie und für das Gespräch, das zwischen Dir und Wolfgang Pauli stattfand. Dieses Gespräch zwischen Deiner Psychologie und den Naturwissenschaften muß – auf der Grundlage des heutigen Wissens – wieder aufgenommen werden.«[35]

Träume – Der Königsweg zum kollektiven Unbewußten

Ingrid Riedel, Theologin und Professorin für Religionspsychologie an der Universität Frankfurt, stellt ebenfalls die individuellen heilenden Erfahrungen durch die Träume in einen großen Zusammenhang mit deren kollektiver Bedeutung. Sie schreibt:»Es spricht mich wie auch die meisten meiner Analysandinnen sehr an, daß eigene Lebensmuster in größere Zusammenhänge zu stellen und dessen Grundzüge, dessen Probleme samt möglichen Lösungen, dort wiederzufinden. Dies vermittelt das Gefühl und das Erlebnis der Zugehörigkeit zu großen Menschheitstraditionen, zu den Mythen der Menschheit, und damit das Erleben von Bedeutung und Sinn.«[36] Wenn Träumerinnen oder Träumer in meinen Traumgruppen, so schreibt Frau Riedel weiter, nach der Besprechung eines großen Traums mit archetypischen Symbolen erfahren würden, daß ihr Traum das Gefühl der Zugehörigkeit zur großen Menschheitstradition vermittelte, so eröffne diese Erfahrung ebenfalls Sinngebung für das individuelle Leben. Wir können in diesem Sinne auch von einer Vernetzung der individuellen Seele mit der kollektiven Menschheitspsyche sprechen. Wie weitreichend ein derartiges Widerfahrnis sein kann, beschreibt Ingrid Riedel schließlich persönlich in ihrem Dankesbrief an C. G. Jung:

»Der Königsweg, den Sie (lieber Herr Jung) gewiesen haben, war gewiß der Umgang mit Träumen, und zwar auf eine tiefere und andere Weise, als Sie es bei Freud kennenlernten, mit dem Sie eben über diese Thematik in einem persönlich schmerzhaften, aber wohl unumgänglichen Konflikt gerieten: in die Auseinandersetzung darüber, ob Symbole etwas Uneigentliches seien, verschlüsselter Ausdruck von Verdrängtem, oder ob sie etwas Eigentliches seien, das ein zunächst Unanschauliches auf die beste mögliche Weise veranschaulicht. Sie machen umfassend Mut, auf die Sprache der Symbole als der eigentlichen Sprache der Seele zu vertrauen, sie zu gebrauchen, sie zu nutzen. Deshalb nehmen wir in Ihren Fußstapfen die Sprache der Träume so ernst und genau, nehmen sie nicht nur als Anstoß zu freien Assoziationen wie in der Freudschen Analyse, sondern interpretieren den Traumtext sorgsam, Zug um Zug, Bild für Bild, wie wir sonst nur einen ehrwürdigen Text aus der Geistes- und Seelengeschichte der Menschheit interpretieren. Und wir deuten ihn gemeinsam mit der Träumerin oder Träumer, und nicht nur auf der Stufe des Unbewußten und Verdrängten, was gleichsam einem Stöbern im Keller des persönlichen Hauses gleichkäme, das allerhand Abgestelltes, Gerümpel, aber auch wertvolle Vorräte zum Vorschein brächte, sondern wir finden auch Anteile und Motive aus dem sogenannten ›kollektiven Unbewußten‹, und dies oft in besonders aufwühlenden Lebenssituationen und -übergängen. Von dort, gleichsam aus den Bodenschätzen der Menschheit – aus viel größerer Tiefe, als der persönliche Keller reicht –, tauchen die Symbole für Überlebenserfahrungen auf, die Generationen vor uns gemacht haben und deren Bilder sich, wie die Patterns auf der Instinktebene bei den Tieren, nur eben in typisch menschlicher Weise, in unser gemeinsames Unbewußtes eingeprägt haben.«[37]

Schließlich sei noch Elisabeth Lenk erwähnt, die in ihrer Deutung von Träumen eine Beziehung zur Deutung von Gedichten und Texten und auch von biblischen Geschichten herstellt. In ihrem grundlegenden Werk: *Die unbewußte Gesellschaft* kommt Lenk bei ihrer Trauminterpretation mitunter zu anderen Ergebnissen als C. G. Jung. Lenk sieht im Unterschied zu Jung die Träume nicht als Manifestation des objektiv Psychischen, sondern als Ausdruck der Subjektivität. Trefflich spricht die Autorin von der in unserer Gesellschaft »vertriebenen Subjektivität«, die in die Traumwelt vertrieben wurde. Die Probleme der Menschenwelt werden daher den Träumen aufgebürdet. In eindrucksvollen Sprachbildern beschreibt Lenk die vertriebene Subjektivität in den Träumen: »Ich höre hinter der Gesellschaft eine andere Gesellschaft. Ich sehe meine Gesellschaft in diese Gesellschaft hinein. Lauter klagende Stimmen, Geister. Der andere Schauplatz ist der, wo die vertriebenen Geister sich tummeln, wo sie klagen dürfen: der Geisterchor. Und sogar aus dem Traum werden sie noch verdrängt, all diese Geister, die nur zum Teil Menschengestalt annehmen, die in der Sprache noch aufbewahrt sind, aber aus dem Denken vertrieben. Die Menschenwelt ist so aufdringlich, so laut. Selbst die Traumwelt ist noch vollgepackt mit Dingen, vollgestopft mit lästigen Leuten, wo soll die vertriebene Subjektivität denn hin? Sie will sich rhythmisch äußern als Musik. Wenn sie aber angestaut wird, wenn sie gezwungen wird, sich gegen die Wirklichkeit Bahn zu brechen, gibt es Eruptionen, Explosionen. Der Ton verzerrt sich wie bei einer wimmernden, eiernden Platte. Der Traum schwankt zwischen der Beschreibung von einzelnen Wiederholungen und der Zusammenfassung des stets sich Wiederholenden. Er stellt die anderen als die Immergleichen dar, die getrennt und doch immer wiederholt sind, als das massenhaft Gleichartige... Eigentlich bewegt sich nichts. Der Traum hat mit den Ereignissen nichts zu tun. Die Probleme der Menschenwelt werden ihm nur aufgebürdet... Eine wunderbare Indifferenz breitet sich jetzt aus. Die Gegenstände sind aufgelöst. Nur die Gefühlstöne sind noch da und tanzen, gleichweit von der Traumwelt und der Menschenwelt entfernt.«[38]

Bei aller Würdigung der Subjektivität in den Träumen und bei der Traumdeutung bleibt in meiner Kritik an Lenk die Frage, ob nicht gerade die kollektiven Träume mehr beinhalten, vergleichbar etwa den biblischen Träumen. Das Flüstern der göttlichen Stimme, Wegweisungen zu Lösungen der Lebensprobleme, das Heilende in großen Träumen[39].

Die kosmische Dimension der Seele

Für das Verständnis von kollektiven Träumen ist die Vorstellung einer kosmischen Dimension der Seele von grundlegender Bedeutung. Seit Satelliten unsere Erde umkreisen, Raumsonden zu fernen Planeten unterwegs sind und Menschen den Mond betreten haben, ist das Universum uns ganz nahe gekommen. Während in früheren Zeiten die Sehnsüchte der Menschen in den Kosmos projiziert wurden, sind es jetzt die beeindruckenden Bilder aus dem All, die eine Vorstellung von Weite und Tiefe in unseren Träumen bringen. Der Kosmos ist schon immer ein Symbol für die Überwindung der irdischen Begrenzungen gewesen. Im allgemeinen begegnen wir kosmischen Bildern in Träumen, in Grenzsituationen des Lebens und insbesondere im Angesicht des Todes. Eine solche Vision hatte C. G. Jung mit 69 Jahren im Jahre

1944, als er infolge eines Herzinfarktes in unmittelbarer Todesgefahr schwebte. Er schrieb:

»Es schien mir, als befände ich mich hoch oben im Weltraum. Weit unter mir sah ich die Erdkugel in herrlich blaues Licht getaucht. Ich sah das tiefblaue Meer und die Kontinente. Tief unter meinen Füßen lag Ceylon, und vor mir lag der Subkontinent von Indien. Mein Blickfeld umfaßte nicht die ganze Erde, aber ihre Kugelgestalt war deutlich erkennbar, und ihre Konturen schimmerten silbern durch das wunderbare blaue Licht. An manchen Stellen schien die Erdkugel farbig oder dunkelgrün gefleckt wie oxydiertes Silber. ›Links‹ lag in der Ferne eine weite Ausdehnung – die rotgelbe Wüste Arabiens. Es war, wie wenn dort das Silber der Erde eine rotgelbe Tönung angenommen hätte. Dann kam das Rote Meer, und ganz weit hinten, gleichsam ›links oben‹, konnte ich gerade noch einen Zipfel des Mittelmeeres erblicken. Mein Blick war vor allem dorthin gerichtet. Alles andere erschien nur undeutlich. Zwar sah ich auch die Schneeberge des Himalaya, aber dort war es dunstig oder wolkig. Nach ›rechts‹ blickte ich nicht. Ich wußte, daß ich im Begriff war, von der Erde wegzugehen.

Später habe ich mich erkundigt, wie hoch im Raume man sich befinden müsse, um einen Blick solcher Weite zu haben. Es sind etwa 1500 km! Der Anblick der Erde aus dieser Höhe war das Herrlichste und Zauberhafteste, was ich je erlebt hatte.

Nach einer Weile des Schauens wandte ich mich um. Ich hatte sozusagen mit dem Rücken zum Indischen Ozean gestanden, mit dem Gesicht nach Norden. Dann schien es mir, als machte ich eine Wendung nach Süden. Etwas Neues trat in mein Gesichtsfeld. In geringer Entfernung erblickte ich im Raume einen gewaltigen dunklen Steinklotz, wie ein Meteorit – etwa in der Größe meines Hauses, vielleicht noch größer. Im Weltall schwebte der Stein, und ich selber schwebte im Weltall.«[40]

In den späteren Anmerkungen und Deutungen schreibt Jung, daß er sich in seiner Urgestalt gesehen habe und daß er darüber hinaus etwas von der Todesgefahr seines behandelnden Arztes wahrgenommen habe. Das Gefühl der geistigen und seelischen Glückseligkeit beschreibt C. G. Jung mit folgenden Worten:

»In jenen Wochen lebte ich in einem seltsamen Rhythmus. Am Tage war ich meist deprimiert. Ich fühlte mich elend und schwach und wagte mich kaum zu rühren. Voll Betrübnis dachte ich: Jetzt muß ich wieder in diese graue Welt hinein. – Gegen Abend schlief ich ein, und mein Schlaf dauerte bis etwa gegen Mitternacht. Dann kam ich zu mir und war vielleicht eine Stunde lang wach, aber in einem ganz veränderten Zustand. Ich befand mich wie in einer Ekstase oder in einem Zustand größter Seligkeit. Ich fühlte mich, als ob ich im Raum schwebte, als ob ich im Schoß des Weltalls geborgen wäre – in einer ungeheuren Leere, aber erfüllt von höchstmöglichem Glücksgefühl. – Das ist die ewige Seligkeit, das kann man gar nicht beschreiben, es ist viel zu wunderbar! dachte ich.«[41]

In den anschließenden Ausführungen berichtet Jung weiter unten:

»All diese Erlebnisse waren herrlich, und ich war Nacht für Nacht in lauterste Seligkeit getaucht, ›umschwebt von Bildern aller Kreatur‹. Allmählich vermengten sich die Motive und wurden blasser. Meist dauerten die Visionen etwa eine Stunde; dann schlief ich wieder ein, und schon gegen Morgen fühlte ich: jetzt kommt der graue Morgen wieder! Jetzt kommt die graue Welt mit ihrem Zellensystem! Was für ein Blödsinn, was für ein schrecklicher Unsinn! Denn die inneren Zustände waren so phantastisch, daß im Vergleich zu ihnen die Welt geradezu lächerlich erschien. In dem Maße, wie ich mich dem Leben wieder annäherte, knapp drei Wochen nach der ersten Vision, hörten die visionären Zustände auf.

Von der Schönheit und der Intensität des Gefühls während der Visionen kann man sich keine Vorstellung machen. Sie waren das Ungeheuerste, was ich je erlebt habe. Und dann dieser Kontrast, der Tag! Da war ich gequält und mit den Nerven vollständig herunter. Alles irritierte mich. Alles war zu materiell, zu grob und zu schwerfällig, räumlich und geistig beschränkt, zu unerkennbaren Zwecken künstlich eingeengt, und besaß doch etwas wie eine hypnotische Kraft, an sich glauben zu machen, wie wenn es die Wirklichkeit selber wäre, während man doch ihre Nichtigkeit deutlich erkannt hatte.«[42]

Über die Zeitlosigkeit und die Gleichzeitigkeit von Gegenwart, Vergangenheit und Zukunft und deren Verschmelzung zu einem Ganzheitserleben schreibt Jung folgendes:

»Man scheut sich vor dem Ausdruck ›ewig‹, aber ich kann das Erleben nur als Seligkeit eines nicht-zeitlichen Zustandes umschreiben, in welchem Gegenwart, Vergangenheit und Zukunft eines sind. Alles, was in der Zeit geschieht, war dort in eine objektive Ganzheit zusammengefaßt. Nichts war mehr in der Zeit auseinandergelegt oder konnte nach zeitlichen Begriffen gemessen werden. Das Erleben könnte am ehesten als ein Zustand umschrieben werden – als ein Gefühlszustand, den man jedoch nicht imaginieren kann. Wie kann ich mir vorstellen, daß ich gleichzeitig wie vorgestern, heute und übermorgen bin? Dann hätte etwas noch nicht begonnen, etwas anderes wäre klarste Gegenwart, und wieder etwas wäre schon beendet – und doch wäre alles Eines. Das einzige, was das Gefühl erfassen könnte, wäre eine Summe, eine schillernde Ganzheit, in der die Erwartung für das Beginnende ebenso enthalten ist wie Überraschung über das eben Geschehende und Befriedigung oder Enttäuschung über das Resultat des Vergangenen. Ein unbeschreibliches Ganzes, in das man mit verwoben ist; und doch nimmt man es mit völliger Objektivität wahr.«[43]

Nachdem Jung von seiner Krankheit genesen war, begann für ihn eine fruchtbare Zeit der Arbeit, und alle seine grundlegenden Hauptwerke sind nach dieser Erfahrung entstanden.

Kollektive Träume in Fallbeispielen

Von individuellen zu kollektiven Träumen – Übergänge

In diesem Kapitel wollen wir uns mit den Beziehungen zwischen individuellen Träumen und kollektiven Träumen befassen. Wie sehen solche Übergänge aus zwischen den individuellen Symbolen und Traumbildern, die mitunter für einen größeren Kreis von Menschen bedeutsam erscheinen oder gar eine neue geistige Strömung in der gegenwärtigen Situation widerspiegeln? Wir möchten davon ausgehen, daß neue geistige Ideen und spirituelle Entwicklungen nicht nur einseitig aus bewußten und rationalen Vorstellungen entstehen, sondern auch aus Offenbarungen des kollektiven Unbewußten erwachsen. Wenn hier der theologisch besetzte Begriff der Offenbarung benutzt wird, dann geschieht das aus der Überzeugung, daß in allen Menschen Archetypen (s. Glossar) als anordnende Faktoren wirken, die durch alle Zeiten hindurch die geistigen Entwicklungen bestimmt haben. Wie schon erwähnt, spielen bei Erleuchtungen spiritueller Führer und bei der Offenbarung von wegweisenden neuen Ideen häufig auch Träume und Visionen eine besondere Rolle. Da mir als Theologe das Offenbarungsgeschehen in den Erzählungen des Alten Testamentes und des Neuen Testamentes bekannt ist, möchte ich zunächst einige Beispiele daraus schildern, um danach die Übergänge und die Beziehungen zwischen individuellen Träumen und kollektiv bedeutsamen Symbolen aus meiner therapeutischen Praxis und der analytischen Traumarbeit aufzuzeigen.

Die kollektive Symbolik in einem individuellen Traum findet sich oft in großen Lebensträumen mit archetypischen Bildern, oftmals in einem einzigen Traum. Dazu das Beispiel einer Ärztin während ihres grundlegenden Wandlungsprozesses in einer spirituellen Lebenskrise mit 50 Jahren:

»Ich verlasse mein Haus, um mich auf den Weg zur Stadt zu begeben. Zunächst muß ich einige Stufen hinabsteigen und erreiche einen schmalen Weg, an dessen Rand eine Frau mit einem Kind sitzt. Die Frau ist in einen indischen Sari gekleidet. Der Boden unter mir wandelt sich. Zunächst ist er fest, dann sandig. Schließlich verwandelt er sich in einen Wasserlauf, der durch einen höhlenartigen Felsendurchbruch führt. Ich wate hindurch. Das Wasser reicht mir gerade über die Fußknöchel. Jetzt ist es ein brauner, undurchsichtiger, stark strömender Fluß. Am Höhlenausgang sehe ich, daß das Wasser unter mir ganz klar und rein ist.

Mein Weg führt eine Anhöhe hinauf. Der Boden unter mir ist jetzt fest und trocken. Ich komme an einer Art Kapelle vorbei. Darin sind Frauen damit beschäftigt, den Raum mit Blumen zu schmücken. Ich gehe an dieser Kapelle vorbei, weiter nach oben. Ich erblicke vor mir ein Gebäude, einem Tempel ähnlich. Die Tür steht offen, und ich erkenne darin eine männliche Gestalt, die ich zunächst nicht weiter beachte. Vor dem Tempel befindet sich ein terrassenartiger Vorplatz, von dem aus ich meinen bisher zurückgelegten Weg und eine begrünte Schlucht zu meiner Linken gut überblicken kann. Da tritt eine priesterliche Gestalt in einem langen indischen Gewand aus dem Tempelgebäude. Sie spricht mich liebevoll an, als würde sie mich schon lange kennen. Sie sagt: ›Ich habe dich schon den anderen als meine Nichte vorgestellt. Geh' zu den Frauen in den Tempel und feiere mit ihnen!‹«

Im Nacherzählen und Amplifizieren (Anreicherung durch Überlieferungen) der einzelnen Motive und Symbole werden die Übergänge von der individuellen zur kollektiven Bedeutung des Traumes deutlich. Die Träumerin, die sich gerne Tamara oder abgekürzt Tara (Pseudonym) nennt, verläßt ihr persönliches Haus, um sich auf den Weg zur Stadt zu machen. Bereits in diesen Ortsangaben wird ein Übergang vom individuell bedeutsamen Haus zu dem kollektiven Symbol der Stadt deutlich. Die Stadt als ein kulturelles Zentrum wird in den Träumen häufig als ein kollektives Symbol verwendet. Um diese Bedeutung noch zu verstärken und zu erhöhen, liegt diese Stadt häufig auf einem Berg oder einer Anhöhe, wie in dem geschilderten Traum. Der Weg zu dem kollektiv bedeutsamen Zentrum wird in Träumen und Visionen häufig durch archetypische Bilder und folgende Wegmarkierungen gekennzeichnet.

Tara muß einige Stufen hinabsteigen und begegnet auf dem schmalen Weg einer Frau mit dem Kind. Der breite Weg, der nach biblischer Überlieferung ins Verderben, und der schmale Weg, der ins spirituelle Reich Gottes führt, sind aus der biblischen Symbolik bekannt. Auch das Traumbild der Frau mit dem Kind sind in der spirituellen Überlieferung und in der Kunstgeschichte ein kollektives Symbol, das besonders in der Gestalt der Maria mit dem Jesuskind weite Verbreitung gefunden hat. Auf der Subjektstufe (s. Glossar) wird Tara in diesem Symbol auf ihrem Wege der Ganzwerdung und Individuation der eigenen Weiblichkeit inne, ihr erscheint in dem Kind die geistige Frucht ihrer Spiritualität. Die schön gekleidete Frau mit dem indischen Sari kann als Anima der Träumerin angesehen werden und ergänzt und kompensiert das westlich orientierte Selbstbild ihrer eigenen Weiblichkeit durch ein östliches Symbol. Zu dem genannten Namen TARA fand ich in einem Buch über Mythen von Göttinnen aus allen großen Religionen die indische Göttin Tara als ein spirituelles Urbild für die innere Sammlung, die in stürmischen Zeiten des Lebens hilft, die innere Ruhe zu finden. Tara ist ferner ein Symbol der Selbstbeherrschung und der Mystik. Nach einem Mythos bildet sich aus ihren Tränen des Mitgefühls ein See, aus dessen Mitte sich ein Lotus erhebt. Daher wird Tara häufig auf einem Lotus sitzend dargestellt. Zu den Tränen des Mitgefühls paßt sehr eindrucksvoll das ausgeprägte Gefühl der Träumerin, ihre Empathie als Ärztin und ihre ausgeprägte Fühlfunktion (s. Glossar), die ihr Selbstwertgefühl bestimmen. Zu dem mythischen Bild des Sees und des Wassers fügt sich eindrucksvoll das Traumbild, in dem sich der Boden unter den Füßen der Träumerin in einen Wasserlauf verwandelt, durch den sie hindurchwatet. Innerhalb des Symbolfeldes des Wassers geschehen dann weitere Verwandlungen, indem der Wasserlauf durch einen höhlenartigen Felsendurchbruch führt. Dieses Traumbild repräsentiert einen weiteren Übergang von einem Bereich in einen anderen. Während das zu durchschreitende Wasser anfänglich ein brauner, undurchsichtiger strömender Fluß ist, wird das Wasser am Höhlenausgang ganz klar und rein. Auch das Durchschreiten dieses Wassers ist ein Urbild für den Übergang in einen neuen Lebensbereich.

Im zweiten Teil des Traumes geht Tara den Weg auf eine Anhöhe hinauf. Nachdem sie das Wasser durchschritten hat, ist jetzt der Boden unter ihren Füßen fest und trocken. Ähnlich wie im ersten Teil des Traumes aus dem individuellen Haus ein kollektives Symbol im Bild der Stadt wird, geschieht auch im zweiten Teil eine Erweiterung der Kapelle hin zu einem kollektiven Symbol des Tempels. Die individuelle Symbolik scheint ihre Anziehungskraft für die Träumerin verloren zu haben, weswegen sie auch an der Kapelle vorbeigeht. Der Traumweg von Tara führt weiter nach oben, was eine spirituelle Dimension andeuten könnte. Auch die Frauen, die den Innenraum

der Kapelle mit Blumen schmücken, finden nicht mehr die Aufmerksamkeit der Träumerin, sondern ihr Weg führt hinauf zu dem Tempel
mit einem Vorplatz, der nach den Assoziationen von Tara quadratisch
angeordnet ist. Von diesem besonderen Ort aus kann Tara den bisher
zurückgelegten Weg überblicken, der zugleich ein Abbild ist ihres zurückgelegten Individuationsprozesses. Von diesem besonderen Standort aus sieht die Träumerin auch in die Schlucht zur Linken und
bemerkt, wie es hier grünt. Nachdem das Wasser im ersten Teil des
Traumes durchschritten ist, setzt sich jetzt der Wandlungsprozeß fort in
dem Grün, als einem Symbol für Wachstum und Fruchtbarkeit. In vielen Schöpfungsmythen der Völker und auch in dem biblischen Schöp-
fungsbericht erscheint das Grün der Natur, nachdem das Urchaos
geordnet wurde. Die besondere Kraft, die dieser Symbolik innewohnt,
preist die heilige Hildegard von Bingen mit folgenden Worten:

»Oh edelstes Grün,
das wurzelt in der Sonne
und leuchtet in Heiterkeit
im Rund eines kreisenden Rades,
das die Herrlichkeit des Irdischen nicht faßt.
Umarmt von der Herzkraft himmlischer Geheimnisse
rötest Du wie das Morgenlicht
und flammst wie der Sonne Glut
Du Grün bist umschlossen von Liebe!«

Der quadratische Ort vor dem Tempel als ein spiritueller Raum für
kollektive Rituale ist der angemessene Ort für das Hervortreten der
priesterlichen Gestalt in einem langen indischen Gewand. Im Unterschied zu der männlichen Gestalt in der Kapelle, die nicht weiter
beachtet wird, ist die von Tara bezeichnete priesterliche Gestalt als ihr
spiritueller Animus anzusehen. Er spricht die Träumerin liebevoll an,
so als würde er sie schon lange kennen. Zu der Vertrautheit und Zugehörigkeit gehört ferner, daß der Priester sie den anderen Frauen
bereits als »Nichte« vorgestellt hat. Diese Verwandtschaftsbezeich-
nung ist für Tara derzeit noch ein Rätsel. Erfreut folgt sie der Einladung des Priesters: »Geh' zu den Frauen in den Tempel und feiere mit
ihnen!« Zu der priesterlichen Gestalt schreibt Tara: »Ich erkenne in
der Traumgestalt des Priesters eine weise, väterliche Figur, von der ich
angenommen bin und gestärkt werde. Sie weist mich auf die Gemeinschaft mit den Frauen hin und ermutigt mich, meine Weiblichkeit
anzunehmen und so das Leben zu feiern.«

Der Traum hat eine nachhaltige Wirkung auf Tara ausgeübt, und sie bezeugt sieben Monate nach dem Traum beim Gespräch in unserer Traumgruppe, daß dieser Traum ihr Leben verwandelt habe, daß ihr Leben farbiger geworden sei und sie die Umgebung und die Welt als viel weiter erlebt.

Das Gefühl der Zugehörigkeit zu einer spirituellen Gemeinschaft von Frauen in dem besprochenen Traum erfährt eine weitere kollektive Ausweitung, in dem folgenden Traum vom heiligen Gral:

»Ich befinde mich allein in einem Raum. Da vernehme ich eine Stimme, die mich auffordert, aus dem Fenster zu schauen. Ich erblicke in der Ferne, wie aus einem Nebel auftauchend, einen riesigen verschleierten Berg mit einer hohen, abgerundeten Kuppel und drei niedrigeren vorgelagerten Bergen. Plötzlich beginnt sich das grau-weiße Gebilde zu verfärben. Wie von innen herkommend entströmen Farben von orange bis rot, von blau bis violett, aus der Tiefe an den Schnittpunkten der Berge. Die Farben werden kräftiger und leuchtender. Eine faszinierende Farbsymphonie des Lichts!

Der Berg öffnet sich. Ich sehe in das innere des Berges. Ich erblicke eine Grotte, die von silbrig-fahlem Mondlicht beschienen ist. Die Wände der Grotte sind bizarr gestaltet, wie aus Stalagmiten, Kristallen bzw. Eiszapfen, alles in zartgrüner Farbe. In diesem Licht bewegen sich tanzend und schwebend auf verschiedenen Ebenen zarte, in weiße Schleiergewänder gehüllte Wesen. Ich bewundere staunend so viel Zärtlichkeit, die elfenhaften Bewegungen und das Licht. Ich erwache aus dem Traum mit dem Wort ›Gral‹ auf den Lippen.«

Dieser Traum ging einige Jahre dem unten besprochenen Traum voran, als Tara sich damals in einer Selbsterfahrungsgruppe mit ihrer schwierigen Lebenssituation auseinandersetzte. Der Anfang des Traumes spiegelt ihr damaliges Eingeschlossensein. Die innere Stimme im Traum fordert sie auf, aus dem Fenster zu schauen. In diesem Traumbild erkennen wir wiederum den Übergang von einer persönlichen Lebenssituation mit dem Anblick des heiligen Grals als einer kollektiven Symbolik im Mittelalter. In der mittelalterlichen Mystik und Spiritualität wird der Gral beschrieben als ein heiliges Gefäß, das der Erlösung und Heiligung dient. Der Gral ist ein Gefäß, welches das Lebenselixier enthält, das die Seele nährt, entsprechend dem heiligen Abendmahl oder der Eucharistie. Die Suche nach dem Gral beschreibt in mittelalterlichen Bildern jenen Prozeß, den wir gegenwärtig in der tiefenpsychologischen Sprache den Weg zur Ganzwerdung und zur

Individuation nennen. Tara bemerkt zur Bedeutung dieses eindrucksvollen Traumes: »Der Traum deutet auf den Beginn einer wichtigen Phase in meinem Entwicklungsprozeß hin, die in mir neue Kräfte und Energien weckt. Indem ich der Aufforderung der inneren Stimme gehorche und aus dem Fenster schaue, nehme ich in mir eine faszinierende Welt wahr, die ich bisher nur aus Märchen oder romantischen Filmen kannte. Der Berg wird von einem faszinierenden Licht umgeben, das mich an den Regenbogen erinnert. Im Inneren des Berges sehe ich eine Grotte, in der der Gral aufbewahrt wird. Für mich symbolisieren die tanzenden Wesen und Elfen eine innere Schönheit und Leichtigkeit, die ich bei den belastenden Problemen meines Alltags bisher nicht kannte. Die *Grotte* ist für mich ein Symbol für das Mütterliche und vermittelt mir das Gefühl von Geborgenheit.«

Zu den Bildern des Traumes und den folgenden Erläuterungen seien noch folgende Anmerkungen zur kollektiven Bedeutung ergänzt. Durch den Blick aus dem Fenster schaut die Träumerin die genannte faszinierende Farbsinfonie des Lichts, ähnlich wie dies der Träumer Martin bezeugt (S. 93 ff.). Auch der Blick in das Innere des Berges und der Einblick in die märchenhafte Grotte mit den tanzenden und schwebenden Wesen sind Sinnbilder für einen kollektiven Traum. Ein weiteres Merkmal ist der Bezug zum Gral, zu dem schon einiges gesagt wurde. Aus den Bildern und Symbolen des gesamten Traumes wird ersichtlich, daß es zahlreiche Übergänge gibt zwischen den persönlichen Erfahrungen und grenzüberschreitenden Einblicken in eine umfassendere Bilderwelt (siehe dazu auch das Mandala zu kollektiven Träumen S. 13)

Große Träume mit spiritueller Musik

Ein großer Traum mit kollektiver Bedeutung hebt sich von den vielen allnächtlichen Träumen mit der Verarbeitung unserer Lebensprobleme dadurch ab, daß er uns Einblicke gewährt in Lebenszusammenhänge, die über das Alltägliche hinausgehen. So wie die Kunst uns tiefere Zusammenhänge verstehen lehrt, so können wir in einem großen Traum mit archetypischen Symbolen und energetischer Resonanz etwas erleben, das unsere Person ganz und heiler werden läßt. Unter energetischer Resonanz ist jene Schwingung und Kraft gemeint, die dem gesamten Kosmos bis hin zur kleinen Welt der Seele eigen ist und damit ein grundlegender Ausdruck ist unserer Lebendigkeit (dazu mehr bei der Deutung des folgenden Traumes).

Ein großer Traum fällt uns in der Regel nicht einfach in den Schoß, sondern kann durch bestimmte Bedingungen ausgelöst werden, wie dies in dem folgenden Traum von Sarah (Pseudonym), einer 56jährigen Musiklehrerin, deutlich wird. Sie hatte sich durch eine längere Aus- und Weiterbildung zur Traumberaterin mit der Deutung der Träume auseinandergesetzt. Anläßlich meines Spezialseminars im Kloster Kirchberg bei Sulz am Neckar[44] hatte sie sich in der dazu vorbereitenden Meditation gewünscht, wieder einmal so schön singen zu können wie in jungen Jahren, als sie im Chor mitwirkte und plante, eine Gesangsausbildung zu machen. Durch eine schwere Halserkrankung und eine schwierige Kieferhöhlenentzündung verlor sie schließlich ihre Stimme, so daß sie einzig mit ihrem Instrument ihrer musischen Begabung Ausdruck verleihen konnte. Bei dem im Rahmen des Seminars stattfindenden Kirchenschlaf nun suchte sie sich beim Altar einen Schlafplatz nahe der Gottesmutter und wünschte sich innig, wie einst Maria[45], wenigstens im Traum einmal wieder so schön singen zu können wie einst in jungen Jahren. Mit diesem Herzenswunsch schlief Sarah schließlich auf ihrer Isomatte ein und träumte gegen Morgen:

»Ich befinde mich in einer gotischen Kirche. Mein ehemaliger verehrter Musiklehrer erscheint in einem weißen Gewand, wie ein Priester. Er überreicht mir ein quadratisches Blatt Papier mit einer Arie, die er eigens für mich komponiert hat. Ich lese die Noten und beginne zu singen. Die Arie ist im Stil von Johann Sebastian Bach geschrieben. Am Ende des ersten Notenblattes entdecke ich, daß die Arie noch nicht fertig ist. Indem ich das Blatt zwischen meinen Fingern reibe, kann ich am unteren Rand ein zweites Blatt herausziehen und weitersingen. Der gleiche Vorgang wiederholt sich nochmals, so daß ich die Arie mit dem dritten Notenblatt, das ich in gleicher Weise herausziehe, zu Ende singen kann. Ich fühle mich ganz glücklich, daß ich wieder so schön singen kann und daß ich die Arie mit dem dritten Blatt vollenden kann. Meine Stimme tönt schön, voll und rund, und beim Aufwachen denke ich, das war noch schöner als eine Musik von Bach.«

Interpretation:

Als in der morgendlichen Traumrunde in der Gruppe alle von ihren Träumen erzählten (fast alle hatten in dieser besonderen Nacht einen Traum behalten), scheute sich Sarah, ihren Traum zu erzählen. Zum einen fehlte ihr die passenden Worte, das außergewöhnliche Schöne im Klang ihrer Stimme zu erzählen, und zum anderen fürchtete sie, in ihrer emotionalen Ergriffenheit die Fassung zu verlieren. Nachdem alle ihre Traumerfahrungen erzählt hatten und eine erste Deutung erfolgt war, ermutigte ich Sarah nochmals, uns an ihrem offensichtlich bewegenden Traum Anteil nehmen zu lassen. Sie erzählte, daß sie ihren noch lebenden 89jährigen Musiklehrer etwa einmal pro Jahr in einem Gottesdienst sehe und begrüße. Er habe am gleichen Tag Geburtstag wie ihr vor einigen Jahren verstorbener Vater und das gleiche Alter wie die noch lebende Mutter. Der Musiklehrer sei im Traum nicht in seiner realen Gestalt und Gebrechlichkeit erschienen, sondern wie ein weiser, alter Lehrer. Sein weißes Gewand erinnerte sie daran, daß er katholischer Priester sei und für sie eine überzeugende Spiritualität vermittle. Obwohl sie evangelisch sei und dem reformierten Bekenntnis angehöre, habe dieser Musiklehrer und Priester für sie schon als Schülerin prägenden Einfluß gehabt im Hinblick auf eine ökumenische Religiosität und einen ganzheitlichen Glauben. So sei in den letzten Jahren ihr Interesse geweckt worden für weibliche Spiritualität, besonders für die Idee, daß mit Hilfe der Spiritualität (auch durch große Träume mit archetypischen Symbolen, A. d. V.) der Glaube und die Person ganz werden könne, daß die Seele schön werde und das Leben rund, indem man sich im dritten Lebensabschnitt bemühe, den Lebensstil und die Lebensaufgabe abzurunden.

Unsere Nachfrage in der Gruppe über die Bedeutung der gleichen Lebensdaten von den leiblichen Eltern führte Sarah zu der Erinnerung, daß sie schon als Schülerin diesen Lehrer nicht nur verehrt habe, sondern darüber hinaus auch als idealisierten Elternteil verinnerlicht habe. Ihr wacher und reger Geist fand in der einfachen Herkunftsfamilie nicht jene Anregungen und Gespräche, die ihre geistige und seelische Entwicklung hätten fördern können. Dieser gütige und liebevolle Lehrer jedoch vermittelte nicht nur eine tiefe Liebe zur Musik, sondern durch die Bemerkungen und Gespräche auch ein reges Interesse für Lebens- und Glaubensfragen. Wie wichtig und prägend eine liebevolle pädagogische Begleitung für die Entwicklung eines Kindes sei, erlebe sie derzeit selber in ihrem Musikunterricht mit dem neunjährigen Simon, dessen musische Begabung durch die Liebe zu seiner verehrten Musiklehrerin außergewöhnlich aktiviert und gefördert werde.

In dem weiteren Gespräch über diesen Traum kamen wir auch auf die Bedeutung und Wirkung des Kirchenraums zu sprechen. In der Einführung zu diesem Traumseminar wurden verschiedene Bücher über die Bedeutung von heiligen Orten und spirituellen Räumen vorgestellt[46]. Wie erklärte sich Sarah aber die Verwandlung der barocken Kirche, in der wir schliefen, hin zu der gotischen Traumkirche? Sie sah darin eine Nachwirkung von den gotischen und romanischen Kathedralen in Burgund in Frankreich, die sie vor vier Wochen besucht hatte. Besonders der in Stein gehauene Traum der drei Heiligen Könige in der Kathedrale von Autun hätte eine nachhaltige Wirkung gehabt (über die symbolische Bedeutung von Gotik und Romanik in den Träumen werde ich später in meinem Kommentar mehr sagen).

Das bekannte Relief von den Heiligen drei Königen aus der Kathedrale in Autun in Frankreich kann uns die besondere Anrührung durch kollektiven Träume veranschaulichen. So wie der Engel mit seinem Zeigefinger den kleinen Finger eines Königs behutsam berührt und mit der anderen Hand auf den Stern und nach oben zum Himmel weist, so können wir in gunstvollen Augenblicken auch durch die transzendente Funktion der Seele einen Fingerzeig erhalten auf eine Wirklichkeit, die Raum und Zeit übersteigt. Wenn man die Gesichter der Könige genauer anschaut, erkennt man, daß zwei Könige die Augen geschlossen haben und offensichtlich träumen, während der dritte König, der recht weiblich ausschaut, die Augen geöffnet hat und die englische Botschaft im Traum hört, nicht zu König Herodes zurückzukehren, sondern auf einem anderen Weg heim zu ziehen in ihr Land (Matthäus 2,12). Aus dem geschichtlichen Kontext geht hervor, daß Herodes später aus Angst, seine Macht und seinen Thron zu verlieren, alle Knaben ermorden ließ. Indem die Könige auf ihren Traum hörten, retteten sie damit dem Jesuskind das Leben. In diesem Sinne haben wir hier einen kurzen Wahrtraum mit einer Präkognition vor uns. Zu dieser Thematik gibt es weitere Beispiele in einem späteren Kapitel.

Die träumenden Könige in der Kathedrale zu Autun (Frankreich)

Zur Person des Lehrers und Priesters in dem weißen Gewand erzählte Sarah, daß sie darin nicht nur ein getreues Abbild dieses Menschen sah, sondern daß seine Ausstrahlung und seine verklärte Gestalt wie ein Engel auf sie wirke. Im Nachsinnen über diese Erscheinung kam ihr die Ahnung, ob sich in dieser Verklärung die Ahnung und Andeutung zeige, daß er bald sterben werde. Ähnlich wie sie sich im Hinblick auf die 89jährige Mutter in Träumen in den zurückliegenden Monaten damit beschäftigt hatte, daß die Mutter bald sterben werde.

Die damit verbundene Sorge um das Ableben der Mutter und die Ehrfurcht vor dem Erscheinungsbild des verklärten Lehrers könnten erfahrungsgemäß durchaus eine Andeutung des nahenden Todes sein (dazu mehr in einem späteren Kapitel über die Todesträume). Auf den Gedanken der Vollendung des Lebens und Ganzwerdung der Person angesichts des Todes scheinen zwei besondere Symbole im Traum hinzuweisen: Die eigens für die Träumerin komponierte Arie ist nicht auf einem normalen Notenblatt geschrieben, sondern auf einen quadratischen Blatt, was von der Symbolik her auf Ganzheit hinweist[47]. C. G. Jung hat in seinem Aufsatz über die Mandala-Symbolik dazu zahlreiche Deutungshinweise gegeben. Ein zweites Symbol im Traum ist die Erfahrung der schönen Stimme und des schönen Gesangs, die nach dem Empfinden der Träumerin noch schöner sind als die geliebte Musik von Bach.

Zum Abschluß unseres Gesprächs in der Gruppe rezitiert Sarah ein von ihr geliebtes Gedicht von Hermann Hesse:

Atmen in vollkommener Gegenwart.
Mitsingen im Chor der Sphären.
Mittanzen im Reigen der Welt.
Mitlachen im ewigen Lachen Gottes.
Das ist unsere Teilhabe am Glück.
Viele haben es nur einmal,
viele nur wenige Male erlebt.
Aber der es erlebt hat,
ist nicht nur für einen Augenblick glücklich gewesen.
Er hat auch etwas vom Glanz und Klang,
etwas vom Licht der zeitlosen Freude mitgebracht.

Tiefenpsychologischer Kommentar:
In der Einleitung eines Traumes werden generell mit der Vorstellung der handelnden Personen und der Angabe des Ortes bereits wichtige Hinweise zum Thema und zur Bedeutung eines Traumes gegeben. Der vorliegende Traum z. B. spielt in einer gotischen Kirche, obwohl die reale Kirche, in der wir mit der Gruppe den Kirchenschlaf praktiziert haben, eine barocke Kirche ist. Sarah erinnerte sich bei der Veränderung dieses Kirchenraums an schöne Urlaubserlebnisse in Burgund, wo sie mit großem Interesse einige gotische und romanische Kathedralen besichtigt hatte. Zur allgemeinen Bedeutung einer Kirche im Traum kann gesagt werden, daß religiöse Stätten und Räume, wie z. B. eine Kulthöhle oder ein Tempel oder eben eine Kirche nicht nur in der Symbolsprache aller Religionen ein Ort der Begegnung und der Verbindung zwischen Himmel und Erde sind, sondern daß diese Bedeutung auch der geträumten Kirche innewohnt. Wie in der Realität, so kann auch in den Träumen ein religiöser Raum zur Begegnung mit dem Göttlichen, dem Heiligen und Numinosen werden.

Wir nennen eine Kirche ja auch ein Haus Gottes, und viele Menschen erleben beim Besuch einer Kirche etwas Ergreifendes, Heiliges. Während unsere Häuser und profanen Räume durch eine neutrale Sachlichkeit bestimmt werden und in der Regel in den Träumen keinen tieferen Eindruck erwecken, wird in dem berichteten Traum eine Resonanz und eine Schwingung möglich, die von der Träumerin als außergewöhnlich schön empfunden wird. Schließlich noch eine Anmerkung zum gotischen Stil der Kirche: Nach meinen Studien zur Architektur und zur Symbolik der verschiedenen Kirchenstile vermitteln derartige Bauwerke für empfindsame Menschen ein aufstrebendes Lebensgefühl. In den vertikal aufstrebenden reichlichen Verzierungen der Mauern und Säulen kommt der aufstrebende Geist jener Epoche zum Ausdruck. In gewisser Hinsicht ist die Dynamik der gotischen Architektur mit der Psychodynamik in der seelischen Entwicklung zu vergleichen, wenn sich die ganze Vielfalt eines Menschen zu entfalten beginnt. In den gotischen Kathedralen breitet sich im Mittelalter über ganz Europa ein bis dahin unbekanntes und neues Raumgefühl und in Verbindung damit auch ein neues Lebensgefühl aus. Parallel zu dieser Architektur tritt in der gotischen Plastik ein neues Gestaltungsprinzip hervor, die Verhüllung des menschlichen Körpers und seiner Natürlichkeit in farbigen Gewändern und kunstvollen Gewandfalten. In dieser Epoche entstand auch ein vergeistigtes Schönheitsideal, der besondere Bildtypus der »Schönen Madonnen«. Nach meinen therapeutischen Erfahrungen spiegeln sich durch die verschiedenen gotischen Symbole in den Träumen ein aufstrebendes Lebensgefühl und eine neu erwachte Geistigkeit. Dies trifft auch für die seelische und geistige Entwicklung von Sarah zu, die sich auch in einem anderen Körperverhältnis ausdrückt. Nach der Aussage des Apostels Paulus ist unser Leib eine Wohnung und ein Tempel des Heiligen Geistes[48]. Analog zur Kirche als Haus und Wohnung Gottes, in der sich die Gemeinde als Kollektiv von glaubenden Menschen versammelt, ist im individuellen Bereich unser Leib ein Resonanzraum nicht nur für alle körperlichen und physiologischen chemischen Prozesse, sondern darüber hinaus ein Schwingungsbereich für den göttlichen Geist. Der Göttinger Biochemiker Friedrich Cramer definiert Resonanz als: »Leben, Formbildung, Schöpferkraft (und der Autor fügt die Traumkraft hinzu), beruhen auf dem harmonischen Zusammenwirken in einem unglaublich komplexen Netzwerk von Resonanzen.«[49] Die positive Stimmung und die Schönheit der Stimme wird für Sarah zu einer bisher nicht gekannten Erlebnisqualität. Wesentliche Merkmale des Schönen sind für sie in dem vorliegenden Traum die Ausstrahlung und das Gefühl der Ergriffenheit, die von diesem Gesang ausgeht. Für sie war es so, als töne die Stimme in Einklang mit den Sphären oder dem ganzen Kosmos. Im tiefenpsychologischen Sinne ist nach meiner Erkenntnis das Schöne ein Qualitätsmerkmal für das Archetypische in den kollektiven Träumen. In ähnlicher Weise wird in vielen Märchen von der Wirkung und der Ausstrahlung des Schönen berichtet[50]. Für C. G. Jung ist das Schöne ein vereinigendes Symbol, in dem sich die individuellen Erfahrungen verbinden mit einem größeren Ganzen[51]. Ulrich Mann, mein ehemaliger »Doktorvater«, beschreibt die verschiedenen Aspekte und Erscheinungsweisen des Schönen als einen Überschuß des Seins[52].

Als Nachtrag zu dem Traum berichtete Sarah einige Wochen später noch folgende Erfahrung beim Musizieren: Die letzte Zeile im Gedicht von Hesse von der zeitlosen Freude habe sie dazu angeregt, genauer dem Zeiterleben beim Musizieren nachzuspüren. So bemühe sie sich, bei dem Ton, den sie im Augenblick spiele, noch die Töne der vergangenen Noten mitzuhören und gleichzeitig schon eine Vorstellung davon zu bilden, wie die kommenden Töne klingen würden. Mit der Herstellung von vergangenen, gegenwärtigen und zukünftigen Tönen erreiche sie beim Musizieren eine sog. Gleichzeitigkeit, die den Klang ihrer Musik wesentlich verschönere[53].

Mein Traum vom Sämann

Auch ein Traum von einem Kunstwerk ist unserer Ansicht nach ein kollektiver Traum, weil Kunst nach tiefenpsychologischen Deutungen ein Medium für diese Träume ist[54]. Sie können einen derartigen Traum nach dem Besuch einer Kunstausstellung oder nach der Betrachtung eines Bildes in einem Kunstband haben, das Sie besonders beeindruckt hat. Ähnliches kann geschehen nach dem Besuch eines Konzertes oder dem Anhören einer bestimmten CD, deren Musik die Seele derart in Schwingung versetzt hat, daß sie im Traum wiederum hörbar wird. Weitere Anregungen zu einem großen Traum können Sie durch die Meditation eines Kunstwerkes erhalten. Dazu bedarf es jedoch der Geduld und der mehrmaligen Wiederholung, sowie längerer Erfahrungen im Umgang mit den Träumen. Wenn Sie nur flüchtig ein- oder zweimal ein Kunstwerk betrachten, werden Sie wahrscheinlich nicht sogleich einen derartigen Traum haben. Es kann jedoch aufgrund der kreativen Kombinationsmöglichkeiten der Seele auch geschehen, daß Sie durch ein bestimmtes Kunstwerk angeregt werden, von einem anderen Bild zu träumen, das Ihrer inneren Erfahrung und Ihrem derzeitigen Lebensgefühl in besonderer Weise entspricht, wie es mir mit einem Bild von Salvador Dalí erging, mit dem ich gearbeitet hatte, und ich des nachts von Vincent van Gogh »den Sämann« träumte.

Ich sehe in meinem Traum das Bild von Vincent van Gogh »Der Sämann« in abgewandelter Form in folgender Raumaufteilung vor mir: Auf der ganzen oberen Hälfte des Bildes sehe ich ein wogendes Kornfeld mit reifen, gelben Ähren. Die untere Hälfte des Bildes ist halbiert, und auf der linken Bildseite ist in blauen Farbtönen das Gesicht einer Frau projiziert. Auf der rechten unteren Bildseite sehe ich einen frisch gepflügten Acker mit brauner Erde.

Dann, in einem weiteren Traumbild, hat sich das Gesicht zu einer ganzen Frauengestalt verwandelt. Ich sehe diese auf einer Kanzel in einer Kirche stehen und dort eine gefühlvolle Predigt halten. Sie scheint von dem Gesagten innerlich derart bewegt zu sein, daß sie nach jedem Satz innehalten muß, um ihre bebende Stimme zu sammeln. Die anwesende Gemeinde und ich selber hören dieser schönen und temperamentvollen Frau andächtig zu.

Schon während des Traumes und mehr noch beim Aufwachen wundere ich mich darüber, wie das tatsächliche hintergründige Bild des »Sämanns« mit meinen darauf projizierten persönlichen Bildern zusammenhängt.

Ich träumte diesen Traum in der Nacht vor dem neuen Ausbildungskurs zum Traumberater; das Thema lautete: »Bilder- und Symbolsprache der Träume sowie die Typologie nach C. G. Jung«, und ich war in den Tagen zuvor mit der Vorbereitung auf diese Thematik befaßt. Wie in den zurückliegenden Jahren gehörte es auch dazu, Bilder aus dem Bereich der Kunst zur Veranschaulichung der Thematik heranzuziehen, wobei ich jedoch nicht an das Bild von Van Gogh gedacht habe. Ich wollte das bekannte Bild *Der Bahnhof von Perpignan* von Salvador Dalí zur Veranschaulichung der Entstehungsprozesse der Träume im Unbewußten heranziehen, das ich in meinem Buch *Die Heilkraft der Träume* mit Bildbeschreibung und dem dazugehörigen Traum von Dalí veröffentlicht habe. Dalí hat das Bild von Millet *Angelus-Läuten* übermalt, ähnlich wie ich es in meinem Traum mit dem Bild von Van Gogh getan habe. Als ich mich eine Woche später mit dem genannten Bild und der psychologischen Entwicklung der Schöpferkraft von Vincent befaßte, kam mir wieder in Erinnerung, daß der Maler Millet für Van Gogh als großes Vorbild diente, der ihn idealisierte. Ob die genannten Zusammenhänge von dem Bild Dalís, das ich in der symbolischen Deutungsarbeit bei den Träumen heranziehe, und die Beziehung zwischen Van Gogh und Millet eine mir unbewußte Spur zur Kreation meines Traumes bilden, kann ich nur vermuten.

Ein naheliegender Tagesrest, der in den Traum Eingang gefunden hat, sind meine Wanderungen durch Getreidefelder, wo ich wiederholt gedankenvoll innegehalten habe und mich an den wogenden Halmen gefreut und daran gedacht hatte, wie in wenigen Wochen die Felder reif zur Ernte sein würden. Ferner beschäftigten mich in den Tagen vor dem Traum Gedanken darüber, wie lange ich wohl in meinem tätigen (Un-)Ruhestand die geliebte Traumarbeit noch machen könnte. Diese Hinweise lassen erkennen, mit welchen Themen ich in jenen Tagen »schwanger« ging, die mich bis in das Traumleben begleiten würden. Doch an den »Sämann« mit der untergehenden Sonne von Van Gogh hatte ich in den letzten Jahren bewußt nicht gedacht und auch kein Bild des Malers betrachtet. In meinem Traum wird das genannte Bild nicht genau wiedergegeben, sondern mittels der Traumarbeit des Unbewußten durch meine persönlichen Vorstellungen und inneren Bilder übermalt, ähnlich wie dies Dalí mit dem genannten Bild oder auch der Wiener Maler Arnulf Rainer in seiner »Übermalungstechnik« vorhandene Bilder, Grafiken oder Texte mit seinen Farben und Motiven übermalt. Mit tiefenpsychologischen Worten würde ich meine Überlagerung des Bildes von Van Gogh durch persönliche Farben und Motive als Projektion bezeichnen. Dazu stellt sich die Frage, wozu und zu welchem Zwecke meine Seele gerade dieses Bild auswählte, um die Bilder und die Botschaft meines Traumes mit diesem Bild zu verbinden? Darauf könnte die energetische Wirkung des Traumes einen ersten Hinweis geben.

Nach dem Aufwachen und in den folgenden Tagen übte der Traum eine starke Faszination auf mich aus. Als ich ihn dann in der Ausbildungsgruppe erzählte, übertrug sich meine Anrührung auf die Anwesenden, und es entstand ein bewegendes Gespräch mit zahlreichen Deutungsangeboten und weiteren Verständnishilfen. Ein besonderes Evidenzgefühl (Stimmigkeit) erlebte ich bei dem Hinweis, daß das wogende Kornfeld mit den reifen, gelben Ähren ein passendes Bild sei für meine erfolgreiche Traumarbeit und mein Bemühen, einen Beitrag für eine neue Traumkultur in unserer Gesellschaft zu leisten. Ähnlich wie ich früher als Pfarrer in der Gemeinde als Sämann und Seelsorger gewirkt habe, würde ich in den letzten Jahrzehnten mit Vorträgen und unzähligen Seminaren die Kunst der Traumdeutung lehren und damit vielen Menschen eine Hilfe sein, ihre persönliche psychische Entwicklung besser zu verstehen. In den Gesprächen über den Traum wurde ferner gewürdigt, daß ich in meiner persönlichen Haltung und den Äußerungen nicht die Theologie und Tiefenpsychologie als Gegensätze darstelle, sondern unermüdlich auf das Gemeinsame und Verbindende beider Bereiche hinweise. Das weitere Gespräch und die Reflexionen über meinen Traum trugen nach dem Empfinden und den Äußerungen der zwölf Teilnehmer dazu bei, daß alle in diesen vier Tagen in der Bearbeitung der eigenen Träume einen schöpferischen Prozeß und spürbare Heilkräfte erfuhren.

Angeregt durch die Gespräche in der Gruppe und durch die Faszination meines Traumes begann ich nach der Heimkehr in der Bibliothek der Kunsthalle in Karlsruhe mich ausführlicher mit Leben und Werk von Vincent van Gogh (1853–1890) zu beschäftigen, und gelangte bei diesen Studien, von denen ich an anderer Stelle berichten werde, zu tiefen Erkenntnissen über die Zusammenhänge zwischen dem Kunstschaffen und den schöpferischen Prozessen in den Träumen. Bevor ich auf die Deutung und die persönliche Bedeutung meines Traumes eingehe, möchte ich eine kurze Bildbeschreibung des bekannten Bildes vom *Sämann* geben.

Die obere Bildhälfte, dort, wo in meinem Traum das reife Ährenfeld wogt, ist beherrscht von der großen golden strahlenden Sonne, dem schräg ins Bild ragenden dunklen Baum ohne Krone und den seltsamen Farbtönen des apfelgrünen Himmels. Die Erde ist bei Van Gogh violett und blau dargestellt als komplementärer Kontrast zu den Himmelsfarben gelb und grün in den beiden Fassungen des Sämanns. In meinem Traumbild dagegen kehrt die braune und die dunkle Farbe des Baumes in der geträumten braunen Erde wieder. Die für mich entscheidenden Veränderungen zwischen meinem Traum und dem Bild von Van Gogh sehe ich in der linken unteren Ecke. Dort, wo die dunkle Gestalt des Sämanns plaziert ist, die nur mit dünnen und wenigen hellen Farbstrichen durchsetzt ist, erscheint in hellen blauen Farbtönen das Gesicht einer Frau. Während das Gesicht des Sämanns in den beiden Fassungen im Schatten bleibt und kaum Gesichtszüge trägt, sind in meinem Traumgesicht deutlich die Gesichtszüge einer Frau zu erkennen. Was in dem Gesicht erst andeutungsweise er-

scheint, wird in dem zweiten Traumbild zu einer ganzen Frauengestalt ausgemalt. Es handelt sich bei dieser schönen und temperamentvollen Frau, die auf einer Kanzel steht und herzbewegend predigt,
offensichtlich um meine Anima, die als innere Geliebte und Seelenpartnerin an der Stelle des Sämanns von Van Gogh ihren Platz einnimmt. In ihrer Predigt sät sie mit Worten, was der Sämann mit seinem Saatgut tut.

Ich werde durch dieses Traumbild an meine frühere Zeit als Prediger und Pfarrer erinnert, wo ich vor 30–40 Jahren ebenfalls jeden
Sonntag auf der Kanzel stand und versuchte, mit Herz und Verstand
das Wort Gottes und das Evangelium wie Samen in die Herzen der
Menschen zu streuen und überzeugend zu wirken. Dazu kommt mir
in Erinnerung, daß damals in meinem Amtszimmer dieses Bild von
Van Gogh hing und ich in meinen Predigtvorbereitungen oft darauf
blickte. Nach mancherlei enttäuschenden Erfahrungen habe ich
damals diese Tätigkeit aufgegeben und mich zum Psychotherapeuten
und Traumpsychologen ausbilden lassen, um tiefer in das seelische
Erleben einwirken zu können und mehr emotionale Herzlichkeit zu
verwirklichen, vergleichbar mit der Predigerin im Traum. Zu diesem
beruflichen Wandel in meinem Leben gibt es eine Parallele zu dem
Leben von Vincent. Da sein Vater reformierter Pfarrer in Holland war,
schien er sich als junger Mann mit der Berufsrolle des Pfarrers derart
identifiziert zu haben, daß er auch Prediger werden wollte. Doch
schon nach wenigen Monaten wurde er wegen seines schwierigen
Charakters aus dem Predigerseminar verwiesen, und er wurde dann
auf vielen Um- und Irrwegen ein Maler.

An dieser Stelle möchte ich eine tiefenpsychologische Deutung
meines Traumbildes mit den verschiedenen Raumaufteilungen nach
einem tiefenpsychologischen Deutungsmodell von Ingrid Riedel hinzufügen. Nach diesem Modell wird die gesamte Fläche eines Bildes
oder eines Traumbildes in vier Teile aufgegliedert. Die obere Hälfte
eines Bildes oder eines Traumes ist der geistigen und väterlichen Welt
zugeordnet, die untere Bildhälfte gehört zur mütterlichen Welt und
repräsentiert in ihren Bildern und Symbolen die Erfahrungen mit der
persönlichen Mutter und dem kollektiven Mutterbild im Unbewußten. Das rechte untere Viertel in der Bildaufteilung wird den Erfahrungen mit der persönlichen Mutter zugeordnet, wozu auch der
Umgang mit allen materiellen Dingen und die eigenen Körperwahr-
nehmungen gehören. In diesem Feld sehe ich in meinem Traum den
frisch gepflügten Acker mit der braunen Erde. Mit meinem Traum-

bild wird mir die sinnliche Wahrnehmung vermittelt, daß ich derzeit gut geerdet bin und mein Seelenacker vorbereitet ist für neue Ideen und Gedanken, die in mir wachsen werden. Erste Entwicklungsschritte und Wachstumsprozesse erlebe ich in diesen Tagen, indem ich mich mit der Schöpferpersönlichkeit des Malers Van Gogh tiefer auseinandersetze. Zu der Bedeutung der Kunst allgemein als Merkmal eines kollektiven Traumes (im Zusammenhang mit den archetypischen Träumen und ihrer kollektiven Bedeutsamkeit) entdeckte ich in diesen Tagen das Werk *The collective dream in art* von Walter Abell, worauf ich weiter unten zu sprechen komme.

Eine wichtige vermittelnde Funktion zu dieser kollektiven Dimension der Seele hat die Anima, die nach dem erwähnten Deutungsmodell ihr Wirkungsfeld in der unteren linken Bildhälfte hat. Dort, wo im Bild von Van Gogh der Sämann seinen Platz hat, erscheint in meinem ersten Traumbild das Angesicht der Anima. In der weiteren Ausgestaltung des zweiten Traumbildes erscheint sie mir in der Gestalt einer mir bekannten Frau, die sich mit großem Engagement in der Öffentlichkeit für mehr Gerechtigkeit in der Gesellschaft und mehr Warmherzigkeit und Nächstenliebe zwischen den Menschen engagiert. Die Anordnung der Kanzel im Kirchenraum erinnert mich an das Münster in Konstanz, wo ich vor einigen Wochen einen eindrucksvollen Gottesdienst erlebte. Die Anima in meinem Traum ist nicht eindeutig nur dieser einen Person zuzuordnen, sondern erinnert auch an eine warmherzige Bäuerin in meiner Umgebung und darüber hinaus an meine verstorbene Mutter, die auch eine Bäuerin war. Da das untere linke Feld dem kollektiven Mutterbild zugeordnet wird, hier jedoch meine Anima als Seelenpartnerin und inspirierende Muse erscheint, zeigt diese Neubesetzung des Feldes eine weitere Entwicklung in meinem kollektiven Unbewußten an.

In der symbolischen Traumdeutung ist die obere Hälfte eines Bildes oder eines Traumes der geistigen Dimension und den verschiedenen Aspekten des Vaterbildes zuzuordnen. Die linke Bildhälfte wird beherrscht von Erfahrungen mit dem persönlichen Vater und dessen Verinnerlichung im persönlichen Unbewußten. Die rechte obere Bildseite wird dem kollektiven Vaterbild zugeordnet mit den verschiedenen Bedeutungsaspekten. In dem Bild von Van Gogh ragen in diesem Bereich zwei merkwürdig anmutende Äste hinein, die wie Hörner eines Ziegenbocks oder eines Gamsbocks aussehen. In ihrer aggressiv wirkenden Gestalt geben sie uns vielleicht einen Hinweis auf die unzähligen aggressiven Äußerungen und Enttäuschungen gegenüber dem himmlischen Vater, mit dem sich Vincent oftmals identifizierte.

Auf die übergroße Sonne als ein archetypisches Vaterbild in der linken oberen Bildhälfte, die über dem Kopf des Sämanns erscheint, werde ich weiter unten noch zu sprechen kommen.

Künstlerische Imagination und Schöpferkraft bei Vincent van Gogh

Um die energetischen Symbolisierungsprozesse in Träumen, insbesondere in kollektiv bedeutsamen Träumen, zu veranschaulichen, wollen wir auch persönliche Äußerungen von Vincent van Gogh berücksichtigen. Im Zusammenhang mit künstlerischer Imagination und schöpferischen Prozessen beim Malen kommt er selbst in seinem Brief an die Schwester auf den Vergleich mit den Träumen zu sprechen, er schreibt:

»Ich weiß nicht, ob du verstehen kannst, daß man Poesie durch nichts weiter als durch gute Anordnung der Farben auszudrücken vermag, wie man Tröstendes durch Musik sagen kann. Auch sollen die bizarren, gesuchten und sich wiederholenden Linien, die sich durch das ganze Bild schlängeln, nicht den Garten (oder ein Ährenfeld) in seiner gewöhnlichen Ähnlichkeit wiedergeben, sondern ihn für uns nachzeichnen. Wie im *Traum* (Hervorhebung vom Verfasser) gesehen, zugleich in seinem wahren Charakter und doch seltsamer als in der Wirklichkeit.«[55]

Es geht also im schöpferischen Prozeß des Malens nicht um ein Nachzeichnen der äußerlich gesehenen Wirklichkeit, sondern um den hintergründigen und wahren Charakter eines Bildes. Ganz besonders auf dem letzten Höhepunkt seines Schaffens, in den beiden letzten Lebensjahren nähert sich Van Gogh in seiner künstlerischen Imagination dem Kollektiven und Urbildlichen und macht es im Bild sichtbar. Um diese kreative Schaffenskraft geht es auch in einem Brief aus Arles, in dem der Maler bekennt: »Ich kann im Leben ... sehr gut ohne den lieben Gott auskommen. Aber ich, ein leidender Mensch, kann nicht auskommen ohne etwas, das größer ist als ich, das mein Leben ist – es ist die Kraft zu schaffen.«[56] Wiederholt schreibt Van Gogh, daß er malen müsse, um lebendig zu bleiben und sich am Leben zu erhalten. Obwohl er seine Vision von dem Größeren und Absoluten in dem Irdischen verankerte, »baute er hinter der Welt der Wahrnehmung eine zweite und gab ihr seinen Drang zum Höchsten mit. Mit der zweiten Welt gewann er aber auch ein zweites Ich, das über das rein Individuelle hinausreichte.«[57] Diese zweite Welt hinter der sichtbaren und faßbaren Realität, erscheint auch in den großen Träumen mit archetypischen Symbolen. Ein anschauliches Beispiel für den genannten Drang zum Hintergründigen und Höchsten sind die bekannten Bilder vom Sämann bei untergehender Sonne (Arles, im November 1888). Deuten wir dieses Bild einmal biographisch, dann steht der individuellen Gestalt des Sämanns in der linken Bildhälfte auf der rechten Seite das kollektive Symbol des Lebensbaumes gegenüber. Wie schon ausgeführt, steht nach Ingrid Riedel[58] die rechte Ecke für das Feld und den Erlebnisbereich der persönlichen Mutter. Dies bedeutet, daß der Baum des Lebens, der persönliche Stammbaum von Van Gogh, im mütterlichen Bereich verwurzelt ist, dann jedoch zur Mitte des Bildes wächst, was bedeuten könnte, daß unser Maler in der Mitte seines Lebens seine eigene Richtung gefunden hat. Das linke untere Viertel eines Bildes wird nach dem genannten Deutungsmodell dem kollektiven Mutterbild zugeordnet. Dies heißt, daß unser Sämann in seinem kollektiven Unbewußten mit dem mütterlichen Energiefeld identifiziert ist. Zu der violetten Farbe des Feldes schreibt Vincent in einem Brief an die Schwester: »Das Violett gibt für mich Mutters Persönlichkeit wieder.«[59] Diese Selbstaussage des Malers belegt, daß meine Bilddeutung nicht spekulativ von außen in das Bild hineinprojiziert wird, sondern daß sie dem Selbstverständnis des Malers entspricht. Bei dem wiederholt gemalten Bild des Sämanns im November 1888 ergibt ein Vergleich der verschiedenen Bilder, daß das violette Farbfeld von der linken unteren Bildseite auf die rechte verlagert wird. Für diese Verlagerung der Farbfelder gibt es nach meiner Sicht einen Hinweis auf die intensiven emotionalen Schwankungen im seelischen Erleben des Malers. Nach dessen Selbstzeugnissen steigerten sich seine Gemütserregungen besonders in den beiden letzten Lebensjahren bis ins fast Unerträgliche. Tiefenpsychologisch betrachtet dürfte dies mit dem Mutterkomplex des Malers zu tun haben.

Als Gegengewicht dazu betrachten wir jetzt die väterliche Dimension in der Raumaufteilung der oberen Bildhälfte. Hier sehen wir, daß das linke obere Viertel von der großen gelben untergehenden Sonne und einem Ast des Baumes ausgefüllt ist. Nach unserem Deutungsmodell entspricht diese Seite der unbewußten Innenwelt und dem persönlichen Vaterbild. Der Kopf des Sämanns ragt in die untergehende Sonne, wobei sein Gesicht ohne Konturen bleibt. Dies könnte bedeuten, daß Van Gogh eine nur schwach entwickelte männliche Identität besitzt. Diese Annahme könnte vielfach durch die innige Verbundenheit mit seinem geliebten Bruder Theo belegt werden, von dem er auch in materieller Hinsicht ganz abhängig war. Als es nach kurzer Freundschaft mit dem Maler Gaugin zu heftigen Auseinandersetzungen kommt, um sich von dessen Kunstrichtung abzusetzen, dürfte dies zugleich auch ein unbewußter Wunsch gewesen sein, sich von seinem geliebten Bruder zu distanzieren. Doch genau dies gelingt nicht, denn in dieser Zeit beginnen die Anfälle, die medizinisch und psychologisch schwer eindeutig zu diagnostizieren sind[60]. In den etwa vierzig Fachpublikationen zu medizinischen und psychiatrischen Krankheitsbildern und Anfällen wurden die unterschiedlichsten und gegensätzlichsten Diagnosen gestellt, wie Psychose, Schizophrenie, Depressionen, Epilepsie und vieles mehr[61]. In einer Krankheitsbeschreibung von Lange-Eichbaum wird darauf hingewiesen, daß in der mütterlichen Linie des Malers neben künstlerischen Begabungen auch Neurosen, Depressionen und Nervosität festzustellen sind. Dieses Erbe mag sich auch bei Van Goghs Lieblingsschwester niedergeschlagen haben, die in einer psychiatrischen Anstalt verstarb. Lange-Eichbaum stellt fest:

»In Van Goghs Krankheit muß der Prozeß einer emotionalen Störung gesehen werden, einer geistigen Labilität, die familiär-historisch bedingt war und sich über eine lange Zeit hin entwickelte. Vincent van Gogh hatte stets mit großer Angst und Feindseligkeit darauf reagiert, vernachlässigt oder abgewiesen zu werden. Auf diesem Hintergrund wuchsen sein Haß und seine Aggressivität. Sein leidenschaftlicher Arbeitseifer sowie seine innere Entfaltung lassen sich teilweise durch die Krankheit erklären, aber auch die Zersetzung seiner künstlerischen Fähigkeit dürfte ihre Ursache darin haben, wenngleich zunächst in seiner künstlerischen Entwicklung nichts Krankhaftes zu erkennen war.«[62]

Nach meiner Durchsicht und Auswertung der unzähligen Briefe an den Bruder und an Freunde sowie anderer Selbstmitteilungen sind folgende beherrschende Charakterzüge festzustellen: »Neben seiner starken Sensitivität, Bescheidenheit, Asozialität steigern sich seine seelischen Ambivalenzkonflikte ins Unerträgliche, indem er zwischen Liebe und Selbsthaß bis hin zur Selbstzerstörung und Selbsterniedrigung ging. Dazwischen folgten immer wieder Phasen einer großen Schöpferkraft, die sich bis zur Arbeitsbesessenheit steigern konnte.

Die Ärzte und Psychiater Lange-Eichbaum und W. Kurth kommen in ihrem grundlegenden Artikel über das Krankheitsbild bei Vincent van Gogh zu dem Schluß:»Das Werk ist nicht in Krankheit entstanden; kein psychotischer Bruch, sondern eine Entwicklung des Stils... Es ist an sich irrelevant, van Goghs Krankheit diagnostisch zu klassifizieren. Van Goghs Produktivität, teilweise im Zustand einer leichten Psychose, daher auch fieberhaft gesteigertes Schaffen. Er erkannte seine Lage immer mit scharfem Intellekt.«[63]

Die genannten Autoren geben schließlich noch einen interessanten Hinweis auf die Typologie des Malers nach dem typologischen Persönlichkeitsmodell von C. G. Jung. Danach wäre Van Gogh als introvertierter Denktyp mit dem Empfinden als erste Hilfsfunktion einzuordnen. Daraus ergibt sich als inferiore Funktion das Fühlen. Dies erklärt uns seine häufige Selbstabwertung und sein mangelndes Selbstwertgefühl sowie seine starken Ambivalenzkonflikte und seine Stimmungsschwankungen, von denen er so häufig in seinen Briefen an den Bruder und die Familie spricht. Es ist als tragisch mitanzusehen, daß er seine starken emotionalen Gefühlsaufwallungen und seine Ängste mit seiner rationalen Denkfunktion nicht in den Griff bekommen konnte, sondern in seinen Anfällen diesen inneren übermächtigen Lebensenergien erlag. Dennoch ist es sehr eindrucksvoll zu verfolgen, wie er sich in seinem Malen und schöpferischen Tun unermüdlich zu verwirklichen trachtete und darin immer aufs neue eine vorläufige Heilung fand. Besonders im Betrachten und Imaginieren der Landschaft mit Bäumen und Blumen und im Porträtieren von Gesichtern brachte er das Hintergründige und Heilende zum Ausdruck, das er auch für sich selbst nutzbar machen wollte. Stellvertretend für viele Äußerungen in seinen zahlreichen Briefen mag uns der Brief vom 29. Juli 1888 die innere Befindlichkeit vor Augen führen, wenn er schreibt:»Je mehr ich mich verbrauche, je kränker und kraftloser ich werde, um so mehr werde ich zum Künstler, zum Schöpfer in dieser großen Wiedergeburt der Kunst, von der wir reden. So liegen die Dinge ganz bestimmt; aber diese Kunst, die ewig lebende und diese Wiedergeburt, dieser grüne Schößling, der aus den Wurzeln des alten, gefällten Stammes aufsprießt, dies sind so sehr Dinge des Geistes, daß uns eine gewisse Schwermut überkommt bei dem Gedanken, daß man mit geringerer Mühe Leben statt Kunst hätte schaffen können.«[64] Mit dem Symbol des gefällten Baumstamms und dem grünen Schößling beschreibt Van Gogh seine seelische Befindlichkeit und wohl auch die Ahnung von dem nahe bevorstehenden Tod. Dieser wachsende und grünende Zweig ist ein archetypisches Symbol der Hoffnung, daß mit dem Tode nicht alles vorüber ist. In den biblischen Zukunftsvisionen ist das »Reis aus der Wurzel Jesse« ein kollektives Symbol für den Fortbestand des Volkes Israel. In dem bekannten und beliebten Weihnachtslied wird diese Symbolik wie folgt besungen:

Es ist ein Ros entsprungen aus einer Wurzel zart,
wie uns die Alten sungen; von Jesse kam die Art
und hat ein Blümlein bracht, mitten im kalten Winter
wohl zu der halben Nacht.

Die vier Elemente im Traum

Wenn wir von einem (oder mehreren) der vier Elemente träumen (Luft, Erde, Feuer und Wasser), handelt es sich in der Regel um einen kollektiven Traum. Ich schreibe bewußt: in der Regel, denn im Leben, und ganz besonders in den Träumen, gibt es aufgrund der Erfahrungen bestimmte Gesetzmäßigkeiten, doch in den grundlegenden Entwicklungsprozessen unseres inneren Menschen und auf dem Wege der Individuation (Selbstverwirklichung) gibt es immer wieder außergewöhnliche seelische Erfahrungen, die einfach die logischen und bewußten Vorstellungen transzendieren. Die kollektive Bedeutung derartiger Traumbilder läßt sich aus der für alle Menschen grundlegenden Funktion dieser Elemente ableiten, der Luft zum Atmen, die alle Menschen brauchen, und der Erde als Lebensraum. Das Wasser findet sich in einem derart hohen Prozentsatz im Körper, daß es keines weiteren Wortes dazu bedarf. Das Feuer schließlich in seinen vielen Erscheinungsweisen als Energie, Wärme und Dynamik erleben wir z. B. in der Warmherzigkeit oder in der feurigen Liebe sowie in den Affekten unserer Emotionen. Wenn also eines der Elemente in unseren Träumen erscheint, ist dies meistens ein Anzeichen dafür, daß wir mit einer bestimmten Seite unseres inneren Menschen und der Seele konfrontiert werden.

Träume von Feuer, Wasser, Luft und Erde bringen unterschiedliche Gefühle, Kräfte, Stimmungen und Befindlichkeiten zum Ausdruck. Die vier Elemente erhalten im Traum in ihrer Materialisierung eine elementare Bedeutung für unsere irdische Existenz und unsere Erdhaftigkeit. Das Feuer kann im Traum ein Ausdruck für unsere feurigen Emotionen werden; wenn der Fluß unserer seelischen Energien ins Stocken gerät oder gar blockiert ist, dann kann das geträumte fließende Wasser eine Lösung in Aussicht stellen oder bewirken helfen. Ist ein Mensch zu materialistisch eingestellt und zu erdgebunden, kann die geträumte Erhebung in die Luft oder ein frischer Wind neue geistige Orientierung bedeuten und manchmal etwas von der Leichtigkeit des Seins spüren lassen. Alle die genannten Elemente und Kräfte haben eine kollektive Bedeutung in den Träumen, indem sie das Individuum mit den elementaren Lebenskräften in Beziehung bringen.

In der gegenwärtigen Bedrohung der gesamten Schöpfung und bei den bekannten Umweltschäden sollten die vier Elemente eine neue Wertschätzung erlangen. Die gefühlsmäßige Berührung durch derartige Träume kann diese wecken und fördern. Wenn elementare Träume alle Sinne des Menschen berühren, werden alle vier Wahrnehmungsfunktionen der Seele angesprochen, das Denken, das Fühlen, die sinnlichen Wahrnehmungen und die Phantasien und imaginären Vorstellungen. Besonders aber die Fühlfunktion vermittelt nach der Typologie C. G. Jungs das Gefühl für die Wertigkeit des Geträumten. So wichtig eine verantwortliche Umweltpolitik auch sein mag und die verschiedenen Umweltverbände sich um einen verantwortlichen Umgang mit der Schöpfung bemühen, so bleiben doch die meisten rationalen Appelle bei den Menschen ohne nachhaltige Wirkung. Erst wenn der einzelne Mensch persönliche Erfahrungen mit einem der Elemente macht oder diese in seinem Traum eine nachhaltige Wirkung hinterlassen, beginnen viele Menschen sich mit den elementaren Lebensbedingungen zu beschäftigen.

Bei den geträumten vier Elementen handelt es sich in ganz besonderer Weise um kollektive Träume, insofern sie Ausdruck sind einer grundlegenden Interaktion zwischen dem Traum-Ich und dem kollektiven Unbewußten. Bei den für alle Menschen lebenswichtigen Naturelementen gewinnen diese Kräfte durch die Verinnerlichung in den Träumen und durch deren Verdichtung zu psychischen Symbolen eine allgemeine Bedeutung. Da diese Kräfte in unserem Weltbild polar angeordnet sind, indem das Feuer mit dem Wasser eine Polarität bildet und die Erde mit der Luft, können diese Elemente zugleich ein allgemeiner Testfall für uns sein, der für die folgende Diagnostik verwendet werden kann. Stellen Sie sich für einen Augenblick einmal vor, Sie schätzten sich für einen erdverbundenen Realisten ein, der mit den materiellen Gütern dieser Welt gut umgehen kann und im Irdischen gut verwurzelt ist. Nach meinen Erfahrungen in der Traumtherapie wird eine derartige Persönlichkeit häufig träumen, daß sie fliegen kann und eine wunderbare Leichtigkeit in der Luft verspürt. Ferner kann sie auch häufig mit dem Flugzeug unterwegs sein und das Abheben von der Erdenschwere genießen. Mit etwas Einfühlung werden wir verstehen, daß es sich bei diesen Träumen um eine psychische Kompensation handelt. Kompensation im tiefenpsychologischen Sinne bedeutet Ausgleich oder Angleichung zwischen zwei Polen, wie

z. B. zwischen dem Bewußtsein und dem Unbewußten. Im Hinblick auf die genannten Polaritäten von Erde und Luft sowie Himmel geschieht nun für den stark erdgebundenen Menschen durch die Hinwendung zum Luftraum ein seelischer Ausgleichsprozeß, um damit eine Balance herzustellen. Im Hinblick auf die Psychodynamik der Kompensation ist zu beobachten, daß durch die zu einseitige Einstellung und die seelische Bindung z. B. an irdische Dinge und materielle Güter sich im Unbewußten unmerklich eine Aufladung mit Energien und Symbolen des Gegenpols vollzieht. Derart anschwellende Energien und Kräfte im Unbewußten können im Traum in starken Winden oder sogar in einem Orkan erscheinen, die den Träumenden von der Erde losreißen und in die Luft schleudern. Da einem erdgebundenen Menschen und einer übertrieben materialistisch orientierten Persönlichkeit der entgegengesetzte Bereich des Geistigen viel zu wenig vertraut ist, machen beeindruckende Träume, die sich bis zu Alpträumen steigern können, den Einzelnen auch mit dem Gegenpol bekannt.

Das kurz beschriebene Prinzip der Kompensation läßt sich auch auf kollektive Prozesse in den verschiedenen Gesellschaftsformen anwenden, denken wir z. B. an den starken Drang nach Freiheit in der ehemaligen DDR und an den Zusammenbruch der alten Sowjetunion. Damit eine derartige Massenbewegung entsteht und ein gewaltiger Umbruch möglich wird, müssen sich sowohl in der bewußten Einstellung der einzelnen Menschen als auch in deren unbewußten Potentialen gewaltige Energien ansammeln, die dann durch den Zusammenschluß der Massen eine Revolution und eine Wandlung bewirken. Leider gibt es meines Wissens bisher noch keine groß angelegten Untersuchungen darüber, daß auch kollektive Träume derartige Wandlungen bewirken und fördern.

Für einen ersten Erkenntnisgewinn kann es auch hilfreich sein, die zwölf astrologischen Symbole zu den vier Elementen in Verbindung zu setzen. Den drei astrologischen Erdzeichen werden Stier, Jungfrau und Steinbock zugeordnet. Die Grundtendenz dieser Zeichen ist, realistisch, praktisch und nüchtern das Leben anzupacken. Die drei Luftzeichen sind Zwillinge, Waage und Wassermann. Menschen, die unter diesen Zeichen geboren sind, gelten allgemein als aufgeschlossen, begeisterungsfähig und geistig recht aktiv. Zu den drei Wasserzeichen gehören Krebs, Skorpion und Fisch. Sie sind gefühlsbetont, phantasievoll und empfindsam. Die drei Feuerzeichen schließlich sind Widder, Löwe und Schütze. Sie gelten als energische und dynamische Persönlichkeiten. Die Leser seien an dieser Stelle aufgefordert, einmal ihren astrologischen Typ zu ihren Träumen in Beziehung zu setzen. Die Erscheinungen der einzelnen Elemente und ihre Wirkungen in den Träumen werden in den folgenden Kapiteln noch genauer beschrieben.

Abschließend möchte ich noch einige Gedanken der Heiligen Hildegard von Bingen über den Zusammenhang zwischen den Elementen und unserem menschlichen Erleben darstellen. Aus Anlaß ihres 900. Geburtstages im Jahre 1998 sind ihre Gedanken und Werke erneut ins öffliche Bewußtsein getreten. Dazu gehören insbesondere die recht modern anmutenden Überlegungen über die Beziehungen zwischen den Elementen einerseits und den Träumen sowie den Visionen andererseits. Der Heidelberger Medizin-Historiker Heinrich Schipperges weist in seiner Einleitung zu den Werken Hildegards darauf hin, daß besonders in ihren beiden Naturschriften »Mensch und Welt nach einem durchgehenden anthropologischen Korrelationsgesetz aufeinander zugeordnet sind.«[65] Unter Korrelation wird in diesem Zusammenhang eine wechselseitige Bezogenheit verstanden, so daß eine Veränderung des einen im allgemeinen auch eine Veränderung des anderen nach sich zieht. In den Visionen ihrer Naturschriften erkennt Hildegard die Bedrohung der Schöpfung. Diese Visionen erscheinen im Hinblick auf die elementare Bedrohung unserer Erde derart aktuell, als hätte eine seherisch begabte Frau uns einen kollektiven Traum mitgeteilt. In einer erschütternden Vision schildert Hildegard, wie die Elemente der Welt in Aufruhr sind und klagen: »Wir können nicht mehr laufen und unsere Bahn nach unseres Meisters Bestimmung vollenden. Denn die Menschen kehren uns mit ihren schlechten Taten wie in einer Mühle von unterst zu oberst. Wir stinken schon wie die Pest und vergehen vor Hunger nach der vollen Gerechtigkeit. Und Gott gibt ihnen recht: der gottlose Irrwahn der rebellischen Menschen habe die grünende Lebenskraft der Elemente welken lassen. Nun seien alle Winde voll Moder, und die Erde speie Schmutz aus. Mit seinem Besen werde er zur Reinigung dreinfahren, tröstet er die Elemente: Mit den Qualen derer, die Euch verunreinigt haben, will ich Euch reinigen.«[66]

Das hier geschilderte Szenario erleben wir täglich in den Horrornachrichten über die weltweite Umweltverschmutzung. Unsere Erde ist mit Gift und Müll übersät, der Boden verdirbt, und die immer stärker verpestete Luft macht die Atmungsorgane unzähliger Kinder krank und ruft allergische Reaktionen bei Millionen von Menschen hervor. In ihrer Schrift *Scivias* malt Hildegard ein Weltuntergangsszenario, das den Prognosen moderner Wissenschaftler sehr nahe kommt: »Durch eine plötzliche, unerwartete Erschütterung werden die Bande der Elemente gelöst. Alle Geschöpfe geraten in Aufruhr. Feuer bricht hervor. Die Luft löst sich auf, das Wasser strömt über, die Erde bebt, Blitze zucken, Donner krachen, Berge spalten sich, Wälder stürzen und was immer in der Luft, im Wasser oder in der Erde sterblich ist, gibt das Leben auf. Denn Feuer wird die ganze Luft in Bewegung setzen und Wasser die ganze Erde anfüllen.«[67] Hildegards Beziehung zu den verschiedenen Naturgewalten ist geprägt von ihrem Glauben an den Schöpfer. Diese bei vielen modernen Menschen verlorengegangene Achtsamkeit gegenüber der Erde kann durch deren Verinnerlichung und Symbolisierung in den entsprechenden Träumen zu einer Wertschätzung der gesamten Schöpfung und damit zugleich zu einer hohen Verantwortlichkeit gegenüber der Schöpfung führen. Wenn die heutige Menschheit die Erde überwiegend ausbeutet und nur nach dem Nutzwert des Waldes fragt, zu wenig seine Funktion für den Klimaschutz und für das ökologische Gleichgewicht erkennt, dann mangelt es an der positiven Wertschätzung für diese Elemente. Wie bereits erwähnt, kann die notwendige Verantwortlichkeit aus meiner Sicht nicht allein durch ökologische Aufklärung oder größere politische Verantwortung für die Natur verbessert werden, sondern durch die Empathie und das Mitgefühl des Menschen für die gesamte Schöpfung. Erst wenn sich die Menschen wieder als Teil der Schöpfung verstehen und durch kollektive Träume von den vier Elementen auch in eine innere Beziehung zu ihnen gelangen, kann sich nach meiner Überzeugung etwas Grundlegendes ändern. Die notwendige Wertschätzung der Elemente und darüber hinaus der gesamten Erde wird nach tiefenpsychologischer Sicht vor allem durch die Fühlfunktion des Menschen bewirkt und durch entsprechende kollektive Träume zum Ausdruck gebracht. Diese Zusammenhänge möchte ich etwas vereinfachend gesagt mit dem folgenden Leitgedanken zum Ausdruck bringen:

Wenn du fühlst, was du am Tage siehst und nachts träumst, wirst du mit offenen Augen durch die Welt gehen und verantwortlich mit den Elementen umgehen!

Die Luft als Medium des Geistes

Wir begegnen der Luft in vielfältiger Weise in uns und um uns. Schon gleich nach der Geburt, wenn wir den ersten Atemzug tun, kommen wir mit dem Element Luft in Berührung und bleiben bis zum letzten Atemzug beim Sterben mit ihm in Verbindung. Da die Atmung und die Luft für die Erhaltung unseres Lebens von grundlegender Bedeutung sind, wollen wir uns als erstem Element der Luft widmen. In Gestalt des Ein- und Ausatmens nehmen wir fortwährend den Sauerstoff in uns auf und erleben damit ein Angeschlossensein an ein kollektives Element. Wenn wir daher gelegentlich von der Luft oder dem Wind träumen, erfahren wir am eigenen Leib, daß wir als Individuen eingebettet in den großen Luftraum sind, der unseren Erdball umgibt und von daher auch in unseren Träumen ein Symbol werden kann.

Die Luft ist in der Realität und in den Träumen ein kollektives Medium für vielfältige Formen der Kommunikation, sie trägt z. B. die Düfte von Blumen und Pflanzen zu uns oder den unerträglichen Gestank der Abgase von Millionen von Autos. Die Luft überträgt auch die Schallwellen in der Telekommunikation an unser Ohr, und der Luftraum um unseren Erdball ermöglicht den Vögeln zu fliegen und den Flugzeugen, in den Himmel aufzusteigen. Damit erschließt uns die Luft eine vertikale Dimension des Lebens, während die Erde und das Wasser mit ihrem Gewicht und der Gravitationskraft uns mit der horizontalen Dimension konfrontieren. Die horizontale Dimension des Lebens hat im seelischen Erleben der Träume mit dem Streben nach Ausgleich und Balance zu tun, die fortwährend durch die kompensatorische Funktion der Seele angestrebt wird. Die vertikale Dimension dagegen verbindet Oben und Unten, Himmel und Erde, und zeigt in den Träumen vom Aufstieg auf einer Leiter oder von einem Baum oder im Fliegen mit dem Flugzeug, daß es jetzt an der Zeit ist, über die Alltäglichkeiten hinauszuwachsen und sich mit geistigen Fragen und spirituellen Themen zu befassen. Bei der horizontalen und vertikalen Dimension des Lebens geht es nicht um ein entweder/oder, sondern um ein *sowohl als auch*. Dies bedeutet für das Bemühen um ein ganzheitliches Leben, daß ein »Luftikus« und mit geistigen Höhenflügen lebender Mensch sich um die Erdung seines Geistes bemühen sollte, um seinen Platz im Leben zu finden. Andererseits sollte sich ein Materialist, der in die vielen irdischen Dinge verstrickt ist, zur Erhaltung seines seelischen und geistigen Gleichgewichts auch um geistige Sinnfragen und spirituelle Orientierung bemühen.

Der Schweizer Psychiater Ludwig Binswanger beschreibt in seiner Menschenkunde und in seinen Untersuchungen zu geistig-seelischen Lebensfunktionen, daß beide Dimensionen in etwa ausgeglichen sein sollten. In Anlehnung an die Existenzphilosophie entwirft der große Seelenarzt die Formel, daß der Mensch träumend in seinem Sein ist und wachend danach sein Leben gestaltet[68].

Einen ersten Zugang zur symbolischen Bedeutung des Elementes Luft in den Träumen können wir durch die astrologischen Luftzeichen: Zwillinge, Waage und Wassermann gewinnen, für die die Luft ein wichtiges Lebenselexier darstellt. Menschen mit dieser astrologischen Typologie sind begeisterungsfähig und bewegen sich gern in geistigen und luftigen Höhen. Wenn jedoch die Begeisterungsfähigkeit für viele Dinge im Leben zu einseitig wird und sie zu sehr »abheben«, tritt häufig die kompensatorische Funktion der Seele in Kraft, sie werden dann in ihren Träumen auf recht irdische Aufgaben verwiesen oder ganz konkret mit der Mutter Erde konfrontiert. Umgekehrt kann es natürlich auch den Erdtypen ergehen (Stier, Jungfrau und Steinbock), wenn sie aus einer zu starken irdischen Lebensform im Traum in luftige Höhen erhoben werden und damit etwas von der Geistigkeit und der »Leichtigkeit des Seins« spüren können. Diese einführenden Gedanken, die aus der jahrzehntelangen Traumarbeit abgeleitet sind, können zunächst nur von allgemeiner Bedeutung sein, sie müssen durch die persönlichen Lebensumstände und die jeweilige Lebensentwicklung konkretisiert werden.

Für Ihren persönlichen Umgang mit Träumen können Sie sich fragen: In welchem Symbol- und Energiefeld der vier Elemente befinde ich mich häufig in meinen Träumen? Unter Beachtung des seelisch-geistigen Gesetzes der Kompensation können Sie in vielen Träumen einen Ausgleichsprozeß erkennen, indem eine zu einseitige Lebensorientierung durch den dazugehörigen Gegenpol ausgeglichen und damit eine befriedigende Balance zwischen den verschiedenen Lebenskräften hergestellt wird[69].

Das Element Luft erscheint in vielen Träumen in Gestalt des Windes oder eines Sturms, und seine Kraft und Stärke hat meistens eine große Wirkung auf die Lebenseinstellung des Träumenden. Nach meinen Erfahrungen träumen Männer wesentlich häufiger von der Luft und vom Wind oder Sturm als Frauen. Verstärkt wird diese Tendenz durch die einseitig rationale Einstellung der Männer. Besonders Geisteswissenschaftler, wie z. B. Philosophen, Theologen und Lehrer, um nur einige zu nennen, werden durch das Studium motiviert, vor allem ihr Denken zu schulen und sich damit in geistigen und luftigen Höhen zu bewegen. Auch viele Naturwissenschaftler und Ingenieure werden ebenfalls durch das Studium und die Arbeit angehalten, einseitig die Denkfunktion einzusetzen. Nach der Typologie von C. G. Jung steht der Denkfunktion des Fühlen gegenüber[70]. Die Fühlfunktion nun kompensiert in eindrucksvollen Traumbildern die vernachlässigte Seite, in denen Personen aus den genannten Berufsfeldern häufig gefühlvolle Träume von der Erde haben.

Zahlreiche Redensarten und Traumbilder erhellen uns die Bedeutung der Luft und des Windes in den Träumen. Wenn z. B. ein »frischer Wind weht«, spürt der Träumende, daß sich etwas in seinem Leben ändert. Oder wenn im Traum ein heftiger Windstoß eine Tür oder ein Fenster aufreißt, so bedeutet dies im allgemeinen, daß eine gewisse Enge oder charakterliche Starre »aufgebrochen« wird und sich neue Erlebnismöglichkeiten eröffnen. Wenn also ein frischer Wind durch die Träume weht, dann kündigt sich in der Regel etwas Neues an. So träumte z. B. ein Geisteswissenschaftler, daß ihn ein Windstoß erfaßte und ihn von seiner Lektüre auf der Terrasse seines Hauses an einen See trieb. Der Wind wurde schließlich so stark, daß er bis an die Kehle ins Wasser gedrängt wurde, ohne sich dagegen wehren zu können. Bei der Besprechung in der Traumgruppe kam heraus, daß seine Seele durch die langjährige geistige Arbeit derart ausgetrocknet war, daß er kurz vor einem Nervenzusammenbruch stand. In dieser gesundheitlichen Bedrängnis zeigte der Traum eine neue Richtung an, nämlich sich den seelischen Energien und den erfrischenden Kräften der Seele zuzuwenden. Besonders stimmig empfand der Träumer, als ich ihm die bekannte Zeile aus Psalm 23 zum tieferen Verständnis seines Symbols anbot: »Du führest mich zum frischen Wasser und erquickest meine Seele!« Im Urtext steht für das Erquicken das hebräische Verb *šub*, in dem unser Begriff »Schub« oder »Schubkraft« anklingt. Im inneren Erleben des Träumers wurde der Windstoß zur entscheidenden Schubkraft, die den »seelisch ausgetrockneten« Träumer ins erfrischende Element des Wassers trieb. In unserer Deutung sprachen wir schließlich noch über den Wind als Symbol des lebendigen Geistes. In der Bibel gibt es zahlreiche Stellen, in denen die Kraft und das Wirken des Geistes mit den Erfahrungen des Windes verglichen wird[71].

Die belebende Funktion der Luft und die treibende Kraft des Windes können sich in Krisenzeiten des Lebens in vielfältiger Weise manifestieren. Es sind meistens Lebenssituationen, in denen sich eine existentielle Wandlung der Person ankündigt. In meiner therapeutischen Praxis habe ich zahlreiche Menschen begleitet, die sich lange Jahre dem frischen Wind und der sanften Wandlung verschlossen haben, bis schließlich der innere Druck sich in einem Sturm löste oder eine erschütternde Lebenskrise hereinbrach. Dies zeigt sich oftmals in Angstträumen, daß einem die Luft wegbleibt und Atemnot existentielle Ängste heraufbeschwört. Derartige Motive in Träumen sind häufig ein Ausdruck von Erschöpfung oder Überlastung im Privatleben oder in beruflichen Situationen. So träumte eine Mutter von vier Kindern, daß sie völlig erschöpft auf der Erde liegt und plötzlich keine Luft mehr bekommt. Dabei liegen ihre Kinder und ihr Mann auf ihr und scheinen sie fast zu erdrücken. Da sie nicht mehr atmen kann, kann sie auch nicht um Hilfe schreien und wacht ganz erschüttert aus dem Alptraum auf. In der Besprechung und Deutung wurde klar, wie überlastet die Träumerin in der Familie war, und es wurde nach Abhilfe gesucht.

Ein besonders eindrucksvoller Traum zur Kraft des Windes als Symbol für die geistige Orientierung des Menschen ist das folgende Beispiel des bekannten Philosophen René Descartes (1596–1650). Da er am 31. März 1596 geboren wurde, ist er astrologisch betrachtet ein Widder und gehört damit zu den feurigen Zeichen. Menschen dieses Types gelten als besonders energisch und dynamisch. Um seinen feurigen Geist zu bändigen, hat Descartes die Vernunft und den Rationalismus zur Grundlage seiner Lebensorientierung gewählt. Zu seiner astroenergetischen Psychodynamik, das heißt zu den motivierenden Antriebskräften seines Geistes und seiner Seele paßt sehr gut, daß er sich schon als 23jähriger anschickte, neue Grundlagen für die Wissenschaften zu erarbeiten. In diesem lebensgeschichtlichen Kontext träumte er von einem heftigen Wind und einem Wirbelsturm, so daß er glaubte, hinzufallen. Descartes teilt mit, daß er, als er sich am 10. November 1619 schlafen legte, noch ganz erfüllt war von seiner Begeisterung und ganz beschäftigt mit dem Gedanken, an diesem Tage die Grundlagen der herrlichen Wissenschaft gefunden zu haben. In dieser Nacht hatte er zwei aufeinanderfolgende Träume, von denen er glaubte, daß sie nur von einer höheren Macht eingegeben sein konnten. Nachdem er eingeschlafen war, glaubte er, irgendwelche Phantome zu sehen, und fühlte sich durch diese Erscheinung erschreckt. Er glaubte, durch Straßen zu gehen, und war über die Erscheinung so entsetzt, daß er sich auf die linke Seite niederwerfen mußte, um an den Ort gelangen zu können, wohin er zu gehen beabsichtigte. Denn an der rechten Seite fühlte er eine große Schwäche und konnte sich nicht aufrecht halten.

Beschämt, auf diese Weise gehen zu müssen, unternahm er große Anstrengungen, um sich aufzurichten, doch da fühlte er einen heftigen Wind. Wie ein Wirbelsturm packte ihn der Wind, so daß er sich drei- oder viermal auf seinem linken Fuß im Kreise herumdrehte. Das war es eigentlich noch nicht, was ihn erschreckte. Es war so schwierig, vorwärtszukommen, daß er bei jedem Schritt glaubte, hinzufallen. Endlich bemerkte er auf seinem Wege ein Seminar, das offenstand, und er trat ein, um dort Zuflucht zu finden und Hilfe in seiner Bedrängnis. Er versuchte, die Kirche des Seminars zu erreichen ... Doch er wurde von dem Wind, der in die Richtung der Kirche wehte, mit Gewalt zurückgehalten. Im selben Augenblick sah er mitten im Schulhof wiederum einen anderen Mann, dieser rief Descartes höflich und zuvorkommend beim Namen und sagte ihm, daß, wenn er Herrn N. aufsuchen wolle, er ihm etwas mitzugeben hätte. Descartes glaubte, daß es eine Melone war, die man aus irgendeinem fremden Land gebracht hatte. Doch wie groß war sein Erstaunen, als er sah, daß Leute, die sich mit diesem Manne um ihn versammelt hatten, um miteinander zu plaudern, aufrecht und fest auf ihren Füßen stehen konnten, mußte doch er an demselben Ort immer gekrümmt und schwankend gehen, obgleich der Wind, der ihn schon mehrere Male umzuwerfen drohte, sehr nachgelassen hatte[72].

Zur kurzen Deutung dieses Traumes ist anzumerken, daß der geistesstarke junge Mann, der später zum »Vater der neueren Philosophie« werden sollte, im Traum der Naturgewalt des Windes erliegt. Am Tage vor dem Traum hatte unser Träumer die Idee, am Beginn einer neuen wissenschaftlichen Epoche zu stehen. Zu seiner Ahnung von der Einheit aller Wissenschaften gehört wohl, daß Geometrie und Algebra Teile *einer Mathematik sind, in der sie und die Astronomie die gleichen mathematischen Grundlagen haben*. Da Descartes von der Bedeutung der Träume und ihrem offenbarenden Charakter überzeugt war, muß ihn dieser und die zwei folgenden Träume außerordentlich beeindruckt haben. Wegen der Bedeutung des starken Windes, der ihn wie ein Wirbelsturm packte und einige Male im Kreis herumdrehte, scheint er total verwirrt und verängstigt gewesen zu sein. Aus dem weiteren Bericht geht hervor, daß Descartes zu Gott betete, er solle ihn vor den bösen Wirkungen seines Traumes schützen und vor allem Unglück bewahren. Merkwürdig und beachtenswert ist ferner bei diesem Traum, daß Descartes am Tag eine Art geistige

Erleuchtung, eine neue geistige Erkenntnis hatte, während er nachts von düsteren Wesen heimgesucht wurde, einer Art Gespenster. Marie-Luise von Franz schreibt in ihrem Kommentar zu diesem Traum, daß sich Descartes restlos mit seiner Denkfunktion identifizierte, was in seinem bekannten Satz zum Ausdruck kommt: »Ich denke, also bin ich!« (Cogito, ergo sum). Da für diesen großen Philosophen der Neuzeit die Seele lediglich in dem denkenden Ich existierte, ist es nicht verwunderlich, daß ihn der Traum eines anderen belehrte[73]. Das von Descartes verabsolutierte Denken wird im Traum in mehrfacher Weise kompensiert. Da sich der Philosoph an der rechten Seite schwach fühlte, mußte er sich schließlich auf die linke Seite niederwerfen. In der tiefenpsychologischen Deutung ist die rechte Seite dem Bewußtsein und dem Denken unterstellt, während die linke Seite für die Einflüsse des Unbewußten offen ist. Obwohl sich der Philosoph mit der rechten, bewußten Seite und dem Denken vollständig identifizierte, erlebte er im Traum, daß er sich auch der anderen Seite beugen müsse. Ein weiteres erschreckendes Erlebnis war die Erfahrung im Traum, daß die anderen Menschen fest auf ihren Füßen stehen konnten, während er selbst gekrümmt und schwankend gehen mußte, obwohl der Wind inzwischen sehr nachgelassen hatte. Diese Hinweise mögen genügen, um anschaulich zu machen, welche Wirkung der Wind als Symbol des Geistes ausüben kann.

Die Erde als Landkarte der Seele

In der Topographie der Träume kommt die Erde in jeder nur erdenklichen Ausdrucksform vor und zeigt den Platz der träumenden Personen im Leben. Daher sind Träume von der Erde ein wichtiges »Röntgenbild der Seele« und zeigen einerseits die Lebenskonflikte, psychoneurotische Störungen, andererseits geht von der Erde im Traum auch eine Heilwirkung aus; der Aufenthalt auf einer grünen Wiese oder in der erfrischenden Waldluft hinterläßt ein wohltuendes Gefühl. Zu der positiven wie der negativen Wirkung der Erde möchte ich aus meinen Traumseminaren einige Beispiele erzählen.

Bei der Bearbeitung eines Traums ist zunächst zu klären, ob ein Träumender selbst mit der Erde in Berührung kommt, indem er auf der Erde sitzt oder liegt und sich dabei wohl fühlt oder ob er mit den Händen in der Gartenerde arbeitet. Neben dem genannten lebensgeschichtlichen Kontext ist zu unterscheiden, ob die Motive auf der Subjektstufe oder der Objektstufe (s. Glossar) der Traumdeutung eine aktuelle Bedeutung haben. Subjektstufig kann die Erde oder eine Landschaft ein Seelenbild für die persönliche Befindlichkeit oder eine individuelle Stimmungslage sein. Objektstufig betrachtet stehen die vielfältigen Traumbilder von der Erde meistens im Zusammenhang mit einer kollektiven Problematik, wie z. B. die Bedrohung oder Zerstörung der Erde. Aus dem lebensgeschichtlichen Kontext zu dem Traumbild Erde ist meistens eine Unterscheidung und Bearbeitung nach den genannten Deutungsaspekten möglich.

Zu den vielen Möglichkeiten der subjektstufigen Deutung gehört, daß oftmals die individuelle Mutterproblematik auf einen bestimmten Aspekt von »Mutter Erde« projiziert wird und damit eine Bearbeitung der Thematik eingeleitet wird. Nach den langjährigen Erfahrungen vieler Kolleginnen und Kollegen in der therapeutischen Traumarbeit und meinen eigenen Feststellungen nach träumen besonders viele Menschen mit einem Mutterproblem und/oder Mutterkomplex von der Erde. Dies ist tiefenpsychologisch so zu verstehen, daß die meisten Erfahrungen mit der Erde eine weibliche und mütterliche Erlebnisqualität haben. Daher können die unzähligen Erfahrungen mit der Mutter auch auf ein kollektives Erlebnisfeld projiziert werden, eben auf »Mutter Erde«. Da wesentlich mehr Männer als Frauen in ihrem Leben eine Mutterbindung bearbeiten und lösen müssen, projizieren sie rein statistisch betrachtet häufig ihren Mutterkomplex auf einen Aspekt der Erde.

Der folgende Traum stammt von einem Mann, der nach einer Zeit starker Depression und einer schwierigen partnerschaftlichen Beziehung, die ihn viel Energie kostete, mit Hilfe des folgenden Traumes eine entscheidende Lösung seiner Verstrickungen erfuhr. Er träumte:

»Aus einem Klumpen schwarzbrauner Erde steigt eine Kugel, herrlich wie eine blaue Sonne. Sie öffnet sich und wird zu einem kugeligen Kristallgefäß. Vier Schlangen erheben sich daraus und tragen eine Schale; die Schlangen wenden sich nach innen. Aus dieser Schale steigt eine Kristallsäule, sich erweiternd zu einer zweiten Schale. Diese wird getragen von vier Löwen, die nach den vier Himmelsrichtungen schauen. Aus der Löwenschale erhebt sich noch einmal eine Säule, auf der zuoberst ein strahlender, vielgeschliffener Diamant ruht.«[74]

Schon beim ersten Lesen des Traumes gewinnt man den Eindruck, daß es sich bei den fortwährenden Emanationen (das Hervorgehen der Symbole aus einem vorhergehenden) um eine sehr differenzierte Persönlichkeit handeln dürfte. Dieser Mann hatte sich sehr stark in seine wissenschaftliche Arbeit vertieft und dabei, wie bei so vielen Wissenschaftlern zu beobachten ist, die innere Wirklichkeit und seine seelischen Kräfte vernachlässigt und unterschätzt. Die lange unterdrückte und verschwiegene Depression führte zu einer starken Verinnerlichung der Lebensenergien, die schließlich in vielfältiger Weise in diesem Traum in den einzelnen Symbolen ausstrahlen und eine neue Gestalt bekommen. Während in der Regel bei der Depression die Lebenskräfte verschwinden und die Betroffenen sich kraftlos fühlen, zeigen die einzelnen Verben in der Traumbeschreibung bereits eine deutliche Wendung nach außen und damit ins Leben. Es ist mehrfach vom Erheben der Schlangen oder der Löwenschale die Rede, auch das Steigen der Kugel aus der Erde und der Kristallsäule aus der Schale zeigt ebenfalls eine Erhebung in die vertikale Dimension des Lebens. Wo vorher in der Depression trübe Stimmung und dunkle Gedanken herrschten, öffnet sich jetzt die Sonne und wird zu einem kugeligen Kristallgefäß. Auch von einer Erweiterung ist die Rede, indem eine Kristallsäule sich zu einer zweiten Schale erweitert. Die mehrfach erwähnten Gefäße und Schalen in der verschiedensten Gestalt sind weibliche Symbole. Doch diese beherrschen nicht einseitig das vielgestaltige Symbolfeld des Traumes, sondern werden durch Bilder und Motive von männlicher Energie ergänzt, wie z. B. die Kristallsäule oder der vielgeschliffene Diamant. Das Kristallgefäß und die Kristallsäule symbolisieren Reinheit und Einfachheit sowie Schönheit und Klarheit, im übertragenen Sinne Eigenschaften, die unserem Träumer bisher weitgehend verborgen geblieben waren. Der strahlende Diamant am Ende des Traumes, auf den der gesamte Symbolisierungsprozeß hinausläuft, führt unserem Träumer besonders wichtige und positive Eigenschaften vor Augen, nämlich seine Aufrichtigkeit, seine unerschütterliche Treue und seine Unbestechlichkeit im persönlichen Leben wie auch in seiner wissenschaftlichen Forschung. Die am Anfang des Traumes erscheinende Kugel schließlich und das kugelige Kristallgefäß sind ein symbolischer Ausdruck des Selbst. Diese wenigen Deutungshinweise mögen genügen, um verständlich zu machen, wie der Träumer mit diesen wunderbaren Symbolen und Schätzen in der eigenen Seelentiefe aus seiner Depression herausgeführt wird.

Wie bereits erwähnt, können Traumbilder von der Erde ein Ausdruck für die seelische Befindlichkeit und für die persönliche Stimmungslage sein. So träumte z. B. ein Philosophiestudent, daß er sich auf einem hohen Baugerüst an seiner Universität befand und ihm schwindelig wurde. Da das Gerüst im Wind zu wackeln begann und umzukippen drohte, konnte er nicht mehr heruntersteigen, sondern seine einzige Rettung war ein Sprung in die Tiefe. Aus Angst vor dem Fallen und vor der Tiefe wartete er mit dem Springen so lange wie möglich. Als das Gerüst sich schon ziemlich weit geneigt hatte, sprang er in letzter Sekunde ab. In seiner Angst und Panik schloß er die Augen und erwartete den tödlichen Aufprall auf der Erde. Statt dessen landete er auf ganz weichem moorigen Boden und versank bis an die Hüften darin. Als der Träumer erwachte, traute er seinen Augen nicht, daß er mit einem guten Lebensgefühl in seinem Bett lag.

Zum lebensgeschichtlichen Kontext sei kurz erwähnt, daß sich dieser junge Mann in seinen philosophischen Systemen ziemlich verstiegen hatte und in der Gefahr stand, den Boden der Realität zu verlieren.

Eine ähnliche Rettung erlebte eine Frau mittleren Alters, die sich nicht von ihrer Herkunftsfamilie lösen konnte und deswegen mit ihrem Lebenspartner große Schwierigkeiten und sexuelle Probleme hatte. Sie erzählte in unserer Traumgruppe den folgenden Traum:

»Ich gehe mit meinen Eltern und den drei Geschwistern am Strand. Obwohl ich Angst vor dem Wasser habe, wate ich bis an die Knie im Wasser. Unerwartet kommt ein Wind auf, und die Wellen werden immer höher. Das Wasser steigt und steht mir schließlich bis zum Hals. Plötzlich kommt eine sehr hohe Flutwelle und reißt uns alle ins Meer. Mit Schrecken sehe ich, wie meine Eltern ertrinken. Meine Geschwister können sich retten, weil sie gut schwimmen können. Da ich selbst nur mittelmäßig schwimmen kann, spüre ich, wie meine Kräfte schwinden und der Sog in die Tiefe immer stärker wird. Schließlich bin ich so geschwächt, daß ich aufgebe, die Augen schließe und mich dem Schicksal überlasse. Unerwartet spüre ich Boden unter den Füßen.«

Noch beim Aufwachen konnte die Träumerin es kaum glauben und realisieren, daß sie wohlbehalten in ihrem Bett lag.

In der Analyse wurde deutlich, daß dieser Traum die tiefere Lösung von den Eltern anbahnte. Was die bisherigen rationalen Einsichten über die Notwendigkeit einer Trennung und Lösung von den Eltern nicht vermocht hatten, das leitet dieser Traum mit den aus sich selbst heraus verständlichen Bildern und Symbolen ein. Die ziemlich einseitig rational eingestellte Träumerin wurde durch das Traumbild Wasser mit ihrer persönlichen seelischen Erlebniswelt konfrontiert. Hier vollzog sich auch die spürbare und wirkungsvolle Lösung von den

Eltern. Für die weitere persönliche Entwicklung ist besonders der Schluß des Traumes prognostisch gesehen günstig, nämlich daß sie selbst Boden unter den Füßen bekommt und ihr Leben selbstverantwortlich in die Hand nimmt.

Die Energien der Erde können in Träumen besonders stark in Form eines Erdbebens in Erscheinung treten. Einen entsprechenden persönlichen Traum veröffentlichte der bekannte Fernseh-Pfarrer Jürgen Fliege[75]. Während eines Aufenthalts in einem Sanatorium kamen ihm plötzlich die folgenden Traumbilder wieder in den Sinn:

»In meinem Traum am Ende der Fastenzeit, als alles Gift aus meinem Körper geschwemmt worden ist, befinde ich mich im Kölner Dom. Irgendwo innen halte ich mich auf, am Sockel einer der beiden mächtigen Türme. Merkwürdig! Woher weiß ich eigentlich, daß es der Kölner Dom ist? Ich sehe ihn im Traum nicht ganz. In der Traumperspektive komme ich von Osten zu ihm, von Kassel, wo ich im Bett liege und träume. Zumindest schaue ich aus einer gewissen Höhe auf ihn herunter. ... Von oben, vom Himmel her gesehen, ist der Turm offen. Man kann in ihn hineinsehen. So, wie die niederländischen Maler des Mittelalters, wie Pieter Brueghel, ihn immer wieder gemalt haben. Und innen im Turm, der aus großen grauen Steinen gebaut ist, sitze ich in einer Höhe von vielleicht 30-50 m mit dem Rücken zur Westwand und schaue gen Osten, als der Turm mit einem Mal heftig zu wackeln beginnt. Ein Erdbeben! Es muß ein Erdbeben sein! Ich weiß es genau. Als säße ich hier im Turm, um darauf zu warten. Der dicke Turm allein hat ja keinen Sinn. Erst das Beben und Zittern gibt ihm seine Berechtigung. Der Turm erzittert in seinen Grundmauern. Ich versuche zu fliehen, komme aber nicht weg. Ich kann nicht fliehen. Wohin sollte ich auch laufen bei einem Erdbeben? Der Turm knirscht nicht. Es schiebt sich auch nichts ineinander. Es ist eher wie ein verwackelter Film. Und ich beruhige meine Nerven mit dem Argument, daß in der rheinischen Tiefebene kein Erdbeben jemals so groß gewesen ist, daß es eine Kirche zum Einsturz gebracht hätte. Geschweige denn den Kölner Dom ...

Ich habe zudem die ganze Zeit das Gefühl, daß ich nicht allein bin. Irgendein Wesen, eher eine Frau als ein Mann, muß wohl bei mir sein. Ich verhalte mich zu ihm wie zu einem weiblichen Wesen. Ich vertraue, empfinde Geborgenheit und fühle mich verstanden und geliebt. Das Wesen ist da und bleibt auch da. Unsichtbar, würde ich mit meinem Wachbewußtsein sagen ...

Und die Erdstöße kommen wieder. Es rumort, es grummelt, kommt näher, wird lauter. Und wie in einem klassischen Monumentalfilm stürzen mit einem Mal doch die mächtigen Steine des Turmes über mir zusammen. Warum werde ich nicht verletzt? Warum trifft mich keiner der schweren Steine tödlich? Ich schreie nicht einmal. Ich bin wohl während der zunehmenden Dramatik des Traums schon im Aufsteigen und Wachwerden begriffen, um dem Alptraum zu entkommen. Der Dom stürzt ein, und ich bleibe unverletzt. Eine Staubwolke und Ruinen sind die letzten Bilder. Ich wache auf. Beides passiert gleichzeitig. So sind die entsetzlichen Bilder auch die, die bleiben. Und daß ich dem Chaos unverletzt entronnen bin, ist bald aus meiner Erinnerung verschwunden.«

Zum lebensgeschichtlichen Kontext dieses eindrucksvollen und dramatischen Traumes gehört, daß Jürgen Fliege Pfarrer der rheinischen Kirche ist und trotz seiner Kirchenkritik sich mit seiner Kirche verbunden fühlt. Der Traum fällt Fliege während der Behandlung mit der indischen Ayurveda-Medizin in einer Kurklinik in der Nähe von Kassel ein. Als Grund für die Behandlung berichtet Fliege persönlich, daß er seit Jahren »die Nase voll habe« und unter einer chronischen Verstopfung der Stirnhöhlen leide. Nach seinem Bericht hatte er den Traum gegen Ende der Kur. Mir liegen zahlreiche Berichte darüber vor, daß Menschen gerade während einer Kur oder einer Fastenzeit besondere Träume haben, die jedoch neben der individuellen Problematik durchaus auch einen kollektiven Bezug haben. Lassen wir die einzelnen Traumbilder nochmals vor unserem inneren Auge vorüberziehen und versuchen wir dabei einen roten Faden der Träume zu finden. Am Anfang des Traumes hält sich Pfarrer Fliege am Sockel eines der Türme des Kölner Doms auf. Vielleicht ist dieses Bild ein Ausdruck vom Anfang seiner Tätigkeit, seinen Erwartungen als junger Pfarrer am Beginn seines Dienstes in der Kirche. In der nächsten Szene des Traumes wird erlebt, daß der Turm offen ist und an den Turmbau von Babel erinnert. Und dann beginnt das Erdbeben, so daß der Turm in seinen Grundmauern erzittert. Subjektstufig betrachtet dürfte dieses Motiv mit der persönlichen kritischen Auseinandersetzung des Träumers mit der Kirche zu tun haben. Objektstufig betrachtet dagegen spiegelt sich in diesem Beben die Krise der gegenwärtigen evangelischen, katholischen und anderer Kirchen wider. Während Fliege beim Beben der Kirche mutterseelenallein ist, spürt er im Verlauf des Traumes die Nähe eines weiblichen Wesens. Er empfindet Geborgenheit bei ihm, fühlt sich verstanden und geliebt. Nach tiefenpsychologischem Verständnis von C. G. Jung haben wir in diesem weiblichen Wesen die Anima des Träumers zu sehen. Während sich der Träumer in der archetypischen Gestalt der Kirche allein fühlt, empfindet er in der Begegnung mit dem genannten weiblichen Wesen und damit auch zu der inneren Seelenpartnerin Geborgenheit, Verständnis und Liebe. Diese Erfahrungen und Erlebnisqualitäten sind von kollektiver Bedeutung, weil sie dem einzelnen Menschen das Gefühl vermitteln, in dem umfassenden Energiefeld des Lebens eingebettet und geborgen zu sein. Ähnlich ergeht es vielen Menschen mit der Traumkraft von Feuer und Wasser.

Die Traumkraft von Feuer und Wasser

Eine besondere Traumkraft erleben wir in den vielgestaltigen Symbolen von Feuer und Wasser. Mit dem Begriff Traumkraft werden in diesem Zusammenhang alle psychischen Energien, auch Lebensenergien, bezeichnet, die wir in den Erscheinungen von Wasser und Feuer wahrnehmen. Zum ganzheitlichen Verständnis dieser Traumbilder erscheint es mir besonders wichtig, die realen Erfahrungen mit diesen Elementen einzubeziehen. Wenn wir z. B. die zerstörerische Macht des Feuers bei einem möglichen Brand im Hause erlebt haben, wird dieses Trauma eine beängstigendere Wirkung haben als die Erinnerung an romantische Erlebnisse am Lagerfeuer, um eine »brennende Liebe« nächtens zu spüren. Ähnlich verhält es sich mit realen Erfahrungen mit dem Wasser, das uns im Traum erfrischen oder wohlig tragen kann oder in dem wir beinahe ertrinken. Alle positiven wie negativen Erlebnisse mit dem Element Wasser können in unserem Unbewußten gespeichert sein, gleichsam wie in einem inneren Computer, und durch entsprechende seelische Erfahrungen in der Gegenwart diese in analogen Traumbildern zum Ausdruck bringen.

In der Regel haben die Elemente von Feuer und Wasser auch noch eine kollektive Bedeutung und bekommen damit eine wichtige Funktion für kollektive Träume. Nehmen wir das Beispiel einer geträumten Atomkatastrophe oder eines Großbrandes in einem Chemiekonzern, die für viele Menschen zu Alpträumen werden. Eine ähnliche globale Bedrohung kann mit den verschmutzten Flüssen und den mit Giftmüll verseuchten Meeren in den Träumen von umweltbewußten Menschen zum Ausdruck gebracht werden. Ihre bewußten und noch mehr ihre unbewußten Ängste nehmen in diesen Schreckensbildern Gestalt an. Da jeder von uns mehr oder weniger Anteil hat an der globalen Bedrohung der Welt, können derartige kollektive Träume einen wichtigen Impuls zum Bewußtseinswandel und zu einer größeren Verantwortung im Gebrauch und im Umgang mit der Natur und insbesondere mit den genannten Elementen von Feuer und Wasser geben. Sicherlich kann ein Bewußtseinswandel durch Umweltpolitik verstärkt werden, aber ein wirklich verantwortlicher Umgang mit der Natur geschieht erst, wenn wir auch innerlich betroffen sind. Wie auch bei vielen anderen Lebensfragen vermitteln uns beeindruckende Träume eine notwendige Sensibilität für die angesprochenen Probleme. Dieses Gespür vermittelt uns die Fühlfunktion unserer Seele. Während in der bisherigen Tiefenpsychologie diese wichtige Ich-Funktion fast ausschließlich für die Bewertung der persönlichen Erfahrungen herangezogen wird, ob uns z. B. eine andere Person sympathisch oder unsympathisch ist, ob wir eine Handlung oder Sache als angenehm oder unangenehm empfinden, geht es mir im Zusammenhang mit den kollektiven Träumen darum, dieses innere Werte-System auch zur Bewertung von kollektiven Phänomenen oder globalen Problemen zu nutzen. Solange die Wertmaßstäbe nur durch äußere Instanzen gesetzt werden, vertreten durch Politik und/oder Religion, und die Verinnerlichung durch Reflexion oder Träume nicht vertieft wird, wird sich kaum eine verbindliche Verantwortlichkeit feststellen lassen. Schon im Jakobus-Brief heißt es dazu: »Hört das Wort nicht nur an, sondern handelt danach; sonst betrügt ihr euch selbst. Wer das Wort nur hört, aber nicht danach handelt, ist wie ein Mensch, der sein eigenes Gesicht im Spiegel betrachtet: er betrachtet sich, geht weg, und schon hat er vergessen, wie er aussah. Wer sich aber in das vollkommene Gesetz der Freiheit vertieft und sich an ihm festhält, wer es nicht nur hört, um es wieder zu vergessen, sondern danach handelt, der wird durch sein Tun selig sein« (1, 22 ff.).

Ein erster Überblick über die vielgestaltigen Erscheinungsweisen des Feuers in den Träumen kann uns die große Bandbreite dieses Symbols verdeutlichen. Das geträumte Feuer kann uns wärmen und faszinieren oder erschrecken und verbrennen. Wir können von einem inneren Feuer ergriffen und zu mutigen Taten bewegt werden oder aus Angst davonlaufen, um unser Leben in Sicherheit zu bringen. Unser Herz kann von dem Feuer der Liebe erwärmt und unsere Leidenschaftlichkeit gesteigert werden, oder die feurigen Energien der Seele bewirken einen schmerzlichen Wandlungsprozeß. In der Gestalt des geträumten Feuers werden uns die psychischen Energien des Unbewußten nicht nur sichtbar, sondern in besonders intensiver Weise spürbar und bewirken in der Regel eine existentielle Wandlung der ganzen Person.

In Zeiten von existentiellen Lebenskrisen, wenn einem das Wasser bis zum Halse steht und unser inneres Leben wie ausgebrannt erscheint, träumen viele Menschen vom Feuer. Auch in Zeiten der partnerschaftlichen Trennung oder einer beruflichen Identitätskrise können Träume vom Feuer die schwierige Situation vor Augen führen. Bei genauerer Analyse ist häufig festzustellen, daß derartige Träume nicht nur den bedrohlichen Aspekt veranschaulichen, vergleichbar mit der Röntgenaufnahme beim Arzt, sondern auch bisher ungeahnte Kräfte spürbar machen und damit den Lebensmut stärken und die Hoffnung auf eine zukünftige Lösung erwecken. So träumte z. B. ein 38jähriger Architekt von einem brennenden Haus, das er gerade baute, wobei er mit der schwierigen Bauherrin wiederholt heftige Auseinandersetzungen hatte, so daß einige Male eine Kündigung des Arbeitsbündnisses drohte. Dies geschah gerade in jenen Monaten, als auch eine Trennung des Träumers von seiner Frau anstand. Damit fühlte er sich auch in seinem eigenen Haus bedroht, das er mit viel Liebe und Kreativität am Anfang der Ehe gebaut hatte. Doch neben aller Bedrohung erlebte er auch eine bisher nicht wahrgenommene Kraft in sich, die ihn vergewisserte, daß es eine Lösung geben werde, was später tatsächlich eintraf. Die verwandelnde Kraft des Feuers hatte persönliche neurotische Strukturen und Mechanismen im persönlichen Lebenshaus verbrannt und die freigewordenen Energien zur positiven Lebensgestaltung verwendet.

Einen anderen Traum vom Feuer hatte eine 50jährige Theologin. Sie stand auf der Kanzel und predigte geistesgewaltig und sah auf den Köpfen der zahlreich versammelten Gemeinde kleine Feuerflammen tanzen. Beim Aufwachen fiel ihr sogleich das Pfingstwunder ein von der Ausgießung des Heiligen Geistes, von der es in der Apostelgeschichte heißt: »Und es erschienen ihnen Zungen wie von Feuer, die sich verteilten; auf jeden von ihnen ließ sich eine nieder. Alle wurden mit dem Heiligen Geist erfüllt und begannen, in fremden Sprachen zu reden, wie es der Geist ihnen eingab« (2, 3 ff.). Die gleiche Träumerin hatte zu einem späteren Zeitpunkt einen besonders beeindruckenden Traum von einem brennenden Baum, der trotz des Feuers nicht verzehrt wurde. Die bibelkundige Theologin amplifizierte zu ihrem Traum die Gotteserfahrung Mose vor dem brennenden Dornbusch, wozu es in Exodus 3 heißt: »Mose weidete die Schafe und Ziegen seines Schwiegervaters Jitro, des Priesters von Midian. Eines Tages trieb er das Vieh über die Steppe hinaus und kam zum Gottesberg Horeb. Dort erschien ihm der Engel des Herrn in einer Flamme, die aus einem Dornbusch emporschlug. Er schaute hin: da brannte der Dornbusch und verbrannte doch nicht. Mose sagte: Ich will dorthin gehen und mir die außergewöhnliche Erscheinung ansehen. Warum verbrennt denn der Dornbusch nicht?« Die genannten Bilder machen deutlich, daß dieses geistige Feuer ein kollektives Phänomen ist.

Die fließenden Lebensenergien im Wasser

Wenn wir vom Wasser träumen, erleben wir in ganz besonderer Weise die fließenden Lebensenergien unseres Inneren. Während wir das sanfte Strömen unseres Blutes in den Adern kaum spüren, nehmen wir in den geträumten Fließbewegungen des Wassers etwas wahr von der spürbar gewordenen psychischen Energie. So wie das Wasser in den realen Erfahrungen ein grundlegendes Lebenselement ist, ist es auch in den Träumen ein wichtiges und belebendes Symbol. Ganz allgemein kann zunächst gesagt werden, daß das Wasser in den Träumen die Seele und das Unbewußte symbolisiert. Wie sich der Träumende zu diesem Element verhält, ist in der Regel ein Abbild für die Beziehung des Betreffenden zu seinem Unbewußten. Verweilt der Träumer oder die Träumerin z. B. in positiver Gestimmtheit an einem romantisch anmutenden See, so spiegelt sich darin eine positive und vertrauensvolle Beziehung zur eigenen Seele. Ein Träumer kann aber auch in Angst und Schrecken versetzt werden, wenn das Wasser durch Sturm und hohe Wellen bedrohliche Ausmaße annimmt.

Nach dem Deutschen Wörterbuch der Brüder Grimm ist das Wort Seele »ein gemeingermanisches Wort (...). Man stellte es gewöhnlich mit See zusammen, was lautlich sehr gut stimmt (...). Bei dem Wort Seele sah der Deutsche noch das rastlose Wogen der bewegten See vor sich, welcher er die unablässig arbeitende Gewalt seines Innern verglich« (Band 15 Sp. 2851). Nach Grimm ist die Seele der innere, geistige Teil des menschlichen Wesens (...). Sie bildet unser wahres Ich, den Kern unseres Wesens (Sp. 2853). Auch das Herkunftswörterbuch des Duden verweist auf den Zusammenhang zwischen Seele und See und nennt als Grundbedeutung »die zum See Gehörende«. Nach alter germanischer Vorstellung wohnen die Seelen der Ungeborenen und der Toten im Wasser.

Der Zugang zum Symbol des Wassers in Träumen zeigt sich in vielgestaltigen Bildern, indem wir zu einer Quelle gehen und frisches Wasser finden. Häufig wird auch geträumt, daß man am Strand des

Meeres ist und es einen zum Wasser hinzieht und man schließlich ins Wasser geht und sich sehr erfrischt fühlt, indem man darin schwimmt. So wie wir in der Realität das Wasser auf unserer Haut fühlen, so verhilft das geträumte Wasser uns dazu, wieder unsere Gefühle zu spüren. Wenn die gefühlsmäßige Ergriffenheit uns überkommt, werden häufig die Augen wäßrig, und man fängt an zu weinen. In den Ritualen der verschiedenen Religionen wird das Wasser zur geistigen und seelischen Reinigung genutzt, denken wir an die Taufe im Christentum oder wenn sich die gläubigen Hindus im heiligen Wasser des Ganges baden. In den Träumen tritt die reinigende Wirkung des Wassers und seine heilende Kraft dann in Erscheinung, wenn bestimmte Blockaden sich lösen und die Lebensenergien wieder ungehindert fließen können. Dies führt zu einem positiven Lebensgefühl und stärkt den Lebensmut.

Indem wir uns in den Träumen im Umgang mit dem Wasser der anderen Realität bewußt werden, erfahren wir eine Bewußtseinserweiterung. Zusätzliche Kräfte aus unserem Energiehaushalt, die bisher abgespalten waren, können durch den schöpferischen Umgang mit dem Wasser zur Bereicherung und zur Heilung genutzt werden.

Die heilende Wirkung dieser Träume wird durch die intensive Gefühlserregung und durch die Fließbewegung des Wassers ausgelöst. Häufig ist es in den Träumen nicht irgendein alltägliches Wasser, sondern ein Lebenswasser, das aus einer Heilquelle geschöpft wird. Dessen Heilkraft wird dadurch spürbar, daß es uns berührt und reinigt und damit hautnahe kommt, ja sogar getrunken werden muß. Eine weitere Beziehung zur heilenden Wirkung des Wassers erlebte eine 42jährige Träumerin, die in ein Wasserbecken eintauchte, das sich in einer Kirche befand. Dadurch erfuhr sie eine persönliche Wandlung und Veränderung ihrer Weiblichkeit. Dieser Traum lautet:

»Ich gehe auf einen romanischen Brunnen aus Sandstein zu. Er war mit verschiedenen Figuren verschönt, wie z.B. kleine Menschen. Als ich näherkam, sah ich, daß diese Figuren lebendig waren und auch meine zwei Kinder darunter waren. Dieser Brunnen war ein Taufbecken und stand in einer dunklen Kirche. Die Kinder und ich selber stiegen in dieses große Taufbecken hinein. Ich hatte zunächst Angst, unterzutauchen, was ich dann doch tat. Als ich mich wieder aufrichtete und besah, hatte ich plötzlich ganz lange rötlich-blonde Haare wie in meiner Kindheit. Mit einem Teil der Haare habe ich mich abgetrocknet. Dann habe ich die Haare gekämmt. Sie reichten bis zur Erde. Meine Haare empfand ich als sehr schön.«

Das Taufbecken in der Kirche erinnert Frau H. an eine Reise in die ehemalige DDR und an die Besichtigung eines Doms in Brandenburg. Besonders beeindruckt hat die Träumerin die Krypta in diesem Dom, in der auch das Taufbecken stand. Dieses Taufbecken war so groß, daß früher der ganze Körper von Erwachsenen darin untergetaucht werden konnte, als Symbol für den Tod des alten Menschen und die Wiedergeburt eines neuen spirituellen Menschen. Durch den Traum wurde diese Wandlung auch für Frau H. zu einer persönlichen Erfahrung. Obwohl sie zunächst Angst hatte, tauchte sie doch schließlich in dem Wasser unter. Dieses seelische Taufbad erweckte in der Träumerin bisher unbekannte Gefühle und Empfindungen für ihre Weiblichkeit und insbesondere für ihr schönes Haar. Nach dem Aufrichten in dem großen Taufbecken erkennt sie bei dem Wiedersehen mit ihrem bewußt gewordenen neuen Selbstbild, daß sie ganz langes rötlichblondes Haar hat, wie in der Kindheit. Das Abtrocknen mit dem langen Haar löste sogar erotische Empfindungen aus. Auch das Kämmen des langen Haares, das bis zur Erde reichte, bekam für die sonst eher rational eingestellte Frau die Bedeutung der »Erdung« ihrer Weiblichkeit. Während die Träumerin früher oft das Lebensgefühl hatte, keinen richtigen Boden unter den Füßen zu haben und in der Luft zu hängen, wurde dies mit dem symbolischen Taufbad anders. Das bisher nicht gekannte Gefühl für die schönen Haare hatte für Frau H. noch eine ganz besondere Bedeutung und Wirkung. Während sie früher in ihren Streitgesprächen mit dem Ehemann ihre rationalen Argumente oftmals an den Haaren herbeizog und kaum überzeugend wirkte, lernte sie durch die längere Traumarbeit auf die innere Stimme zu hören und aus dem Gefühl ihrer Weiblichkeit heraus zu argumentieren. Die Symbole und Träume halfen ihr, die Gedanken zu ordnen, so wie sie im Traum das Haar kämmt und somit am Ende ihre Haare als schön empfindet. Für die Träumerin ist das Schöne kein oberflächlicher Begriff, sondern hat etwas mit einer sinnlichen Ausstrahlung und einem besonderen Glanz zu tun, ja sogar mit erotischen Empfindungen ihrer Weiblichkeit. Im Verlaufe meiner langjährigen Traumarbeit habe ich oftmals erfahren können, daß das Schöne für Menschen ein anderes Wort ist für das Gute und Wahre, dessen sie in einer Traumgestalt oder in einem Symbol inne werden. In diesem

Sinne berührt und heilt das Schöne den inneren Menschen. Nach dem vorliegenden Traum gehört zu dieser Erfahrung, daß die verschiedenen steinernen Figuren auf diesem romanischen Brunnen schließlich lebendig werden, wozu dann auch die Traumseele die zwei eigenen Kinder hinzufügt. Diese Kinder sind zugleich auch ein Symbol für das innere Kind, wozu auch die Erinnerung an die eigene Kindheit gehört, als die Träumerin so schöne lange rötlich-blonde Haare hatte.

In der weiteren Besprechung wußte die Träumerin noch manche schöne Kindheitserinnerungen zu erzählen, die durch diesen Traum vergegenwärtigt wurden und ihren Lebensmut stärkten, dem eigenen Selbstwertgefühl zu vertrauen.

Ähnliche positive Erfahrungen mit dem Element des Wassers machte auch eine 60jährige erblindete Träumerin, die ich Inge nenne. Da sie zusätzlich auch noch gelähmt war und sich nur im Rollstuhl fortbewegen konnte, waren für sie die bewegten Träume der Nacht zu einer existentiellen Belebung ihres eingeschränkten realen Lebens geworden. Gerade auch für blinde Menschen haben Träume eine besondere Funktion, indem sie sich durch das Sehen im nächtlichen Traum mit anderen Menschen und mit dem Rest der Welt verbunden fühlen[76]. Inge träumte, daß sie von einem Schiff über Bord gegangen und ins Wasser gefallen war. Wörtlich berichtete sie:

»Noch im Fallen rede ich mir gut zu und mache mir Mut. Es ist mir wichtig, daß ich mich im Wasser auf den Rücken lege, damit die Strömung mich ans Ufer trägt. Indem ich auf dem Rücken schwimme, kann ich am hellen Tag die Sterne sehen und habe die Hoffnung, daß sie mir Orientierung geben. Schließlich erreiche ich ein Gebäude, einen Schuppen, der dicht am Wasser steht. Ich weiß, daß es in England ist. Das Gebäude hat mehrere Etagen und eine große Glasfront, durch die ich hindurchsehen kann und wahrnehme, daß Krieg im Lande herrscht. In diesem Raum sitzen zwei Frauen auf einer Bank vor den Glasfenstern. Deutlich erkenne ich, daß es zwei blonde Frauen sind mit leichten, roten Kleidern. Indem ich mich in dem Raum umsehe, erkenne ich, daß drinnen schön gestaltete Räume sind. Dann nehme ich eine dritte Frau im Raum wahr, die ich jedoch nicht realistisch wie die anderen gesehen habe. Im Raum stehen viele Vasen mit schönen Blumen, die in allen Farben geblüht haben.«

Zum lebensgeschichtlichen Kontext erzählt Inge zunächst, daß sie seit dem Tod ihres Mannes häufig vom Wasser träumt. Sie bezieht das bewegte Wasser auf ihre seelische Bewegtheit und auf Konflikte, die sich seitdem verstärkt in ihrem Behindertenleben ereignen. Trotz der doppelten Behinderung mit der Erblindung und der Lähmung versucht sie, ein optimistischer Mensch zu sein. Diese Lebenseinstellung wird auch im Traum sichtbar, indem sie sich beim Fallen ins Wasser Mut zuspricht. Ferner weiß sie sich im Traum auch zu helfen, indem sie sich auf den Rücken legt und von der Strömung des Wassers ans Ufer tragen läßt. Zu ihrer Orientierung sieht sie am hellen Tage die Sterne am Himmel, die ihr den Weg ans Land weisen. Zur Rettung findet sie nicht irgendein Ufer, sondern ist unerwartet in England, was für sie doppeldeutig ist, nämlich in einem spirituellen Jenseits, einem Land wo die Engel wohnen. Der wegweisende Blick zu den Sternen und die Rettung in England machen deutlich, daß es sich um einen kollektiven Traum handelt. Dennoch bleibt Inge in ihrem Traumerleben mit der Realität verbunden, indem sie in dem Gebäude an Land zwei Frauen mit leichten, roten Kleidern erkennt. Später sieht sie noch eine dritte Frau im Raum, die sie jedoch nicht so realistisch wie die anderen gesehen hat. Zusammen mit der Träumerin sind also vier Frauen in die Traumhandlung verwoben. Die Zahl 4 hat in der Mathematik der Träume meistens die Funktion, eine Ganzwerdung zum Ausdruck zu bringen. Darum bemüht Inge sich, trotz ihrer Behinderung, in ihrer Seele heil und ganz zu werden. Bemerkenswert ist, daß die Träumerin die Farbe der Kleider und die Farben der Blumen zu sehen und zu schildern vermag. Von einigen blinden Träumerinnen und Träumern habe ich gehört, daß sie die Farben oftmals intensiver wahrnehmen und beschreiben können als sehende Menschen. Als Traumtherapeut bin ich immer wieder beeindruckt, wie auch blinde Menschen mit etwas Übung in ihren Träumen an beglückenden Erfahrungen und schönen Eindrücken von sehenden Menschen Anteil haben können[77].

Abschließend möchte ich noch die spirituelle Bedeutung und Wirkung des Wassers aufzeigen und dazu einen Traum berichten, den C. G. Jung veröffentlicht hat:

»Ein protestantischer Theologe träumte öfters denselben Traum, er stehe an einem Abhang, unten liegt ein tiefes Tal und darin ein dunkler See. Er weiß im Traum, daß ihn bisher immer etwas abgehalten hatte, sich dem See zu nähern. Dieses Mal beschließt er nun, zum Wasser zu gehen. Wie er sich dem Ufer nähert, wird es dunkel und unheimlich und plötzlich huscht ein Windstoß über die Fläche des Wassers. Da packt ihn eine panische Angst und er erwacht.« (GW 9/I, S. 26)

Jung beschreibt in der Deutung des Traumes, daß wir die belebende oder erschreckende Wirkung eines Traumes dann erfahren, wenn wir uns seinen Elementen und Symbolen zuwenden. Den Träumer hatte etwas abgehalten, sich dem See zu nähern. Der Windstoß, der über das Wasser huscht, ist wegen seiner außerordentlichen Wirkung kein gewöhnlicher Wind, sondern ein Symbol des lebendigen Geistes. Zur Symbolik führt Jung aus: »Das Wasser ist das geläufigste Symbol für das Unbewußte. Der See im Tale ist das Unbewußte, das gewissermaßen unterhalb des Bewußtseins liegt, weshalb es auch öfter als das Unterbewußte bezeichnet wird, nicht selten mit dem unangenehmen Beigeschmack eines minderwertigen Bewußtseins (...). Das Unbewußte ist jene Psyche, die aus der Tageshelle eines geistig und sittlich klaren Bewußtseins hinunter reicht in jenes Nervensystem, das als Sympathikus seit Alters bezeichnet wird und nicht wie das Zerebrospinalsystem Wahrnehmung und Muskelwahrnehmung unterhält und damit den umgebenden Raum beherrscht, sondern ohne Sinnesorgane das Gleichgewicht des Lebens erhält und auf geheimnisvollen Wegen durch Miterregung nicht nur Kunde vom innersten Wesen anderen Lebens vermittelt, sondern auch auf dieses innere Wirkung ausstrahlt. Es ist in diesem Sinne ein äußerst kollektives System, die eigentliche Grundlage aller participation mystique« (mystische Teilhabe am Ganzen der Welt und des Geistes; a. a. O., S. 29).

Träume vom Lebensbaum

Wie erwähnt, könnten derartige Beispiele vielfach vermehrt werden. Aus all meinen Gesprächen gewann ich den Eindruck und die Erkenntnis, daß die besondere Wirkung von Bäumen auf folgenden Zusammenhängen beruht: Mit unseren sinnlichen Wahrnehmungen können wir die Gestalt der Bäume in uns aufnehmen und die verschiedensten Wirkungen spüren. Mit unseren Augen sehen wir ihre Gestalt und die Farben ihrer vielen tausend Blätter. Mit der Nase und dem Geruchssinn nehmen wir ihre unterschiedlichen Gerüche wahr. Mit den Händen tasten wir ihre Rinde am Stamm und den Ästen, und mit zärtlichem Streicheln berühren wir das frische Grün im Mai. Der lebensnotwendige Sauerstoff jedoch, den die Blätter produzieren und den wir durch den Bronchialbaum einatmen und bis in die feinsten Verästelungen unseres Atemsystems strömen lassen, offenbart am eindrucksvollsten die vielfältigen Beziehungen zwischen Mensch und Baum. Was alle Menschen und Lebewesen mit jedem Atemzug einsaugen und wie selbstverständlich genutzt wird, kann durch das bewußte Erkennen der Abhängigkeit von den Bäumen zu einem verantwortlicheren Umgang mit dem Wald und der Natur führen. So sinnvoll alle rationalen Aufklärungen der ökologischen Umweltbewegung auch sein mögen, zu einem tiefergehenden Erlebnis werden uns die Beziehungen zwischen Mensch und Baum erst durch die sinnliche Wahrnehmung und persönliche Erfahrungen. Eine weitere Dimension dieser Beziehungen erschließt sich durch die vielfältigen Träume von Bäumen. Sie versetzen unseren Lebensatem in positive Schwingungen und verhelfen dadurch zu einem positiven Körpergefühl. Indem die Bäume in den Träumen zu Symbolen »verdichtet« werden, ähnlich wie uns die Dichter die tiefere Bedeutung in ihren symbolischen Sprachbildern vor Augen malen, erschließt sich durch das innere Erlebnis eine kollektive Dimension. Diese Zusammenhänge zwischen individuellen Erfahrungen und dem kollektiven System der Bäume und Wälder sollen durch die folgenden Traumbeispiele verdeutlicht werden.

Neuen Lebensmut und seelische Stärkung erhielt eine Sozialarbeiterin durch den folgenden Baumtraum:

»Ich sehe einen prächtigen Baum. Er ist sehr schön gewachsen, steht frei, ist groß und kräftig und hat eine intensive grüne Farbe. Während ich den Baum betrachte, sehe ich, daß sich seine Zweige stark bewegen. Nun bin ich ›in‹ dem Baum. Ich spüre seine starke Bewegung und bewege mich mit ihm. Dann löse ich meine Arme und meine Beine und dann meinen Körper von den Ästen des Baumes ab, gleite von dem Baum herunter und gehe fort. Dabei habe ich das Gefühl, daß ich ein Teil des Baumes gewesen sei, aber auch ganz und gar ich selbst. Ich fühle mich wunderbar gestärkt.«

Die Träumerin berichtet, daß sie einige Tage vor diesem Traum aus dem Krankenhaus entlassen wurde. Sie hatte sich einer Unterleibsoperation unterziehen müssen, nach der es anschließend noch einige schmerzhafte und langwierige Komplikationen gab. Sie fühlte sich, wie so oft in den letzten Jahren, körperlich sehr schwach und hoffte, nach der Operation ohne »Pille« und ohne Angst vor einer neuen Schwangerschaft leben zu können. Zu dem lebensgeschichtlichen Kontext berichtet die Träumerin:

»Wir wohnen in der Nähe eines Waldes. Dort steht meine Fichte. Manchmal gehe ich zu ihr hin, lehne eine Weile an ihrem Stamm und lege meine beiden Hände an den Stamm. Oder ich setze mich eine Zeitlang unter die Fichte, gegen den Stamm gelehnt. Die Fichte ist jedoch nicht ganz gesund (so wie auch ich an Herzleistungsschwäche leide). An einer Stelle des Stammes, kurz oberhalb der Wurzel, ist eine tiefe Aushöhlung, eine morsche Stelle. Aber die Zweige und Nadeln sind noch ganz kräftig. Während ich mich an den Baum anlehne, stelle ich mir vor, daß ich mich mit dem Baum identifiziere, daß ich ein Stück weit so werde wie ein Baum. Mit seinen – meinen – Wurzeln verankere ich mich fest in der Erde. Ich fühle mich gut und sicher und bin verbunden mit den nährenden Kräften der Erde, mit dem Urgrund, der mich trägt und stärkt. Von dieser guten Basis aus kann ich meinen Stamm, mein Ich, frei aufrichten. Ich kann von hier aus all die Möglichkeiten und Fähigkeiten, die in mir angelegt sind, frei entfalten. So kann aus mir ein schöner, kräftiger, gesunder Baum werden. In meinen starken Ästen und dem reichen Blätterwerk biete ich Ruhe, Schutz, Zuflucht und Freude für viele und vieles. Dieses positive Bild halte ich in mir fest. Dann löse ich mich von dem Baum, kann meinen Weg gehen und suchen und kann den Impuls, die stärkende Kraft, die ich vom Baum empfangen habe, in mir bewahren und mitnehmen.«

Aus den persönlichen Äußerungen wird bereits ersichtlich, daß unsere Träumerin mit ihrem Lebensbaum tiefgreifende Erfahrungen macht, die durch den berichteten Traum verstärkt und vertieft werden. Ähnlich wie im Traum nimmt auch unsere Träumerin in ihren sinnlichen Beziehungen zu ihrem Lieblingsbaum seine Wirkungen in sich auf. Wörtlich schreibt Frau H. in ihrem Erfahrungsbericht zu dem Traum: »Der Traum vermittelt mir die Ahnung, daß ich aus meiner derzeitigen unbefriedigenden und verworrenen Situation herausfinden könne, wenn ich mich an einem guten, heilen Bild orientiere. Besser noch, wenn ich dieses Bild in mir weiter entwickle. Es ist mir in Gedanken klar und verständlich, daß ich in meiner Situation, in der ich mich krank, überfordert und religiös entwurzelt fühle, mich an dem Bild des Baumes orientiere, eines Baumes, der gesund, kräftig und schön ist.«

Nach meinen Erfahrungen in der Traumarbeit und praktischen Traumtherapie erscheinen Träume von Bäumen in besonders einschneidenden und wichtigen Lebenssituationen. Da Bäume in ihrer Symbolik eine weibliche Bedeutung haben, ist es immer wieder beeindruckend zu sehen, daß insbesondere Frauen dann von Bäumen träumen, wenn sie in ihrer weiblichen Identität erschüttert und verunsichert sind, wie dies auch bei Frau H. der Fall ist. Durch den operativen Eingriff in dem intimen Bereich wurde die Träumerin ihrer Mütterlichkeit »beraubt«. Um die schmerzliche äußere und innere Situation besser aushalten und bewältigen zu können, brachte die Seele das Bild von der innigen Beziehung zu dem Baum hervor. Da der Baum wie gesagt ein mütterliches Urbild ist, können wir tiefenpsychologisch auch von der Rückkehr zur Mutter sprechen. Dieser tiefgreifende Rückgriff auf eine frühere Erlebnisform kann auch als Beziehung zum primären Selbst oder als Suche nach einer neuen Identität beschrieben werden. In der intensiven Begegnung mit dem Baum als einem grundlegenden mütterlichen Symbol widerfährt der Träumerin Trost und Aufmunterung. Da Frau H. darin geübt ist, ihre inneren und äußeren Erfahrungen in Worte zu kleiden, lasse ich sie abschließend nochmals mit ihren Aufzeichnungen zu Worte kommen: »Als Botschaft und Möglichkeit zur Lebensgestaltung sagt mir der Traum, daß ich das Recht, vielleicht sogar die Pflicht habe, etwas für mich zu tun, mich voll zu entwickeln, mich zu freuen, Schönes zu erleben. Die Möglichkeit, dies zu verwirklichen, liegt darin, daß ich mir ein zeitweiliges Zurückziehen, ein Alleinsein, gönne. Hier liegt für mich auch eine gewisse Gefahr. Es ist bezeichnend für diesen Traum und für viele

Träume, die ich habe, daß keine anderen Menschen darin vorkommen – nur ich allein. Dies zeigt mir, daß ich von anderen Menschen keine Hilfe erwarte. Es zeigt mir auch, daß ich Konflikte mit anderen Menschen und Konfliktlösungen aus dem Wege gehe. Zwar bin ich beruflich (als Sozialarbeiterin) ständig damit befaßt, im privaten Bereich neige ich aber eher dazu, auszuweichen.« Ihren Aufzeichnungen fügt die Träumerin noch ihr Lieblingsgedicht von Ezra Pound bei:

Der Baum trat in meine Hände ein,
Der Saft stieg in meinen Armen auf,
Der Baum wuchs in meiner Brust – abwärts,
Und Äste schlugen aus mir wie Arme.

Baum bist Du,
Moos bist Du,
Veilchen bist Du mit dem Wind darüber,
Ein Kind – so groß bist Du,
Und all das ist Torheit für die Welt.

Als nächstes folgen zwei Beispiele, in denen der persönliche Lebensbaum in Verbindung mit anderen archetypischen Urbildern erscheint, nämlich mit den Runen und dem Mond. So träumte ein 45-jähriger Lehrer:

»Ich sehe im Traum in meiner Heimatkirche einen dicken Baum in der Eingangshalle stehen. Die Mauern sind aus Felssteinen in sechs- oder achteckiger Form um den dicken Stamm des Baumes geordnet. In die glatte Rinde des Baumes sind geheimnisvolle Zeichen eingekerbt, die mich an Runen erinnern. Sie sind mit roter und teils grüner Farbe ausgemalt. Lange verweile ich bei diesem Baum. Er macht einen tiefen Eindruck auf mich.«

Die im Traum erschienene Kirche erinnert den Träumer an seine Heimatkirche in Ostdeutschland, die er einige Monate zuvor besucht hatte. Lange hatte er damals betend und meditierend an diesem Ort seiner religiösen Herkunft verweilt. Nach diesem Besuch hatte er noch wochenlang das Gefühl, den Wurzeln seines inneren Lebens und seiner Herkunft näher gekommen zu sein. Während in der realen Heimatkirche kein Baum in der Vorhalle steht, fragt sich der Träumer verwundert, was ihm die Seele mit dieser Symbolik und den zusätzlich eingekerbten Runen sagen wolle. Da der Traum einen tiefen Eindruck auf den Analysanden machte, empfahl ich, sich über den Sinn und die

Bedeutung der geheimnisvollen Zeichen auf dem Baum zu informieren. In der nächsten Stunde berichtete der Träumer, daß er sich ein Buch über Runen gekauft habe und spontan die Rune Nr. 9 ausgewählt habe. Die Is-Rune wird mit einem senkrechten Strich dargestellt und bedeutet den aufrecht stehenden Menschen. Sie hat die symbolische Bedeutung: der Wille und bekundet, daß der persönliche Wille im persönlichen Einklang mit der Erde und mit dem Kosmos stehen solle. In diesem Einklang fühlt sich unser Träumer derzeit nicht und ist sehr erstaunt darüber, daß ihm durch das Orakel genau dieser notwendige Fingerzeig gegeben wird. Die Is-Rune symbolisiert den Stamm des Weltenbaumes und ist in ihrer vertikalen Form ein Sinnbild des Männlichen, wogegen die Waagerechte das Weibliche, Mütterliche und die Erde symbolisiert[78]. In den folgenden Gesprächen arbeitete der Träumer daran, seinen persönlichen Willen in einen größeren Zusammenhang zu stellen und bei wichtigen Entscheidungen bewußt zu beten: »Dein Wille geschehe!«

Der schon angekündigte Traum von den Bäumen im Mondschein stammt von einem Träumer, der sich in tiefenpsychologischer Fortbildung befand. Der Traum lautet:

»Ich sehe den Mond gerade über dem Kirchendach aufgehen. Er wandert weiter und bescheint die Bäume auf dem alten Friedhof neben der Kirche. Beim genauen Hinschauen sehe ich, daß die Kastanienbäume in voller Blüte stehen. Lange betrachte ich die unzähligen Kerzenblüten. Sie sehen von weitem aus wie kleine Tannenbäume mit Lichtern. Auch das Blattwerk der umstehenden Eichen erscheint durch das matte Mondlicht in einem Zwielicht von hell und dunkel. Der Anblick der Bäume im Mondenschein löst in mir ein Gefühl des Friedens und zugleich eine tiefe seelische Erregung aus.«

Für diesen überwiegend rational eingestellten Mann waren die starken Gefühle und das seelische Bewegtsein durch den Traum eine besondere Erfahrung. Für ihn wurden die Träume eine große Hilfe, seine sinnlichen Empfindungen und seine seelischen Gefühle tiefer kennenzulernen. Der aufgehende Mond über dem Kirchendach, der sein mildes Licht auf die Bäume scheinen läßt, erinnerte den Träumer an romantische Erlebnisse bei Vollmond in seiner Jugendzeit. Gegenwärtig erlebt er in den Vollmondnächten gewisse Unruhezustände und geringfügige Schlafstörungen, die zugleich sein seelisches Erleben vertiefen und erweitern. Erstaunt war unser Träumer darüber, daß er nach dem keltischen Baum-Horoskop[79] als persönlichen

Lebensbaum eine Kastanie hat. Noch mehr fühlte er sich angesprochen, daß Menschen, die zu diesem Symbolkreis gehören, ein ausgeprägtes Gerechtigkeitsgefühl haben und sich für eine Idee begeistern und voll einsetzen können.

Träumend zum Ursprung des Lebens

Abschließend möchte ich einen kollektiven Traum von Martin berichten, einem 55jährigen Mann, der am Ostermorgen im Urlaub auf La Palma folgendes träumt:

»Es wird hell, und ich sehe vor mir eine grüne strukturlose Landschaft. Aus dieser Landschaft entwickeln sich ›Schlangenbäume‹. Es sind Bäume, die keine Blätter tragen, sondern kugelige Gebilde, die als Blätter fungieren. Die Äste sind wie Gummiarme oder Fangarme. Ich bin ganz fasziniert von diesen Wunderbäumen und betrachte einen Baum voller Staunen. Es ist mir auch, als wolle er mit mir reden und mich zu etwas einladen. Die Bewegungen seiner Äste scheinen mir das auszudrücken. Ich gehe langsam vorwärts. Vor mir entwickelt sich jetzt eine fantastische Baumallee. Links und rechts schwingen die Bäume, und ich gehe in der Mitte wie auf einem grünen Teppich vorwärts, immer weiter. Ich bin fasziniert von dieser Begleitung der Schlangenbäume und gehe weiter, bis ich an einer relativ hohen Bergkuppe ankomme, wo alle Steine kugelig und gelblich sind und ich anhalte und warte. Auf dieser kahlen Kuppe sind alle kugeligen Steine in einer dauernden Bewegung, wie Lavaschutt, in dem man schwimmt. Ich stehe da und warte. Da sagt eine Stimme zu mir: ›Willst du zu dem Ursprung des Lebens?‹ Ich schaue mich um, wer mich da angesprochen haben könnte. Aber ich sehe niemanden. Ich schaue mich weiter um und sehe dann eine ganz kleine Pflanze, die zwischen dem Lavakugelgestein steht. Ich bejahe die Frage und werde eingeladen mitzukommen. Wir rutschen in einer sehr langen Reise durch eine Art Wurzelrutsche in die Erde. Neben uns sind viele andere Rutschen. Alles um uns ist schwarz. Endlich kommen wir in einem Endbereich an, an dem viele Wurzelrutschen aufhören. Ich stehe da und warte und frage mich, wie es jetzt weitergehen soll. Da sagt es zu mir: ›Wenn du zu den Ursprüngen des Lebens willst, dann mußt du dich in eine dieser Kammern legen.‹ Diese Kammern sind flache Gewölbe, so wie sie bei erkalteten Lavaflüssen entstehen. Die Kammern sind überall in dem Endbereich vorhanden. Ich lege mich in eine solche Höhle. Vor mir wird ein lichter Vorhang zugezogen. Ich liege langgestreckt da. Es geschieht nichts. Dann sehe ich Bilder einer Oberfläche, in der alles in kugelnder Bewegung ist, gerade so, als würde alles durcheinanderschwimmen. Ich schaue und genieße dieses Mannigfaltigkeit einer ständigen und zugleich klingenden Bewegung; klingend etwa so wie frisch erkaltete Lava, wenn sie aneinandergeschlagen wird. Da bemerke ich, wie ein dunkler Strich sich entwickelt. Er wird länger, bis er sich über eine Welle und ein Tal ausbreitet. Dann breitet sich der Strich auch quer aus, so daß eine Fläche entsteht. Diese Fläche erstreckt sich über Berg und Tal. Dann wird aus dem umgebenden Strich eine Art Mauer, und innerhalb der Mauer entwickelt sich eine Art Garten, der aussieht wie ein Irrgarten. Mir kommt die Assoziation zum Garten Eden, und ich bin gespannt, ob es Tore und Wächter gibt. Ich bemerke tatsächlich auf der Längsseite ein großes, zweiflügeliges Tor, das aber ganz offen steht. Niemand ist da, so daß ich mich eingeladen sehe, hineinzugehen. Ich trete ein und bin überwältigt von dem vielen Grün, das mich umgibt. Ich befinde mich in einem Pflanzenlabyrinth. Es ist dies wie eine Art Dschungel mit einer unglaublichen Pflanzenvielfalt. Die Bäume werden immer wunderbarer und exotischer und umschließen mich förmlich. Ich begegne aber keinem Menschen. Ich gehe weiter in den Dschungel. Dann lichtet sich die ganze Vielfalt, und ich komme an einen großen, runden See, um den herum die wunderbarsten Bäume stehen, viele Arten von Laubbäumen, Kugelbäumen, Nadelbäumen und Kakteen. Ich stehe an diesem See und warte, was geschehen würde. Da merke ich, daß die Seeoberfläche eine hauchdünne Spiegelfläche ist. Ich wage mich auf diese Spiegelfläche und gehe bis zur Mitte. Dort lege ich mich flach hin, Arme und Beine von mir gestreckt, genauso wie bei der *X-Person* meiner Bilder. Ich empfinde mich als Liegender und sehe mich gleichzeitig daliegen. Auf einmal empfinde ich einen starken Sog nach oben. Ich sehe, wie sich auf die *X-Person* von oben ein ›Sonnenmantel‹ herabsenkt. Ich empfinde den Sog, wie wenn eine Energie auf mich herabkäme. Diese Energie erfaßt mich ganz. Ich sehe, wie der ›Sonnenmantel‹ sich hebt und die *X-Person* verschwunden ist. Die Energie löst mich als Person auf und zieht mich wie mit einem Fahrstuhl rasend schnell nach oben, immer schneller, immer schneller. Alles entschwindet immer mehr und schneller und wird immer kleiner. Ich löse mich auf und werde zu energetischen Teilchen. Ich schwebe, fliege und ich schwebe davon, empfinde mich eins mit den Teilchen und Wellen, die mit mir wehen und schweben. Da frage ich einen, der mit mir weht und schwebt: ›Und wo sind jetzt die Ursprünge des Lebens?‹ Da sagte es zu mir: ›Du bist jetzt ein Ursprung des Lebens. Du bist ein Teil des Ganzen.‹

Ich liege lange still in meinem Bett; Tränen entströmen meinen Augen. Es ist gegen fünf Uhr früh am Ostermorgen – ein Tag nach meinem 55. Geburtstag.«

Analytischer Kommentar zu Martins Traum

In dem folgenden Kommentar geht es nicht um ein Ergebnisprotokoll unserer Besprechung des Traumes, sondern darum, die wesentlichen Traumbilder für die geistige und seelische Entwicklung von Martin zu deuten. Er wies im Gespräch darauf hin, wie die Wahrnehmung der Naturbilder im Traum seinen Erfahrungen als Biologe und Chemiker entsprachen und er durch die verschiedenen Symbole einen noch tieferen Einblick gewann in die Hintergründigkeit und Tiefe der Erscheinungen.

In der ersten Traumszene begleiten wir unseren Träumer in Gedanken in seiner traumhaften Landschaft auf La Palma. In seinem Traum sieht er nicht eine naturgetreue Nachbildung seiner Ferienumgebung mit den merkwürdigen »Schlangenbäumen«, sondern es vollzieht sich bereits eine themenzentrierte Verdichtung in den Symbolen, die das weitere Thema veranschaulichen und vorauskombinieren. Von einem der fantastischen Bäume gewinnt er sogar den Eindruck, als wolle er mit ihm reden. Wenig später hört er tatsächlich eine Stimme die ihn fragt: »Willst du zu dem Ursprung des Lebens?« und dann sieht er zwischen dem Lavagestein eine ganz kleine Pflanze, die sich nach seinem Bericht wie im Märchen zu einer Art »Wurzelrutsche« entfaltet und er durch sie hindurch auf seiner Traumreise ins innere der Erde gelangt. Hier erfolgt eine weitere Anweisung durch die innere Stimme, sich in eine Kammer zu legen, um weiteren Anschauungsunterricht vom Ursprung des Lebens zu erhalten. Tiefenpsychologisch betrachtet handelt es sich bei dieser Reise nach innen um eine Introversion, eine Wendung nach innen, die für die Einweihung und Individuation von grundlegender Bedeutung ist.

Martin erzählt, daß er bei seinen Wanderungen auf La Palma zahlreiche derartige Höhlen in der erkalteten Lava gesehen habe und durch diese Erfahrung angeregt sich im Traum in eine derartige Höhle begibt, um das Geheimnis und den Ursprung des Lebens zu schauen. Er selber nennt sie seine Inkubationshöhle, in der seine Seele die inneren Bilder »ausbrütet« und sagt dazu wörtlich: »In dieser Initiation (Einweihung) bin ich mir ganz allein überlassen. Es beginnt eine innere und traumhafte Schau vom Urzustand meines Lebens und meiner Welt. Aus dem wabernden Chaos der Lavamasse entwickelten sich nacheinander die Linie, die Fläche und der Raum. Diese Raumvorstellung entwickelt sich im weiteren Prozeß zum Garten Eden mit einer unglaublichen Pflanzenvielfalt und vielem Grün.«

Auf seiner weiteren Traumreise kommt Martin dann an einen großen runden See und geht auf der Spiegelfläche des Wassers bis zur Mitte. Offensichtlich ist das Gesetz der Schwerkraft aufgehoben, und er fühlt sich von der Leichtigkeit des Seins derart getragen, daß er über das Wasser gehen kann. Nachdem er Arme und Beine ausgebreitet hat und in dieser Gestalt wie ein großes X aussieht, geschieht etwas Merkwürdiges. Ein von ihm sogenannter »Sonnenmantel« senkt sich herab und erzeugt einen derartigen Sog und enthebt ihn seiner körperlichen Gestalt. Der genannte Sonnenmantel erinnert Martin an den ägyptischen Mythos vom Sonnenwind mit seinen wundersamen Wirkungen. Die Auflösung der materiellen Körpergestalt des Träumers und die Numinosität der weiteren Bilder von der Einheit von Welle und Teilchen sind für Martin der eigentliche Höhepunkt und das Ergebnis dieses Traumgeschehens. In diesen Symbolen erlebt der Träumer sich selber als Teil des Ganzen, wie es am Ende im Traum heißt.

Als ich nach nahezu zwei Jahren wiederum mit Martin über die Nachwirkungen dieses Traumes sprach, hob er dessen heilende Wirkung hervor, die ihm immer wieder die Kraft gibt, in schwierigen Lebensphasen durchzuhalten und auch die Schattenseiten seines Lebens zu durchleuchten und zu analysieren. Sollte jemand bei der Auflösung der geträumten Ich-Person und die Einswerdung mit den kosmischen Energien als psychotischen Schub diagnostizieren oder als Ankündigung einer Psychose verstehen, dem sei gesagt, daß Martin sich in einer guten ärztlichen und analytischen Begleitung befindet, die diese Mutmaßungen ausschließen.

Ein wichtiger theoretischer Hintergrund für die kreativen Prozesse des Traumes und seiner Symbolbildungen ist die persönliche Typologie von Martin. In unserer Ausbildungsgruppe zum Traumberater hat er sich sehr ausführlich mit diesem Thema befaßt und durch den Jungschen Typentest (der sich im Buch des Autors: *Die Heilkraft der Träume* befindet) festgestellt, daß seine Hauptfunktion das extravertierte Fühlen und seine inferiore Funktion das introvertierte Denken ist.

Das zeigt sich in den Traumbildern darin, daß er in vielfältiger Weise seine geistigen und seelischen Fühler ausstreckt und die Natur im Traum zusammen mit seinen sinnlichen Wahrnehmungen (das Empfinden ist seine erste Hilfsfunktion) genauestens erkennt und zu bewerten vermag.

Mit seinem introvertierten Denken dringt der Träumer in die innersten atomaren Prozesse der Materie ein und erlebt das beeindruckende Zusammenspiel des Lichtes in Gestalt von Wellen und Teilchen. Tiefenpsychologisch betrachtet und gedeutet handelt es sich dabei um die Vereinigung von Gegensätzen in der eigenen Seele. Besonders beeindruckend ist, wie seine minder entwickelte Denkfunktion in Gestalt einer Stimme hörbar wird mit der Frage: »Willst Du zu dem Ursprung des Lebens?« Schon der Anfang der Frage ist genau zu beachten, indem der Träumer nach seinem Willen gefragt und nicht einfach vom Unbewußten mit einer Intension überfallen wird, die nicht seinem Willen und seinem Denken entspricht. Darin ist eine besondere Weisheit der Seele in ihrem Wirken zu erkennen, achtsam selbst mit den Schwachstellen seiner Person umzugehen. In dieser Intension ist es die gleiche Fragestellung, die in der Bibel von Jesus bei seinen Krankenheilungen bezeugt wird, indem er zu Beginn den Kranken fragt: »Was willst Du, das ich Dir tun soll?«

Aus dem besprochenen Traumgeschehen ist die Erkenntnis abzuleiten, daß auf dem Wege der Individuation mit der Ganzwerdung der Person auch die Schwachstellen sich entwickeln können und uns für Erkenntnisprozesse zur Verfügung stehen. Für Martin wurde dieser eindrucksvolle Traum zu Ostern ein besonderes Geschenk, daß ihm einen Einblick in das tiefe Geheimnis des Lebens gewährte.

Synchronizität, Sinn-Suche und Spiritualität

Es wurde schon an verschiedenen Stellen des Werkes ausgeführt, daß das Träumen nicht ziel- oder zwecklos ist, sondern daß die Traumprozesse zielgerichtet sind und zur Ganzwerdung der Person und zur Heilung der Seele verhelfen sollen. Während die meisten Theorien zur Traumpsychologie die Träume aus bestimmten Ursachen zu erklären versuchen, ist es ein besonderer Schwerpunkt der Jungschen Traumpsychologie, das dynamische Geschehen von seiner Zielgerichtetheit her zu sehen und zu deuten. Diese Betrachtungsweise ist besonders für das Verständnis der kollektiven Träume von größter Bedeutung. Ein anderer Begriff für die sinnvolle Zielgerichtetheit ist die prospektive Funktion des Traumes, die Jung wie folgt beschreibt:

»Es handelt sich um eine Vorauskombinierung der Wahrscheinlichkeiten, die ggf. allerdings mit dem wirklichen Verhalten der Dinge auch zusammentreffen kann, aber nicht notwendigerweise zusammentreffen und in allen Einzelheiten übereinstimmen muß. Nur in diesem letzteren Falle dürfte man von Prophetie sprechen. Daß die prospektive Funktion des Traumes der bewußten Vorauskombinierung gelegentlich bedeutend überlegen ist, ist insofern nicht erstaunlich, als der Traum aus der Verschmelzung unterschwelliger Elemente hervorgeht, also eine Kombination aller derjenigen Wahrnehmungen, Gedanken und Gefühle ist, welche dem Bewußtsein, um ihrer schwachen Betonung willen, entgangen sind. Außerdem kommen dem Traum noch die unterschwelligen Erinnerungsspuren zu Hilfe, welche das Bewußtsein nicht mehr wirksam zu beeinflussen vermögen. Hinsichtlich der Prognosenstellung ist daher der Traum gelegentlich in einer viel günstigeren Lage als das Bewußtsein.«[80]

Mit der angesprochenen Vorauskombinierung der Wahrscheinlichkeiten kommt Jung in größte Nähe zur Quantenphysik, auf die ich weiter unten eingehen werde. Aus dem Zitat geht ferner hervor, daß nach C. G. Jung die prospektive Funktion des Traumes der bewußten

Vorauskombinierung durch statistische Berechnungen und wissenschaftliche Hochrechnungen weit überlegen ist. Ich teile mit Jung die Überzeugung, daß für die Prognosestellung für zukünftige Entwicklungsmöglichkeiten nicht nur des einzelnen Menschen, sondern auch für geistige Strömungen in der Gesellschaft die prospektive Funktion der Träume von Bedeutung sein kann.

Bevor wir uns weiter in die abgehobenen Gedankengänge vertiefen, möchte ich den Begriff der Synchronizität erklären. Zu den außergewöhnlichen Erfahrungen im Leben gehören die Zufälle, in denen uns etwas zufällt und unerwartet zustößt, womit wir nicht gerechnet haben. Viele kennen derartige Fügungen, wenn man an jemanden denkt, und im gleichen Augenblick oder etwas später, klingelt das Telefon, und genau diese Person ruft an. Ähnliches erleben wir auf der Straße oder in der Straßenbahn, wenn wir jemanden treffen, an den wir gerade gedacht haben. Schicksalhaft kann es sein, wenn wir zufällig den Zug verpassen oder ein Flugzeug und dadurch einem Unglück entrinnen. Für mich persönlich ist der Begriff »Fügung« hilfreich geworden, um die sinnstiftenden Zufälle, die C. G. Jung Synchronizitätsereignisse nennt, zu verstehen. Um den gewählten Begriff zu veranschaulichen, denke ich an die Fugen zwischen den Steinen in einem Mauerwerk. So wie die Fugen zwischen den Steinen eine Verbindung schaffen, so schöpfen die Träume, insbesondere die kollektiven Träume, ihre Bilder und Symbole sowohl aus dem realen Erfahrungsbereich als auch aus einer bewußtseinstranszendenten Wirklichkeit. In günstigen Augenblicken, den die alten Griechen den Kairos nannten, fügen sich die beiden Wirklichkeitsbereiche zusammen und werden in den Zufällen als sinnvoll erlebt. Was uns von woanders her zufällt und in Beziehung zu einem gegenwärtigen Ereignis tritt, das wirkt bei entsprechender Sensibilität als sinnvoll. Seit ich mich mit der genannten Thematik befasse, erlebe ich fast täglich derartige Fügungen. Ein kleines Beispiel mag dies verdeutlichen.

Während ich über die Bedeutung von Fügungen und das Bild der Fugen auf einer Bank im Park von Karlsruhe nachdenke, kommt im gleichen Augenblick ein intelligent aussehender dunkelhäutiger Mann auf meine Bank zu und fragt, ob er Platz nehmen könne. Zunächst schreibe ich an meinem Manuskript weiter und komme plötzlich auf den Gedanken, diesem Mann von dem zu erzählen, was ich gerade schreibe. Zu meinem Erstaunen stellt sich heraus, daß dieser Fremde von Beruf Bauingenieur ist und sich ebenfalls in seinen Berechnungen und Plänen mit der Zusammenfügung von verschiedenen Baumaterialien und schließlich sogar auch mit der Funktion der Fugen in den von ihm konstruierten Bauwerken befaßt. Nachdem dieser Fremde auch von mancherlei Zufällen in seinem Leben erzählt hatte, ging er schließlich nachdenklich seiner Wege.

Diejenigen Leserinnen und Leser, die sich ausführlicher mit den Zufällen und Sinnfragen beschäftigen möchten, seien auf das Buch von Theodor und Angela Seifert: *So ein Zufall! – Synchronizität und der Sinn von Zufällen*[81] hingewiesen. Darin heißt es u. a.:

»Wenn wir länger mit Synchronizitäten leben, sie in unserem Alltag beobachten und ernst nehmen, dann wissen wir, daß wir nicht allein unterwegs sind. Unser Leben ist begleitet von Helfern, die genau zu wissen scheinen, wer wir zu bestimmten Zeitmomenten sind, wie sich unser Leben gerade abspielt und gestaltet und wohin wir zur Zeit oder auf längere Sicht unterwegs sind. Sie sind Quellen der Gewißheit, denen ich mich zugewandt und anvertraut habe. Es mag einige Zeit dauern, bis ich mich zu dieser neuen Sicht entschließe und meinen Horizont für mein Leben und mein Selbstverständnis in der Welt entsprechend erweitere, aber dann ist es soweit. Bisher Fremdes oder Komisches wird selbstverständlich, wird Teil meines täglich gelebten Lebens, wird Alltag.«[82]

Die Autoren beschreiben viele Erfahrungen zwischen Himmel und Erde, die für das rationale Bewußtsein unrealistisch oder sogar unheimlich wirken, weil sie mit der traditionellen Logik nicht vereinbar sind.

In den Zufällen und Fügungen unseres Lebens erfahren wir, wie wir in die verschiedensten Situationen eingefügt sind und uns durch die zufälligen Begegnungen mit anderen etwas zufällt und erfahrbar wird, was uns einen Sinn vermitteln kann. Durch die Schulung unserer Wahrnehmungsfähigkeit und die Entwicklung unserer Sensibilität können wir wesentlich zur Sinnfindung beitragen. Über die sinngebenden und spirituellen Wirkungen von kollektiven Träumen mit den genannten Zufällen finden sich weitere Stichworte in dem Mandala zu kollektiven Träumen (siehe S. 13).

Nach der tiefenpsychologischen Deutung von Zufällen und Synchronizitätsereignissen wenden wir uns jetzt mit dem amerikanischen Physiker Fred Alan Wolf der Betrachtung der Synchronizität aus der Perspektive der Quantenphysik zu[83]. Das besondere Forschungsinteresse von Wolf richtet sich dabei auf die Überschneidungen zwischen Materie und Geist. »Diese Überschneidung ließ mich tief in einige der Geheimnisse der Quantenphysik eindringen«, schreibt Wolf. »Ich wußte, daß es die Quantenphysik mit einer Welt der Imaginationen und nicht mit der tatsächlichen Welt zu tun hatte. Sie war absolut außerstande, über das Verhalten kleinster Materieteilchen mechanistische Aussagen zu treffen, auch wenn sie Eigenschaften im groben vorhersagen konnte. Was mich außerordentlich interessierte, war die Fähigkeit, von der Welt imaginierter Vorgänge ... zur Welt tatsächlicher Stofflichkeit, die als objektive Gegebenheit existiert, überzuwechseln.«[84] Für diesen Physiker sind Imagination und die Bilderwelt der Träume von größtem wissenschaftlichen Interesse zur Beschreibung eines neuen ganzheitlichen Weltbildes der Physik. So stellt er fest: »In der Quantenphysik sind wir mittlerweile an den Punkt gekommen, wo materielle Welt und Traumwelt sich überschneiden.«[85] Aus der Sicht des Physikers beschreibt Wolf das Traumgeschehen wie folgt: »Im Traumzustand ist der Beobachter nicht in einer bestimmten Gehirnregion lokalisiert. Er ist vielmehr im Gehirn verteilt und nimmt Informationen aus mehreren Speicherpositionen gleichzeitig auf. Die Quantenwelle ist abhängig von sämtlichen möglichen Positionen des Beobachters, so daß der Abruf von Erinnerungen an der einen Position augenblicklich einen Zusammenhang mit anderen Positionen herstellt, was zu unerwarteten und sinnvollen Überschneidungen von normalerweise getrennten Erinnerungen führt. Der Traum gewinnt also den fantastischen Charakter einer Vermengung von Bildern, die normalerweise getrennt bleiben. Der Träumer tritt in die Sphäre des unbewußten Geistes ein, in der es von Synchronizitäten nur so wimmelt.«[86] Der Physiker beschreibt hier mit seinen Worten und Vorstellungen jene Vorgänge im Traum, die ich aus tiefenpsychologischer Sicht an anderer Stelle als die Kombinationsfähigkeit der Psyche bezeichnet habe und die daraus sich ergebenden Vorauskombinationen von zukünftigen Möglichkeiten. Besonders beachtenswert und erstaunlich zugleich ist, daß Wolf am Ende des Zitats von der Sphäre des unbewußten Geistes spricht. In dem Kapitel »Das träumende Universum« läßt Wolf uns teilhaben an der Entwicklung seiner Theorien. Er leitet diese aus den Erfahrungen der Träume ab, er berichtet: »Im Verlauf meiner Untersuchungen zur Geschichte des Themas Geist und Materie fing ich an, mir darüber Gedanken zu machen, wie Bilder, Gedanken und Visionen von Wirklichkeit, Selbst und Gott entstehen. War es möglich, daß diese menschlichen Erfahrungen subjektiver Wirklichkeit auf ganz ähnliche Weise zustande kommen, nämlich dadurch, daß wir sie gewahren? Ich habe versucht, zu zeigen, daß diese Erfahrungen den Träumen entstammen, hierarchisch aufgebaut sind, daß sie durch immer höhere Ebenen des Selbstbezugs emporsteigen und zu einer Verschiebung der Grenzen führen, die in der Vorstellung zwischen Selbst und Nicht-Selbst existieren.«[87]

Der Physiker Wolf äußert sich auch zu den kollektiven Träumen, indem sie für ihn ein kollektives Phänomen sind und stellt fest: »Nicht nur Menschen träumen, sondern auch Systeme. Eine Nation träumt ebenso wie eine politische Partei oder eine Sekte.«[88] Für Wolf sind die Träume so etwas wie eine Übergangsstelle zwischen dem Selbst und dem Universum. Als Beispiel dazu verweise ich auf den kosmischen Traum von C. G. Jung (s. S. 36). Zum Schluß seiner umfangreichen Darlegungen kommt der Physiker Wolf im Hinblick auf das Träumen und deren Bedeutung zu dem Schluß: »Wenn wir träumen, kehren wir in jene Wirklichkeit zurück, um uns darüber zu informieren, wie wir in dieser Wirklichkeit überleben können.«[89]

Aspekte des Mutterbildes und des Mutter-Archetypus

Im Anschluß an die Träume von »Mutter Erde« möchte ich Symbole und Erscheinungsweisen des Mütterlichen referieren, um die Vielgestaltigkeit des personalen Mutter-Archetypus einsichtig zu machen. Zugleich soll es ein weiteres Beispiel sein, wie das individuelle Selbstbild durch die Träume mit den verschiedensten Ausdrucksformen von kollektiven Mutterbildern vernetzt wird. Die folgenden Beispiele sind zur Erforschung der genannten Zusammenhänge aus mehrfachem Grunde aufschlußreich: die Beispiele stammen aus einer umfangreichen Serie von über 1000 Träumen, die von einer Ordensfrau im Verlaufe der letzten 10 Jahre aufgezeichnet wurden. Sophia kam durch das Lesen und das Meditieren der vielen Träume in der Bibel auf den Gedanken, auch ihrerseits die persönlichen Träume zu beachten und sie im biblischen Kontext zu deuten. In der Abgeschiedenheit der Klausur im Kloster hatte sie viele beeindruckende Träume, die sie auf den Gedanken brachten, daß Gott so zu ihr sprechen wolle. Weil die Träume der Bibel eine wichtige Offenbarung Gottes an bestimmte Menschen waren, verstand Schwester Sophia auch schließlich ihre Träume als Mitteilungen Gottes. Vor einigen Jahren entdeckte sie zufällig mein Buch *Der Traum als Gottes vergessene Sprache* und wurde dadurch angeregt und ermutigt, mit Hilfe der im Anhang befindlichen Fragen zum persönlichen Umgang und zur Deutung der eigenen Träume noch gezielter ihre Träume aufzuschreiben und eigene Deutungsversuche zu machen. Da sie täglich in der Bibel las und durch die zahlreichen Andachten und Gottesdienste immer wieder die biblischen Texte hörte, wurde sie dazu angeregt, ihre Träume zu den entsprechenden biblischen Texten und spirituellen Symbolen in Beziehung zu setzen. So entstanden im Verlaufe der Jahre nicht nur eine beachtliche Sammlung mit den persönlichen Träumen, sondern auch unzählige Deutungen aus der biblischen Überlieferung zu den persönlichen Träumen. Als sie vor zwei Jahren wiederum durch einen Zufall von meiner Ausbildung zum Traumberater im Kloster der Pallottinerinnen in Limburg erfuhr, meldete sie sich nach einigen

Bedenken zu diesem Kurs an. Da in diesen sechs Kursen zu den grundlegenden Themen und Symbolen der Traumpsychologie jede Teilnehmerin und jeder Teilnehmer ein eigenes Referat ausarbeiten muß, entschloß sie sich, aus der reichen Fundgrube ihrer 1000 Träume ein Symbol auszuwählen. Ein zentrales Traummotiv bildete das der alten Frau. Da sie inzwischen auch einige Schriften von C. G. Jung gelesen hatte, faszinierten sie zu dem genannten Motiv besonders die Arbeiten von C. G. Jung über den Mutter-Archetypus und die verschiedenen Aspekte des Mutterbildes. Für die genannte Seminararbeit ordnete die Träumerin ihre 100 verschiedenen Motive zu diesem Archetypus nach folgenden Gesichtspunkten:

1. Die alte Frau und das Mutterbild als Helferin und Retterin
2. Die alte Frau bzw. die Mutter als Wegweiserin
3. Die Funktion der alten Frau als Vermittlerin zum Animus
4. Der Mutter-Archetypus als Geist-Vermittlerin
5. Die Mutter als beschenkende Alte
6. Die alte Frau als Bittende
7. Die schwangere alte Frau
8. Die Mutter erscheint zugleich als alt und jung
9. Wie die Alte mit einem alten Mann erscheint
10. Ihr Erscheinungsbild als Frau Weisheit

Die Stichworte sollen im folgenden kurz erläutert werden: Bei einem ersten Überblick über die Vielzahl der Aspekte des Mutterbildes zeigt sich, daß die ersten sechs Erscheinungsweisen des archetypischen Bildes einen persönlichen und konkreten Bezug zur Träumerin erkennen lassen. Indem die Alte bzw. das Mutterbild als Helferin und Retterin erlebt wird, kommen darin grundlegende Lebenserfahrungen mit der Mutter bzw. einem archetypischen Mutterbild zum Ausdruck. So wie jedes Kind in beängstigenden oder gefahrvollen Situationen damit rechnet, daß die Mutter hilft und rettet, so erfährt Schwester Sophia es wiederholt in ihren Träumen. In ähnlicher Weise wirkt das geträumte Mutterbild als Wegweiserin. So wie ein kleines Kind an der Hand der Mutter zunächst die nähere Umgebung kennenlernt und dann weitere eigene Erforschungen der Umgebung anstellt, so wirkt später im Leben die geträumte Wegweiserin als innere Motivation weitere und tiefere Dimensionen des Lebens zu erschließen.

Die alte Frau steht für das Mutterbild als Vermittlerin zum Animus als innerer Seelenpartner. Wir verstehen darunter in der tiefenpsychologischen Symboldeutung nach C. G. Jung ein persönliches Bild, das uns auf dem Wege der Individuation bisher unbeachtete Seiten unseres inneren Menschen sichtbar macht. Was zuvor als grundlegende Erfahrung in der Kindheit beschrieben wurde, indem uns die Mutter auf den verschiedenen Wegen ins Leben begleitet, wiederholt sich bei den Träumen im Individuationsprozeß: Das Mutterbild bekommt eine vermittelnde Funktion, um die bisher unbekannten oder unbewußten Seelenpartner kennenzulernen. Der weitere Aspekt der Alten als Mittlerin zur geistigen Welt und zu dem Geist ist wiederum ein anschauliches Beispiel für den Übergang von der individuellen Erfahrung zu einem kollektiven Bezug. Indem die Alte als Geist-Vermittlerin im Traum erscheint, erlebt damit das träumende Ich von Sophia die Zugehörigkeit und die Verbundenheit mit der geistigen Welt als einer kollektiven Dimension. Aus dieser Erfahrung ergibt sich als logische Konsequenz, daß das Mutterbild als Geschenk erlebt wird und sich die Träumerin als beschenkt empfindet. Dazu gibt es in der Bibel zahlreiche Beispiele, daß Menschen durch den Glauben die Früchte des Geistes, wie z. B. Freude, Liebe, Vertrauen und Hoffnung etc.[90] genießen können.

Nachdem bisher Wirkungen geträumt und beschrieben wurden, die von dem Mutterbild ausgingen und auf die Träumerin einwirkten, erlebte Sophia in dem folgenden Symbol die Alte und das Mutterbild als Bittende. Damit erhält die Träumerin und das wahrnehmende Ich von Sophia eine stärkere Selbstverantwortung. Ähnlich wie jeder von uns auf die Bitte eines anderen positiv oder versagend reagieren kann, so scheinen diese allgemeinmenschlichen inneren Instanzen bis in das Traumerleben wirksam zu sein. Schließlich seien noch einige Eigenschaften und Wesensmerkmale von dem archetypischen Mutterbild erläutert, die von Sophia geträumt wurden, ohne daß direkte Einflüsse und Wirkungen auf die Träumerin selbst festzustellen wären. Diese Bilder scheinen weitgehend den kontemplativen Übungen von Sophia zu entsprechen, die langjährig bei der Betrachtung von biblischen Gestalten praktiziert wurden. Wobei auf der Subjektstufe gedeutet, auch diese Gestalten eine bewußtseinsfernere Wahrnehmung von Sophia widerspiegeln. Dazu wäre als erstes die schwangere Alte zu nennen. Von ihr wurde mehrfach in verschiedenen Facetten geträumt, als Sophia durch die intensive persönliche Traumarbeit selbst mit neuen Einsichten und Erkenntnissen schwanger ging. Sie spürte, wie die Träume einen immer stärker werdenden Einfluß auf ihr gesamtes Leben ausübten. Zu diesem Wandlungsprozeß gehört auch, daß das geträumte Mutterbild alt und jung zugleich in einer

Gestalt in Erscheinung trat. Nach tiefenpsychologischem Symbolverständnis kommt damit zum Ausdruck, daß die Gegensätze von jung und alt im Symbol aufgehoben werden können. Das im Bewußtsein vorherrschende logische Prinzip des Entweder-oder wird im bewußtseinstranszendenten Wirkfeld zu einem Sowohl-als auch. Ein weiterer Ausdruck des archetypischen Urbilds ist die Erscheinung der Alten mit dem alten Weisen als männliche Ausprägung, die schließlich als androgyne Gestalt im Traum erscheinen. Dazu gibt es in der Mythologie und den östlichen Religionen und ihren Gottesbildern zahlreiche Parallelen. Den Höhepunkt der geträumten mütterlichen Urbilder bildet schließlich das Erscheinen von der Sophia als der Weisheit, die für unsere Träumerin in den letzten Jahren ganz besonders wichtig wurde.

Zu den genannten Aspekten hier einige Traumbeispiele von Schwester Sophia, die jeweils zu biblischen und religiösen Symbolen in Beziehung gesetzt werden können. Der besondere Wert dieser Traum-Dokumentation besteht darin, daß Schwester Sophia bis zum Beginn ihrer Ausbildung zum Traumberater keinerlei Anleitung zum Umgang mit Träumen hatte und daher lediglich die energetischen Wirkungen ihrer Träume und die spirituelle Bedeutung ihrer Symbole dokumentierte. In ihrer Seminararbeit[91] schreibt Schwester Sophia über die alte Frau folgendes: »In meinen über tausend Träumen der vergangenen zehn Jahre kommt die Gestalt der Alten mehr als hundertmal vor. Die Begegnung mit ihr und die Bewußtheit über ihre Wirkung in meiner Seele steigert sich stetig, angefangen von der Ablehnung aus Unwissenheit bis hin zur Bitte um ihren Geist. Meine Beziehung zu dieser Gestalt der Alten (wie die Träumerin abgekürzt die verschiedenen Erscheinungsweisen des Mutterbildes nennt) kennzeichnet einen langen Weg, in dessen Verlauf ich erst nach und nach die große Bedeutung dieser Gestalt für mein Leben erkannte und ich glaube, daß diese Entwicklung immer noch weitergeht. Dieser Weg begann damit, daß ich mich im Traum auf die Suche nach ihr machte. In einem meiner aller ersten Träume, die ich aufschrieb (1990), gehe ich in einem mehrstöckigen Mietshaus treppauf, treppab und suche eine alte Frau, deren Namen ich vergessen habe. Ich schaue auf jedes Klingelschild, aber der Name fällt mir nicht ein. Als ich dann unten aus dem Haus komme, kam mir die Erleuchtung, so daß ihr Name plötzlich wieder da war. Dieses Suchen und Finden, das Abweisen und die innige Begegnung bis hin zur Übertragung ihres Lebensatems durch einen Kuß, durchzieht meine Geschichte mit dieser

Gestalt. Sie vergegenwärtigt für mich das uralte Wissen, das aus den Tiefen des Unbewußten aufsteigt. Nachdem ich die Alte in jenem Traum nicht in dem Hause gefunden habe, kommt sie im nächsten Jahr zu mir und bittet um Einlaß. Im nächsten Jahr kommt sie noch einmal und klingelt an meiner Wohnungstür und bittet um Einlaß. Ich weiß im Traum, daß diese alte Frau schon einmal bei mir gewohnt hat, und wundere mich, daß sie in einem späteren Traum mich bittet, sie zu begleiten. So ist im Laufe von zehn Jahren diese innere Gestalt in meinen Träumen immer mehr hervorgetreten, differenzierter geworden und hat auch in meinem bewußten Leben ihren festen Platz, ja es ist eine innige Beziehung gewachsen, ohne die ich mir mein Leben nicht mehr vorstellen kann. Sie ist mir Mutter, Wegbegleiterin, Lehrerin und Führerin geworden.«

Eine Art Initialtraum Schwester Sophias bildet der folgende Traum den wir gleich anschließend darstellen wollen.

»Ich stehe mit noch zwei anderen Personen in einem parkähnlichen Gelände. Vor uns auf einer Wiese ragt eine schlanke Pappel in die Höhe. Da kommt plötzlich wie aus heiterem Himmel von oben herab eine weiße Rakete auf uns zugerast, so daß wir nicht mehr ausweichen können. Die Rakete durchbohrt mit ihrer langen Spitze die schlanke Pappel wie ein Pfeil und bleibt darin stecken. Die Pappel wird jedoch nicht zerstört, bricht nicht um, brennt nicht an, sondern ihr Laub umschließt die Rakete.

Auf dem gleichen Gelände kommt jetzt eine alte Frau auf mich zu, umarmt mich und legt sich dabei auf mich, direkt Auge auf Auge, Mund auf Mund und gibt mir einen Kuß. Durch diese innige Begegnung überträgt sie ihren Lebensatem auf mich. Ich sitze halb liegend und weiß gar nicht, wie mir geschieht.«

Die Träumerin empfindet die Einhauchung des Lebensatems durch den Kuß als sehr belebend und wird an die Schöpfungsgeschichte erinnert, wie Gott den Menschen den Lebensatem einhauchte[92]. Ferner wird Schwester Sophia durch das geträumte Ritual an biblische Geschichten von Toten-Auferweckungen erinnert[93]. Zum Zeitpunkt des Traums fühlte sich die Träumerin manchmal wie tot und betete häufig um Belebung durch den göttlichen Geist. Die Durchdringung von einer starken Energie erkennt Schwester Sophia auch in der ersten Traumszene, als die weiße Rakete auf die Träumerin und ihre beiden Begleiterinnen zurast und schließlich sich in eine Pappel bohrt und von ihrem Laub umschlossen wird. Von der Symbolik aus betrachtet, gibt es eine Entsprechung zwischen den beiden Traumteilen, die in ihrer Wirkung und Bedeutung aufs gleiche hinauslaufen. Ähnlich wie die alte Frau den Lebensatem durch den sanften Kuß der Träumerin einhaucht, so dringt die weiße Rakete wie aus heiterem Himmel (wie Schwester Sophia anmerkt) in den weiblichen Baum ein und wird von diesem ganz umschlossen. Mag mancher Leser bei diesem Bild an eine Sexualsymbolik denken (was auch im vorliegenden Fall auf unbewußter Ebene zutreffen könnte), so ist es nach der sinnlichen Wahrnehmung der Träumerin mehr eine Art geistiger Zeugung. Für sie steht die Energie und die Schubkraft der Rakete im Vordergrund, die Schwester Sophia im Zusammenhang mit der radikalen Veränderung in ihrem seelischen und geistigen Leben sieht. Beachtet sein sollte ferner, daß es sich um eine »weiße« Rakete handelt und dadurch eine geistige Bedeutung erhält. In der Traumsymbolik steht die Farbe weiß häufig für eine spirituelle Erfahrung und für Weisheit. Zu dieser Bedeutung paßt sich auch die Symbolik der Pappel als Baum der Weisheit im Buche Jesus Sirach und die magisch wirkenden Stäbe von der Silberpappel, die Jacob in seiner List gegen Laban zur Fruchtbarkeit und Vermehrung seiner Herden verwendete[94]. In der symbolischen Deutung der Pappel bei den Kelten verweist sie auf eine intuitive Persönlichkeit, was auch für Schwester Sophia in besonderer Weise zutrifft. Auch die Charakterisierung der Pappel nach dem keltischen Baumhoroskop führt uns einige Wesensmerkmale der Träumerin vor Augen. »Im allgemeinen hat die Pappel-Persönlichkeit kein sehr sicheres Auftreten, und mutig ist sie nur in wirklich entscheidenden Augenblicken ... Sie braucht Wohlwollen und eine angenehme Umgebung, aber da sie auch sehr wählerisch ist, bleibt sie oft einsam und allein. Ihr unruhiges Herz ist großer Gefühle fähig, findet aber selten Erfüllung. Ihre ungeheure Empfindlichkeit macht ihr das Leben mal pessimistisch, mal enthusiastisch, mal verbirgt sie ihre Erlebnisse tief in ihrem Inneren. Sie hat eine Künstlernatur, ist ein guter Organisator und neigt zum Philosophieren. Zu ihren schönsten Eigenschaften gehört ihre Zuverlässigkeit in schweren Situationen.«[95]

Nach dem symbolreichen Traum möchten wir uns mit der alten Frau jetzt als Helferin und Retterin näher beschäftigen. In dem folgenden Traum zeigt die alte Frau der Schwester Sophia eine Öffnung und einen Ausgang aus einem dunklen Tunnel. Dieser Traum lautet:

»Ich gehe durch einen dunklen, niedrigen Tunnel bzw. einen unterirdischen Schacht. Es muß im Fundament eines Neubaus gewesen sein. Noch ein paar andere Menschen sind dabei. Hinter uns kommt ein großes Auto, ein Lastwagen oder ein Baufahrzeug, welches uns Licht gibt, aber gleichzeitig uns ins Gedränge bringt, da es genau hinter uns fährt. Wir haben keinen Platz auszuweichen, denn das Fahrzeug hinter uns nimmt die ganze Breite des Schachtes ein. Ich dränge mich ganz an die Wand und rufe einem alten Mann, der links geht, zu, daß er zu mir rüberkommen soll, damit das Auto besser durchkann. Das große Auto fährt ganz vorsichtig und überrollt uns nicht. Da sehen wir vorne, von oben her, Tageslicht hereinbrechen. Aber als die ersten durchwollen, merken sie, daß der Tunnel schon fast zugebaut ist. Sie geraten in Panik, denn es gibt kein Zurück mehr. Vor mir findet eine einfache kleine alte Frau mit einem blauen Mantel mit weißen Knöpfen durch die Öffnung nach oben ans Licht. Sie ist so zierlich wie meine Mutter und als ich sehe, daß sie hindurchkommt, da weiß ich, daß ich es auch schaffen werde. Ich komme gerade so durch die enge Öffnung hindurch und bin sehr erleichtert, als ich meinen Oberkörper hindurchgezwängt habe – da weiß ich, daß ich es geschafft habe.«

Die Bilder und Symbole des Traumes erinnern an einen Geburtsvorgang. Das sprichwörtliche Licht am Ende des Tunnels zeigt an, daß die geistig-seelische Wiedergeburt dazu führt, das Licht des Bewußtseins wahrzunehmen. Das Bedrängtwerden durch den Lastwagen zeigt ferner an, daß die anstehende Wandlung durch Blockaden und alte Lasten beeinträchtigt wird (wahrscheinlich deswegen das Traumbild vom Lastwagen). Die alte Frau mit dem blauen Mantel zeigt die Öffnung und den Weg ans Licht an. Der blaue Mantel erinnert die Träumerin an Darstellungen von Maria als Himmelskönigin. Das Vorbild der alten Frau im Traum und ihr Weg ins Licht gibt unserer Träumerin Zuversicht, daß sie es auch schaffen werde.

In mehr als 30 Träumen ist die alte Frau bzw. das innere Mutterbild als Helferin und Retterin in den Träumen erschienen. Besonders in schwierigen Situationen, wo es ohne ihre Hilfe nicht mehr weitergegangen wäre, erscheint sie als Helferin, so z. B. als Schwester Sophia eine Treppe hinaufgeht und die letzten Stufen allein nicht mehr schaffen kann, da zieht die Helferin sie hoch und geleitet sie in eine Wohnung. In einem anderen Traum schlägt diese helfende Gestalt mit bloßen Händen eine Glaswand durch, so daß beide ins Freie und damit in die Freiheit gelangen können. Wiederum in einem anderen Traum steht Schwester Sophia vor einer verschlossenen Tür, als die alte Frau erscheint und sagt, daß sie selbst doch den Schlüssel in der Tasche habe und damit die Tür öffnen kann.

In ihren Amplifikationen verweist Schwester Sophia wiederholt auf das biblische Buch Jesus Sirach, vor allem auf das Buch der Weisheit, sowie auf das biblische Buch der Sprichwörter. Darin heißt es über die hilfreiche und weise Frau, auch Frau Weisheit genannt: »Bei mir ist Rat und Hilfe«, und an anderer Stelle: »Sie kommt entgegen wie eine Mutter.«[96] In der apokryphen Schrift Baruch wird von der weisen Frau, von der Weisheit, gesagt, daß sie auf Erden erscheint und sich unter den Menschen aufhält und unter den Menschen wandelt[97].

Als Wegweiserin erscheint die hilfreiche alte Frau in verschiedener Weise elfmal in den Träumen; immer wenn Schwester Sophia sich nicht zurechtfindet oder sich wieder einmal verirrt hat, erscheint unaufgefordert die alte Frau als Wegweiserin und zeigt den Weg.

Die bisherigen Träume haben in verschiedener Weise schon deutlich gemacht, daß Schwester Sophia sich durch die Erscheinung und die Hilfe der alten Frau in vielfältiger Weise beschenkt gefühlt hat. In zahlreichen weiteren Träumen erhält sie Geld, um auf einem Großmarkt einzukaufen, oder 100 DM für eine Spende während des Gottesdienstes. Wiederum in einem anderen Traum erscheint die gütige Alte als Gemüseverkäuferin und freut sich darüber, daß sie eine große Menge Spinat für unsere Schwesterngemeinschaft geben kann. Dazu sagt sie, daß sie sich freue, weil sie mit uns schon von Anfang an sehr verbunden ist. In einem der letzten Träume erscheint sie als Rosenverkäuferin, die an einer Straßenecke steht. Als ich die Rosen kaufen möchte, weil ich diese so wunderschön finde, schenkt sie mir diese.

Ein ganz besonderes spirituelles Geschenk ist der Segen, den Schwester Sophia in dem folgenden Traum erhält:

»Mit noch anderen Menschen bin ich hinter unserem Haus, wo sonst immer die Sonne aufgeht und man eine weite Aussicht hat. Da sehe ich am Himmel fast über uns sich tiefschwarze Wolken zusammenballen, so wie ich es noch nie gesehen habe. Auch ganz kleine Blitze, so klein wie Sternschnuppen, sehe ich darin, so daß die Wolke wie ein energiegeladenes Bündel aussieht. Ich mache die anderen darauf aufmerksam und gehe zum Hintereingang, um auf unser Gelände und dann ins Haus zu gelangen, ehe das Unwetter hereinbricht. Aber da ist gar kein Haus mehr – alles ist fremd. So gehe ich weiter und versuche es an der nächsten Biegung nach rechts, ob ich von dort aus unser Haus sehe. Da ich auch hier nichts erblicke, gehe ich hinter zwei anderen Personen her, die sich nach links gewandt haben. Plötzlich verliere ich die beiden und bin nun ganz allein unterwegs über Felder, Wiesen und Wälder. Da steht plötzlich ein Haus, und als ich hineingehe, kommt mir ein Hund entgegen. Er streicht mir um die Beine, und ich überwinde meine Angst und spreche mit dem Hund. Da kommt eine alte Frau aus der Tür, und ich bin sehr erleichtert und bitte sie, mich zu segnen. Das tut sie auch. Sie fragt, wer ich bin und woher ich komme. Ich zeige auf meinen Ring als Ordensfrau und weine bitterlich. Irgendwie bin ich so ergriffen, daß ich lange sehr weinen muß.«

Die starke gefühlsmäßige Betroffenheit steht für die Träumerin in engem Zusammenhang mit der energiegeladenen Wolke, in der kleine Blitze wie Sternschnuppen zu sehen sind. Als fleißige Bibelleserin fällt Schwester Sophia die biblische Geschichte ein, wie Gott sein Volk auf dem Wege in die Freiheit durch eine Wolke geleitet[98]. Die schwarzen Wolken, die sich am Himmel zusammenziehen, weisen symbolisch auf eine lavierte (versteckte, verkappte) Depression hin. Auch in zahlreichen Redensarten sind dunkle Wolken am Horizont oder ein kommendes Gewitter ein Sprachbild für Schwierigkeiten oder negative Stimmungen. In dem vorliegenden Traumbild jedoch geht es um energiegeladene Wolken, die auf neue Lebensenergien und Hoffnung schließen lassen. Die energetische Bedeutung des kosmischen Symbols der Wolke wird im zweiten Teil des Traumes durch das Erscheinen des Hundes und die Segnung in den persönlichen Erlebnisbereich hineinverlegt. Die Träumerin überwindet ihre Angst und spricht sogar mit dem Hund. In der Bildersprache der Träume kann ein Hund sowohl für die Trieb- und Instinktseite stehen als auch ein symbolisches Begleittier des Heilsengels Raphael oder des Heilsgottes Asklepios sein. Da die Träumerin das Titelbild meines Engelbuches besonders anspricht, kann dadurch auch eine kreative Beeinflussung geschehen sein[99]. In Kombination mit der schwarzen Wolke als Ausdruck der Depression und negativen Stimmung erhält auch die mythische Vorstellung vom Höllenhund Cerberus, der an der Grenze zwischen Leben und Tod steht, einen weiteren Bedeutungszusammenhang. In Wirklichkeit befand sich die Träumerin zu jenem Zeitpunkt ihres Individuationsprozesses in Grenzsituationen des Lebens.

Der heilende Aspekt des Traumes wird am Schluß durch das Ritual der Segnung erfahren. Die Gebärde des Segens gehört für Schwester Sophia zu ihrem spirituellen Lebensvollzug. Das Segnen in den Träumen ist nicht nur ein worthaftes Geschehen wie im Gottesdienst und in der Kirche, sondern eine starke emotionale Erfahrung und ein energetisches Erlebnis. Die starke Ergriffenheit unserer Träumerin und ihr Weinen am Ende des Traumes machen diese Erfahrung deutlich, daß spirituelle Energien zum Fließen kommen.

Auch was die männlichen Gestalten in den Träumen angeht, wirkt die alte Frau ebenfalls als Vermittlerin, sie überbringt z. B. Grüße von dem Bruder der Träumerin. In einem anderen Traum kommt der Bruder unverhofft in der Nacht und will im Kloster eingelassen werden. Dazu schließt ihm die Alte einfach die Klostertüre auf und läßt ihn ein. In einem anderen Traum kommt der leibliche Bruder, zu dem die Träumerin in der Kindheit ein besonders positives Verhältnis hatte, wiederum ins Spiel, als sie auf einer Orgel vorspielen sollte. In späteren Träumen erscheinen Männer in Gestalt von Handwerkern und schließlich in einem für Schwester Sophia besonders wichtigen Traum in Gestalt eines Künstlers:

»In einem großen Gebäude suche ich einen Ausgang. Als ich jemanden fragen will, wo es rausgeht, sehe ich selbst ein Treppenhaus und sage mir, daß es hier auf alle Fälle rausgeht, und gehe die Treppe runter. Auf einer Etage komme ich an Handwerkern vorbei, denn hier wird gebaut. (...) Einer der Bauarbeiter geht jetzt vor mir her den langen engen Flur entlang, so daß ich gut hindurchkomme. Plötzlich ist es linkerhand hell, und ich sehe eine große Halle, die mich an die Bahnhofshalle meiner Heimatstadt erinnert. Es ist hell und weit, und in der Mitte der Halle ist ein Künstler, der einen großen, weißen Steinblock bearbeitet. Ich weiß, daß es ein Jude ist. Ich frage nach seinem Namen, den er mir auch sagt, aber leider weiß ich diesen nicht mehr. Ich weiß nur noch, daß ich staunend und anerkennend sage: Da sind Sie ja der größte Künstler, den es gibt!«

In den verschiedenen Traumbildern von Männern, angefangen von dem Bruder über die Handwerker bis hin zu dem Künstler, haben wir verschiedene Aspekte der Entwicklung des inneren Seelenpartners vor Augen, den wir in der Tiefenpsychologie von C. G. Jung als Animus bezeichnen. Bei dem Animus in den Träumen einer Frau handelt es sich um einen geistigen Seelenpartner, der ihre geistigen Begabungen und/oder kreativen Möglichkeiten zum Ausdruck bringt und damit die Identität und das persönliche Selbstwertgefühl fördert und steigert. Die grundlegenden Erfahrungen für die persönliche Entwicklung des Animus macht eine Frau mit ihren Brüdern, dem Vater oder anderen männlichen Bezugspersonen. In den Träumen spiegelt sich dann am Beispiel von Schwester Sophia der Übergang zu fremden Männern, wie z. B. den Handwerkern und schließlich in dem besonderen Künstler. Die Erscheinung der Handwerker hat noch einen ganz konkreten Lebensbezug, weil Schwester Sophia in ihrer Ordensgemeinschaft die Aufgabe hat, bei Bauarbeiten und Renovierungen die Handwerker zu betreuen. Zu dem Symbol des behauenen Steines und des weißen Steines insbesondere amplifiziert die Träumerin zahlreiche Bibelstellen, die ihr vertraut sind[100]. Da Schwester Sophia im Traum weiß, daß dieser größte Künstler, der den weißen Stein bearbeitet, ein Jude ist, amplifiziert sie dazu die Gleichnisrede Jesu im Tempel, in der er sich als Eckstein bezeichnet, der von den Bauleuten, sprich vom Volk, verworfen werden wird[101]. In der Apostelgeschichte greift Petrus, der auch der Fels genannt wird, in seiner Verteidigungsrede vor dem Hohen Rat dieses Wort wieder auf und sagt: »Er (Jesus) ist der Stein, der von euch Bauleuten verworfen wurde, der aber zum Eckstein geworden ist. Und in keinem anderen ist das Heil zu finden. Denn es ist uns Menschen kein anderer Name unter dem Himmel gegeben, durch den wir gerettet werden sollen.«[102] Bei der Darstellung der genannten Traumsymbole fällt auf, daß nicht direkt der Name von Christus genannt wird, sondern wohl nur in Andeutungen aus Scheu der Träumerin vor dem göttlichen Geheimnis. Der größte Künstler ist nach diesem Traum der Jude Jesus, der als innerer Christus die Bedeutung eines spirituellen Animus hat. Zu dem weißen Stein sei noch auf die Offenbarung des Johannes verwiesen[103].

Schwester Sophias Träume offenbaren eine tiefe Weisheit der Seele, die die Träumerin in vielfacher Gestalt geschaut hat. Sophia bemerkt dazu abschließend: »Auf der Suche nach Amplifikationen zu der Gestalt der Alten in meinen Träumen stieß ich neben den Märchen und Mythen zuerst auf die Parallelen in der Bibel, so z. B. die Prophetinnen des Alten und des Neuen Testaments, wie z. B. Mirjam, Debora und die Prophetin Hanna. Die größte Ähnlichkeit jedoch schienen meine Traumbilder mit der SOPHIA der Weisheitsliteratur der Bibel zu sein. Frau Weisheit sagt von sich selbst:

»Ich ging aus dem Mund des Höchsten hervor, wie Nebel umhüllte ich die Erde...
Vor der Zeit, am Anfang, hat ER mich erschaffen
und bis in Ewigkeit vergehe ich nicht.
Der Herr hat mich geschaffen im Anfang seiner Wege,
vor seinen Werken in der Urzeit...
am Anfang, beim Ursprung der Erde.
Als die Meere noch nicht waren, wurde ich geboren...

als er die Fundamente der Erde abmaß, da war ich als geliebtes Kind
bei ihm
ich war seine Freude Tag für Tag
und spielte vor ihm alle Zeit
ich spielte auf seinem Erdenrund
und meine Freude ist es, bei den Menschen zu sein.«[104]

Die Sophia als die weibliche Seite Gottes ist eine Gestalt, eine numinose Größe, die in allen Kulturen und Religionen stets eine wesentliche Rolle spielt, wie z. B. die Isis der Ägypter, die weise Tara in Indien oder die Shakti im Tantrismus (...).

Die Große Göttin, wenn wir einmal unter diesem Namen all das zusammenfassen, was wir als archetypische Einheit und Vielheit des weiblichen Wesens sehen, scheint mir als Inkarnation des weiblichen Selbst, das in der Geschichte der Menschheit ebenso wie in der Geschichte jeder einzelnen Frau sich entfaltet. Ihre Wirklichkeit und ihre Wirksamkeit bestimmt das individuelle und das kollektive Leben. Diese archetypische Welt, die in der Vielgestalt der Großen Göttin vereinigt ist, ist jene tieferliegende Macht, welche auch heute noch das Leben des modernen Menschen bestimmt.

Todesträume und ihre kollektive Symbolik

Es bedarf wohl keiner ausführlichen Erklärung, daß der Tod eine kollektive Erfahrung ist, weil alle Menschen sterben müssen. Die neue These lautet, daß Träume vom Tod und die Erscheinungen von Verstorbenen zu den kollektiven Träumen gehören.

Ich möchte sie folgendermaßen unterscheiden:

1. Träume mit Todessymbolen, die eine persönliche Wandlung bewirken
2. Träume, die den nahenden Tod ankündigen
3. Der Abschied und die Trauerarbeit in Todesträumen

Die Auseinandersetzung mit dem Tod beschäftigt mich seit meiner Kindheit, als meine Mutter, die sieben Jahre ältere Schwester Annemarie und ich mit Pferd und Wagen vor den Russen aus Pommern flüchteten, während mein älterer Bruder und der Vater im Krieg waren. Als die endlosen Flüchtlingskolonnen von den russischen Panzern und Flugzeugen beschossen wurden, schwebten wir oftmals in Todesgefahr, um uns herum starben viele Menschen im Kugelhagel. Doch diese traumatischen Erfahrungen will ich hier nicht in Erinnerung rufen, sondern habe sie im einem anderen Buch dargelegt. Nachdem wir schließlich von den russischen Panzern in Hanshagen bei Greifswald eingeholt wurden, blieben wir dort ein Jahr lang, bis wir schließlich weiter in den Westen flüchteten. In diese Zeit fällt ein tiefgreifendes Todeserlebnis: Im August des Jahres 1945 schenkte mir mein Spielgefährte Fritz Möller eines Tages einen großen schönen Apfel und sagte, ich müsse ihn gleich essen. Da wir damals wenig zu essen hatten und ich meistens von Hungergefühlen geplagt wurde, aß ich den roten Apfel mit ganz besonderem Appetit. Doch dann jagte Fritz mir einen Todesschrecken ein. Er sagte, daß er diesen Apfel vergiftet habe und ich in drei Tagen sterben müsse. Da ich in meiner Kindheit recht intensiv in der magischen Welt der Märchen und Träume lebte, nahm ich es für eine Tatsache, daß ich drei Tage später sterben würde. In meinen Abendgebeten kniete ich stundenlang vor meinem Bett und betete um mein Leben. Meine Mutter wollte ich damals mit meinem Problem nicht belasten, weil ich ihre Ängste vor den nächtlichen Vergewaltigungen durch die Russen miterlebte und ihre Sorge um das Überleben des Vaters und des Bruders im Krieg spürte. So blieb ich also mit meiner Todesangst allein. In jenen Nächten tat ich auch ein Gelübde: Wenn ich überleben sollte, würde ich ein guter und frommer Mensch werden und Gott mein Leben weihen. Dieses Versprechen habe ich später eingelöst, denn ich studierte evangelische Theologie und wurde Seelsorger und Pfarrer in der Kirche. Als ich dann später Beerdigungen zu halten hatte, bekam ich am Sarg merkwürdige Angstzustände, die im Verlaufe der Jahre stärker wurden; ich drohte in Ohnmacht zu fallen. In jener Zeit bemühte ich mich um eine therapeutische Analyse und erkannte, daß meine seelischen Zustände mit der Todeserfahrung in der Kindheit zu tun haben[105]. Später ist aus dieser Behandlung eine therapeutische Ausbildung nach C. G. Jung geworden, wozu in einer langen Lehranalyse auch die Bearbeitung der persönlichen Träume wie auch die Beschäftigung mit Märchen gehörte. Bekanntlich ist das Motiv des vergifteten Apfels ein häufiges Märchenmotiv[106]. Besonders beeindruckte mich dann später die tiefenpsychologische Deutung des Märchens *Der Gevatter Tod. Ein Pate fürs Leben*[107]. Durch die Bilder und Symbole dieses Märchens verstand ich die Todeszeichen in meinen eigenen Träumen. Wohl beeinflußt durch dieses Märchen hatte ich in jener Zeit den folgenden Todestraum:

»Ich erhielt durch eine Traumstimme den Auftrag, mich als Gestorbenen zu identifizieren. Dies geschah in der Weise, daß ich von kräftigen Gestalten an meiner linken und rechten Seite dazu genötigt wurde, in ein Kranken- oder Sterbezimmer einzutreten. So stand ich auf der Türschwelle dieses Raumes und sah an der gegenüberliegenden Wand ein typisches Krankenbett. Ein weißes Laken deckte einen Körper zu. Bei diesem Anblick wußte ich, daß meine Leiche unter dem Laken lag. Mein spontaner Impuls war, zu fliehen, doch die Gestalten an meiner Seite hatten mir Handschellen angelegt und zwangen mich, auf das Bett zuzugehen. Aus Abwehr und Todesangst bemühte ich mich, ganz kleine Schritte zu machen. Um die Annäherung an das Totenbett hinauszuzögern, betete ich und versuchte, meine Schritte nur noch Zentimeter um Zentimeter voranzuschieben. Schließlich stand ich am Kopfende des Bettes. Ich hoffte, daß einer der Begleiter das Laken zur Seite nehmen würde, damit ich den Toten sehen und identifizieren könnte, wie der Auftrag im Traum lautete. Doch ich wurde von meinen Begleitern genötigt, das Laken selber aufzuheben und mich als Gestorbenen zu identifizieren. Wie aus einem Alptraum erwachte ich in Todesangst.«

Tagelang begleiteten mich die Todesängste. Ich dachte, daß ich tatsächlich sterben müsse und daß dieser Traum meinen nahenden Tod ankündige. Obwohl ich aus der tiefenpsychologischen Deutung des Märchens wußte, daß der Standort am Kopfende Leben bedeutete, während die Erscheinung oder Standort am Fußende ein Todeszeichen ist, daß man tatsächlich gehen müsse, wollten meine Ängste und Beklemmungen nicht weichen. Schließlich besprach ich diesen Traum mit meinem lieben Kollegen Luka, der mich an den Auftrag im Traum erinnerte, nämlich mich als Gestorbenen zu identifizieren. Im längeren Gespräch fanden wir die Bedeutung, die Botschaft, daß es um die Frage einer neuen Identität für mein weiteres Leben ginge. Im psychologischen Sinne geht es bei der Identität um die innere Einheit der Person, indem das Ich-Bewußtsein zu dem größeren Selbst in Beziehung tritt. Nach der psychologischen Definition handelte es sich bei der Identifizierung »um einen unbewußten oder vorbewußten Akt des Erfühlens, Einfühlens, Mitfühlens und Nachfühlens, beruhend auf einem energetisch-dynamischen Kern, der triebhaft-affektiven Zuwendung«[108]. Im Verlaufe der nächsten Tage beruhigten sich die Angstgefühle, und ich ahnte durch meine geistige und seelische Ergriffenheit etwas vom Mysterium des Lebens, zu dem nicht nur das Wissen um den Tod gehört, sondern auch das existentielle Erleben des Todes, wie es mir in dem geschilderten Traum widerfuhr. Zunehmend erkannte ich, daß dieser Traum das Trauma aus meiner Kindheit auflöste und meine Seele heilte und mein Einfühlungsvermögen in die Erfahrungen und Ängste anderer Menschen verstärkte. Dieser Traum gab für die folgenden Jahre den entscheidenden Impuls, die Todessymbolik in den Träumen anderer Menschen zu erforschen und diese Erkenntnisse in einigen Büchern niederzulegen[109].

Eine alte Lebensweisheit des Volkes besagt: Wer vom Tod träumt, wird lange leben! Offensichtlich haben die Generationen vor uns beobachtet, daß die in den Träumen erscheinenden Bilder und Symbole des Todes nicht zwangsläufig den nahenden realen Tod ankündigen, sondern am weiteren Lebensverlauf erkennbar war, daß nach derartigen Todesträumen eine intensive Lebensphase folgte, wie ich es auch persönlich bezeugen kann. Die genannte Lebensweisheit hat auch ihren Niederschlag in dem genannten Märchen gefunden[110].

Bevor ich zu unserem Thema Beispiele berichte, möchte ich folgende Erkennungszeichen für Todesmotive als Wandlungssymbole aufzählen.

1. Wenn Sie von Ängsten und Sorgen geplagt werden, daß etwas Schlimmes passieren würde, wie z. B. ein tödlicher Autounfall, ein Flugzeugabsturz o. ä., können sich diese irrationalen Emotionen in entsprechenden Todesbildern äußern. Daher ist es immer wichtig, die gefühlsmäßigen Hintergründe eines entsprechenden Traumes zu klären. Als Beispiel für den genannten Aspekt möchte ich kurz berichten, wie eine ehemalige Teilnehmerin meiner Traumkurse mich nachts gegen vier Uhr anrief und erzählte, daß sie einen schrecklichen Todestraum gehabt habe. Sie müsse in etwa zwei Stunden zum Flughafen fahren und träumte, daß ihr Flugzeug abstürze. In unserer nächtlichen Traumdeutung wurde sehr schnell klar, daß diese ältere Frau zum ersten Mal in ihrem Leben eine weite Flugreise antrat und von ihrer Flugangst gequält wurde, die sich in dem Todesmotiv ausdrückte. Ohne hier das ganze Gespräch wiedergeben zu wollen, wurde uns der emotionale Hintergrund des Traumes klar, so daß ich der Frau Mut machte, den Flug anzutreten. Sie tat dies und berichtete mir später von vielen eindrucksvollen Erlebnissen in Indien.

2. Todesmotive können auch ein Ausdruck von Depressionen, Niedergeschlagenheit, ausweglosen Lebenssituationen oder von Selbstmordgedanken sein. Wenn dies zutreffend ist, sollte man ärztliche oder therapeutische Hilfe sowie seelsorgerlichen Beistand suchen, damit man diese Lebensbedrohung nicht allein bewältigen muß. Mit fachlicher Hilfe kann meistens diagnostiziert werden, daß die entsprechenden Todesmotive nicht den realen kommenden Tod ankündigen, sondern ein bildhafter Ausdruck der bedrohlichen Gefühlsbetroffenheit sind.

3. Wichtig ist es, den gesamten Traum zu analysieren und zu deuten und nicht ein einzelnes Todesmotiv, wie z. B. eine Beerdigung, einen Sarg oder eine Leiche (wie in meinem persönlich erlebten Beispiel), als Todesbotschaft mißzuverstehen. Mit etwas Übung und zunehmender Erfahrung kann man lernen, die geträumten Todesmotive als Wandlungssymbole zu verstehen.

4. Es ist darauf zu achten, in welchen Schwellensituationen des Lebens, wie z. B. Pubertät, vor der Hochzeit, Krise der Lebensmitte

oder beim Übergang zum letzten Drittel des Lebens, die genannten Symbole auftauchen und dann in der Regel eine persönliche Wandlung ankündigen. Manchem mag es merkwürdig erscheinen, daß auch Wochen oder einige Nächte vor der Hochzeit nach meinen Erfahrungen besonders häufig auch Frauen vom Tod träumen. In der Regel hat dies mit Ängsten und Sorgen zu tun, daß man in der Beziehung und Ehe seine persönliche Freiheit begraben müsse. Da auch die anderen genannten Schwellensituationen des Lebens von Ängsten begleitet sind, dürfte es psychologisch verständlich sein, daß sich diese Sorgen und Gedanken ebenfalls in den entsprechenden Todesbildern einen Ausdruck suchen.

5. Bei der Auflösung eines seelischen Traumas (wie in meinem berichteten Beispiel aus der Kindheit) kann ebenfalls der geträumte Tod das Ende des im Unbewußten aufbewahrten Zustandes bedeuten und die mit dem Traum einhergehende Erschütterung die seelische Wunde heilen.

6. Eine tiefe Traurigkeit während der Trauerarbeit anläßlich des Verlusts eines lieben Menschen können sich die schmerzlichen Gefühle ebenfalls in Todessymbolen zeigen. Wer sich also in einem längeren seelischen Trauerprozeß befindet, sollte nicht beunruhigt sein, wenn sich die Gefühle in entsprechenden Todesmotiven äußern und damit einer bewußten Verarbeitung zugänglich werden.

7. Bei der intensiven Sterbebegleitung kann es geschehen, wenn sich jemand zu stark mit dem Abschied und dem Sterbenden identifiziert, daß durch den Prozeß der psychologischen Übertragung von Ängsten und Gefühlen, die betreffende Begleiterin oder der Seelsorger sowie ein Therapeut in irgendeiner Form vom Tod träumen kann.

8. Eine geringe Psychodynamik (Energie und Kraft der Seele) in den Todessymbolen ist meistens ein Hinweis, daß nicht der nahende Tod bevorsteht. Die Erfahrung zeigt, daß man einen entsprechenden Traum schnell vergißt oder verdrängen kann, so daß keine überzeugende Nachwirkung spürbar bleibt.

9. Die hier genannten Wandlungsträume sind abzugrenzen von Wahrträumen, die den tatsächlichen Tod ankündigen und von einem inneren überzeugenden Wissen um den nahenden Tod

begleitet sind. Da die meisten existentiellen Erfahrungen nicht eindeutig zu benennen sind und es meistens fließende Übergänge zu anderen Lebensbereichen gibt, ist auch die Differenzierung zwischen Wahrträumen und Wandlungsträumen schwierig, so daß zur Klärung fachliche Hilfe gesucht werden sollte.

10. Die kollektive Todesbedrohung zu bestimmten Zeiten der Geschichte kann ihren Niederschlag auch in individuellen Todesträumen finden. Beispiele dafür sind geträumte Atomexplosionen, Weltuntergangsszenarien wie im Traumgesicht von Albrecht Dürer oder apokalyptische Weltuntergangsträume an der Schwelle zum dritten Jahrtausend[111].

Weitere Deutungshilfen mit 16 Fragen zum Umgang mit Todesträumen finden sich in meinem Buch: *Den Tod annehmen*[112].

Nachdem ich im Zusammenhang mit den Merkmalen wiederholt von Wandlung gesprochen habe, möchte ich diesen wichtigen grundlegenden Begriff der analytischen Psychologie von C. G. Jung etwas ausführlicher darstellen[113]. Wandlung versteht er nicht als einmalige Leistung, sondern als einen fortwährenden Prozeß, der zu größerer Ganzwerdung und Vollständigkeit der Person führt. In dieser Wandlung erlebt der einzelne Mensch eine geistige und seelische Wiedergeburt, häufig verbunden mit einem symbolischen Tod. In den Initiationsriten in ursprünglichen Kulturen wird der einzelne zum vollgültigen Mitglied der Gemeinschaft. Durch eine derartige Initiation oder eine Wandlung findet der betreffende Mensch seine persönliche Identität. Viktor Frankl, der Begründer der Logotherapie, wies einmal darauf hin, daß ein Mensch erst dann zu seiner Identität finde, wenn er den Anschluß an eine Wirklichkeit findet, die größer ist als er selber. Daher tragen die Todesträume im Sinne der Wandlung zur Entwicklung unserer Identität bei.

Wahrträume vom kommenden Tod

In der Kultur- und Religionsgeschichte der Menschheit haben seit jeher Wahrträume ganz allgemein, Wahrträume vom nahenden Tod sowie prophetische Träume großes Interesse gefunden[114]. In diesen ältesten Traumaufzeichnungen der Menschheit hatten meistens nur die großen Träume mit archetypischen Symbolen große Bedeutung, die für eine Gemeinschaft oder ein ganzes Volk eine wegweisende

Bedeutung hatten[115]. Die Wahrträume vom nahenden Tod sind daher unbedingt zu den kollektiven Träumen zu rechnen. Bei Menschen, die sich in ihrem Leben darin geübt haben, auf ihre Träume zu achten und für wichtige Lebensfragen auch auf die Botschaft der Träume zu hören, kündigt sich der nahende Tod häufig auch in ihren Träumen an. Doch darüber hinaus kamen wiederholt auch Ratsuchende oder Angehörige von Sterbenden in meine Praxis, die sich niemals um ihre Träume gekümmert haben und dennoch durch einen Wahrtraum sehr beunruhigt waren und deswegen unbedingt eine Deutung suchten.

Natürlich sind Träume nicht die einzige Möglichkeit, den Tod anzukündigen. Ich sehe die traumhaften Botschaften des nahenden Todes als Ergänzung zu anderen Anzeichen. In unserer modernen Zeit wird von den meisten Menschen die Prognose von den Ärzten eingeholt. Besonders in einer emotional hochbelasteten Zeit vor dem Sterben, wenn die Ängste und Sorgen über den nahenden Tod die Seele aufwühlen, werden von vielen Menschen an die Ärzte übertrieben hohe Erwartungen gestellt.

Für Menschen, die noch in ländlichen Traditionen verwurzelt und dabei von den Resten eines magischen Weltbildes geprägt sind, gilt mitunter als Ankündigung des Todes, wenn ein Spiegel von der Wand fällt oder die Uhr des Betreffenden stehenbleibt. Im Handwörterbuch des Deutschen Aberglaubens[116] werden zu derartigen Phänomenen zahlreiche Beispiele überliefert.

Auch die Märchenforscherin Hedwig von Beit hat in ihrem Standardwerk *Symbolik der Märchen* folgende Todeszeichen aufgeführt: Verdorren des Lebensbaumes, Versiegen des Brunnens, rotes Wasser in der Quelle, Zerspringen des Bechers, Trübung des Spiegels, das Rotwerden der Milch, das Rosten des Messers oder Blutstropfen auf dem Schwert und weitere Todeszeichen[117]. Unter dem Stichwort Tod werden zahlreiche Märchen aus aller Welt aufgeführt, in denen der Tod das zentrale Thema ist[118].

Doch durch welche Symbole läßt sich der nahe Tod ankündigen? Diese Anzeichen sind natürlich mit großer Vorsicht zu betrachten, und man sollte bei der Deutung zunächst die berichteten zehn Merkmale über die Todesbilder als Wandlungssymbole beachten. Erst wenn diese nicht zutreffen und damit der Aspekt der Wandlung ausgeschlossen wurde, sollten die besondere Wirkung des Traumes und die entsprechende Psychodynamik analysiert werden. Den Träumen, die den tatsächlich nahenden Tod ankündigen, wohnt eine so starke spirituelle Energie inne, daß man um die innere Wahrheit weiß und bei entsprechender Reife des Lebens dem nahenden Ende nahezu getrost entgegensieht. Diese Erfahrung jedoch schließt nicht aus, daß das Sterben unter Schmerzen oft sehr qualvoll sein kann. Andererseits berichten Menschen, die ein sogenanntes Nahtoderlebnis hatten, daß es, nachdem die qualvollen Ängste und Schmerzen durchlitten waren, zu einer emotionalen Ekstase kam, die schließlich in ein Gefühl großer Seligkeit und tiefen Friedens überging. Dazu schildert C. G. Jung, als er mit 69 Jahren einen Herzinfarkt erlitt und in unmittelbarer Lebensgefahr schwebte, das folgende Glückserlebnis: »In jenen Wochen lebte ich in einem seltsamen Rhythmus. Am Tage war ich meist deprimiert. Ich fühlte mich elend und schwach und wagte mich kaum zu rühren. Voll Betrübnis dachte ich: Jetzt muß ich wieder in diese graue Welt – gegen Abend schlief ich ein, und mein Schlaf dauerte bis etwa gegen Mitternacht. Dann kam ich zu mir und war vielleicht eine Stunde wach, aber in einem ganz veränderten Zustand. Ich befand mich wie in einer Ekstase oder in einem Zustand größter Seligkeit. Ich fühlte mich, als ob ich im Raum schwebte, als ob ich im Schoß des Weltalls geborgen wäre – in einer ungeheuren Leere, aber erfüllt von höchstmöglichem Glücksgefühl. – Das ist die ewige Seligkeit, das kann man gar nicht beschreiben, es ist viel zu wunderbar! dachte ich.«[119] Ähnliche Erfahrungen berichten K. Ring, R. Moody, Elisabeth Kübler-Ross und viele andere Autoren[120].

Die erste Erfahrung mit einem prophetischen Todestraum machte ich selbst im Jahre 1972, als ich noch Pfarrer und Seelsorger in einer norddeutschen Landgemeinde zwischen Bremen und Hannover war. Zu meinen Aufgaben gehörten auch Besuche im Krankenhaus. Dabei lernte ich auch den Landwirt Sch. kennen, von dem ich jedoch nicht wußte, daß sein Tod unmittelbar bevorstand. Im Krankenzimmer spürte ich eine gewisse feierliche Atmosphäre, die mich ahnen ließ, daß wahrscheinlich der Tod nahe sei. Nachdem wir eine ganze Zeitlang betroffen miteinander geschwiegen hatten, fragte ich den Mann behutsam, ob er etwas von seinen Gedanken und Empfindungen mitteilen wolle. Vielleicht könne uns auch ein Traum aus den letzten Nächten Aufschluß darüber geben, was seine Seele bewege. Spontan erzählte er darauf den folgenden kurzen Traum:

Ich bin in einer mir fremden ländlichen Gegend. Ich bin unterwegs zu den blauen Bergen. Ich habe einen Begleiter bei mir, der den Weg kennt. Ich gehe mit ihm.

Die Worte kamen Sch. nur langsam und mühsam über die Lippen, wie es bei Schwerkranken oft der Fall ist. Der kurze Traum bestätigte meine Ahnung, daß der Mann wohl unterwegs sei zu seiner Ewigkeit, die im Sinnbild der blauen Berge angedeutet ist. In unserem kurzen Gespräch über den Traum gewann ich den Eindruck, daß er seinen Tod ahne und die Todesbotschaft in diesem Traum verstanden habe. Zu der Atmosphäre und Stimmung im Traum wurde ganz kurz berichtet, daß alles so feierlich gewesen sei und daß er gar keine Angst in der fremden Gegend gehabt habe. Zu dem Begleiter, der den Weg kenne, sagte der Träumer, daß er ihm irgendwie vertraut gewesen sei und er sich ihm anvertraut habe. Nach einer Zeit anteilnehmenden Schweigens erzählte ich kurz, daß dieser Seelenbegleiter in Träumen, Märchen und biblischen Geschichten oftmals die Funktion habe, den Betreffenden an sein Ziel zu führen. Dieses Ziel seien »die blauen Berge«, die wohl eine Ähnlichkeit mit dem blauen Himmel über uns hätten. Da Herr Sch. ein gläubiger Mensch war und sich auch in der Bibel auskannte, motivierte mich das archetypische Symbol von den blauen Bergen dazu, unser Gespräch und unsere letzte Begegnung in diesem Leben mit den Worten des 121. Psalmes abzuschließen. In der folgenden Nacht war er in Frieden eingeschlafen.

Der Psalm lautete:
Ich hebe meine Augen auf zu den Bergen:
Woher wird mir Hilfe kommen? Meine Hilfe kommt von dem Herrn,
der Himmel und Erde gemacht hat. Er kann deinen Fuß nicht gleiten lassen;
der dich behütet, kann nicht schlummern!
Nein, er schlummert nicht und schläft nicht,
der Israel behütet.
Der Herr ist dein Hüter, der Herr dein Schatten, er geht zu deiner Rechten:
Bei Tage wird dich die Sonne nicht stechen, noch der Mond des Nachts.
Der Herr behütet dich vor allem Übel,
er behütet dein Leben.
Der Herr behütet deinen Ausgang und Eingang,
jetzt und immer dar.«

Einen weiteren Wahrtraum von dem kommenden Tod hatte ich selbst im April 1975, zwölf Tage vor dem unerwarteten Tod meines damals 75jährigen Vaters. Ich lebte zu der Zeit mit meiner Familie in Karlsruhe, während meine Eltern im Hause meines Bruders in Otterndorf bei Cuxhaven lebten. Drei Nächte nach dem 75. Geburtstag meines Vaters hatte ich den folgenden Traum:

Ich sehe meinen toten Vater in einem offenen Sarg auf dem Kirchplatz neben einer alten Eiche stehen. Betroffen und in Ergriffenheit gehe auf den Sarg zu, um mich von meinem Vater zu verabschieden. Während ich im stillen Gebet am Sarg verweile, sehe ich plötzlich, daß der Vater ein ganz klein wenig den Kopf hebt. In diesem Augenblick geht die Sonne auf und scheint dem Vater direkt ins Gesicht. Während ich tief bewegt verweile, verklärt sich sein Angesicht, und er sinkt zurück in den Sarg. Betroffen erwache ich und fühle, daß dieser Traum mir die Botschaft von dem nahen Tod des Vaters vermittelt hat.

In den Bildern dieses für mich sehr ergreifenden Traumes tauchen mehrere Symbole auf, die ich etwas näher beschreiben möchte. Zum einen ist der Weg zum aufgebahrten Sarg des Vaters eine Vorahnung und Vorbereitung auf den nahenden Tod. Im Umkreis des Todes geschieht häufig ein Ahnen der Seele, um auf die kommenden Ereignisse vorzubereiten. Da das Sterben und der Tod die tiefgreifendste Erfahrung unseres Lebens sind, brauchen wir dazu eine außerordentliche Vorbereitung. Nach meinen Erfahrungen gehört zu einem derartigen Wahrtraum eine persönliche Empfangsbereitschaft und auch ein Sender für die Botschaft. Ein weiteres wichtiges Motiv ist das Öffnen der Augen. Während ich den Vater lange anschaue, öffnet er als Toter zu meinem Erstaunen nochmals die Augen, um nach mir zu sehen. Schließlich hat mich noch tief berührt, wie die aufgehende Sonne meinem Vater ins Angesicht schien und ihn in einem gewissen überirdischen Glanze verklärte. Die Strahlen der aufgehenden Sonne, die meinem Vater ins Angesicht schienen, hatten etwas von jener Erlebnisqualität, die Knorr von Rosenroth (1636–1689) in seinem Kirchenlied so besingt:

Morgenglanz der Ewigkeit, Licht vom unerschaffnen Lichte,
schick uns diese Morgenzeit Deine Strahlen zu Gesichte,
und vertreib durch Deine Macht unsere Nacht.

Leucht uns selbst in jener Welt, Du verklärte Gnadensonne;
führ uns durch das Tränenfeld in das Land der süßen Sonne,
da die Lust, die uns erhöht, nie vergeht.

Im Verlaufe der Jahre wurden mir von den Teilnehmerinnen und Teilnehmern meiner Traumseminare zahlreiche Wahrträume vom nahenden Tod berichtet. So kündigte z. B. ein schwarzer Vogel in dem folgenden Traum einer 55jährigen Frau eine Nacht vor dem plötzlichen Herztod ihres Mannes diesen Tod an.

»Ich sehe im Traum meinen Mann auf dem Rasen auf einem Gartenstuhl sitzen. Er liest wahrscheinlich wieder in einer medizinischen Fachzeitschrift. Im Hintergrund sehe ich den Wald, der an unseren Garten grenzt. Ein schwarzer Vogel sitzt auf der rechten Schulter meines Mannes, ganz dicht an seinem Kopf und Gesicht. Quer über dem Körper des Vogels sehe ich zwei rote Streifen in seinem Federgewand. Sie sind scharf konturiert und deutlich zu sehen. Ich gehe etwas näher heran und will den Vogel auf meinen Finger locken, weil ich merke, daß der Vogel so nahe an meines Mannes Gesicht ist, was ihm unangenehm zu sein scheint. Der Vogel flog aber nicht auf meinen Finger, sondern an mir vorbei auf das Treppengeländer und erschien mir dort mehr in einem goldenen Federgewand.«

Die Träumerin gibt zu ihrem eindrucksvollen Traum folgende Information: »Mein Mann sollte wegen seiner Herzbeschwerden am übernächsten Tag zu einer diagnostischen Untersuchung in eine Fachklinik. Im Rückblick muß ich leider sagen, daß ich zu jener Zeit seine Beschwerden nicht ernst genug genommen habe. Ich fühlte zwar die seelische Not meines Mannes, seine Einsamkeit und in gewisser Weise auch seine Hilflosigkeit, doch ich wußte nicht recht darauf einzugehen. Ich spürte unbewußt, daß es ein bedeutsamer Traum war, und erzählte ihn morgens beim Frühstück meinem Mann. Ich wagte ihn dabei nicht anzuschauen, weil ich fürchtete, daß ich in seinen Augen bereits den Tod erkennen könnte. Als ich mit ihm im Gottesdienst war, dem letzten gemeinsamen unseres Lebens, mußte ich immer wieder an meinen Traum und an meine Ahnungen denken. Da ich noch nicht wußte, daß ich bereits einige Stunden später meinen Mann sterbend in den Armen halten sollte, schob ich meine beängstigenden Ahnungen weit von mir weg. Heute, acht Monate nach dem Schicksalsschlag, denke ich über solche Wahrnehmungsfähigkeit und Wahrträume ganz anders als damals.

Zu dem Vogel im Traum kann ich im nachhinein sagen, daß er wohl ein Todesbote gewesen ist. Da die Vögel in der Luft leben, verstehe ich sie als Symbole des Geistes. Vögel und andere Tiere kommen übrigens öfter vor in meinen Träumen. Der Vogel in diesem Traum sah so ähnlich aus wie ein Rabe. Durch die zwei roten Streifen in seinem Federkleid war er für mich ein außergewöhnlicher Bote. Einen ganz besonderen Eindruck hinterließ er, als er an mir vorbei auf das Treppengeländer zuflog. Da erschien er mir golden. Dieser Vogeltraum hat in mir in erschütternder Deutlichkeit gezeigt, wie klar die Bildersprache des Unbewußten sein kann, auch wenn wir zunächst noch nicht wissen, was im wirklichen Leben auf uns zukommen wird.«

Zu dem Todestraum sei aus meiner Sicht noch folgendes angemerkt. Da der Verstorbene als Mediziner sehr stark einem naturwissenschaftlichen Weltbild verhaftet war, scheint er sein inneres Wissen und seine Ahnungen von dem nahenden Tod in den Traum seiner Ehepartnerin ausgelagert zu haben. In meiner Traumarbeit habe ich gelegentlich gehört, daß überwiegend rational orientierte Männer und wissenschaftlich gebildete Partner häufig bei ihren Partnerinnen träumen lassen. Vor allem wenn der eine Partner für seelische Dinge und für Träume recht empfänglich ist und der andere Partner oder die Partnerin eher dem analytischen und wissenschaftlichen Denken zugeneigt ist, können sich in engen partnerschaftlichen und seelischen Beziehungen derartige Phänomene ereignen.

In meinem Buch *Den Tod annehmen*[121] berichte ich weitere eindrucksvolle Beispiele von derartigen Wahrträumen vom nahenden Tod.

Man könnte jetzt natürlich fragen: Wie kommen Menschen zu ihren Ahnungen vom nahenden Tod, und woher weiß das Unbewußte davon? Eine Verstehensmöglichkeit ist die transzendente Funktion der Seele, die in den Übergangsperioden des Lebens und ganz besonders im Angesicht des Todes aktiviert wird und in den entsprechenden Symbolen auf den kommenden Tod vorbereitet. Die transzendente Funktion ist das entscheidende Bindeglied zwischen dem Bewußtsein und dem Unbewußten, zwischen realen und imaginären Vorstellungen sowie den rationalen und irrationalen Phänomenen. In therapeutischen Prozessen ermöglicht sie, negative Einstellungen sowie destruktive Neigungen zu überwinden und die schöpferischen Potentiale des Unbewußten und die Selbstheilungskräfte der Seele zu aktivieren. Im Unterschied zu einem Tier, das seinen Tod instinktiv spürt, hat der Mensch nicht nur ein Wissen von seiner Sterblichkeit, sondern er ahnt auch den nahenden Tod oder wird durch einen Wahrtraum auf das Ende vorbereitet. Für diese transzendente Funktion der Seele[122] ist für mich Jesus ein ganz besonderes Beispiel. In verschiedenen Ankündigungen von seinem Leiden, Sterben und der Auferstehung bereitet er seine Jünger auf das Kommende vor. Dazu heißt es bei Markus: »Da versammelte er (Jesus) die Zwölf wieder um sich und kündigte ihnen an, was ihm bevorstand. Er sagte: Wir gehen jetzt nach Jerusalem hinauf; dort wird der Menschensohn den hohen Priestern und den Schriftgelehrten ausgeliefert; sie werden ihn zum Tod verurteilen und den Heiden übergeben; sie werden ihn verspotten, anspucken, geißeln und töten. Aber nach drei Tagen wird er auferstehen.«[123] Und im Kontext der Abschiedsreden nach Johannes bestätigen die Jünger Jesus: »Jetzt wissen wir, daß Du alles weißt und von niemandem gefragt zu werden brauchst.«[124] Mit dem Wissen ist in diesem Zusammenhang keine rationale Erkenntnis gemeint, sondern eine innere Gewißheit über den kommenden Tod.

Ich beende meine Ausführungen über die verschiedenen Aspekte der Todesträume mit dem nochmaligen Hinweis auf deren kollektive Bedeutung. Ähnlich wie Märchen, so gewähren uns auch die Wahrträume vom kommenden Tod einen Einblick in das kollektive Unbewußte, das nach den Vorstellungen von C. G. Jung an das Totenreich angrenzt oder sogar zum größten Teil mit ihm identisch ist[125]. Jung beschreibt dies in seiner mystisch anmutenden Schrift: *Die sieben Belehrungen der Toten*[126] und läßt uns an seinen Gedanken über das Leben nach dem Tod teilhaben[127]. Durch meine Erfahrungen und Forschungen zu Todesträumen bin ich zu der Ansicht gelangt, daß wir durch diese Einsichten unser Weltbild erweitern können.

Todesträume und Trauerarbeit

In diesem Kapitel wollen wir zeigen, welchen Trost sowie Lebensmut Hinterbliebene aus den Träumen schöpfen können. Es wird nach meinen Erfahrungen in der Trauerarbeit nach dem Verlust eines lieben Menschen noch immer viel zu wenig beachtet, daß die Psyche als ein sich selbst regulierendes System[128] diese seelischen Prozesse bereits mit Hilfe von Träumen zu klären und zu verarbeiten sucht. In diesen vielschichtigen Prozessen wirken die Symbole als seelische Filter, die jene Bilder und Botschaften ins Ich-Bewußtsein transportieren, die aufbauend und tröstend wirken und dem weiteren Leben förderlich sind. Diese Symbolisierungen kommen in den Träumen zum Ausdruck und werden damit für das rationale Bewußtsein einsichtig und erkennbar, so daß die Einbeziehung dieser Mitteilungen des Unbewußten für die Trauernden hilfreich und tröstlich werden können. Die verschiedenen Phasen des Trauerprozesses sind durch die grundlegenden Arbeiten von Elisabeth Kübler-Ross, Verena Kast und zahlreiche andere Autoren gut erforscht und werden in der Trauerarbeit hilfreich angewendet[129]. Da in diesen Arbeiten und Forschungen überwiegend auf allgemeinmenschliche Erfahrungen im Umgang mit Sterben und Tod sowie der Trauerarbeit Bezug genommen wird, will ich diese Erfahrungen durch meine Beobachtungen und Forschungen aus der Traumarbeit ergänzen und dabei wiederum die kollektive Dimension in den archetypischen Bildern deutlich machen.

Erfahrungsgemäß ist die erste Zeit nach dem Tod eines geliebten Menschen und die erste Phase des Trauerprozesses gekennzeichnet durch das Nicht-wahrhaben-Wollen. Viele Menschen haben in dieser ersten Zeit nach dem Tod das Gefühl, daß der oder die Tote gegenwärtig anwesend ist. Viele Gegenstände in der gemeinsamen Wohnung wirken so »besetzt«, daß man durch die tränenden Augen meint, den Verstorben zu sehen oder zumindest als gegenwärtig zu ahnen. Im emotionalen Erleben ist diese erste Phase bei vielen Menschen gekennzeichnet durch Empfindungslosigkeit bis hin zu einer emotionalen Erstarrung. Diese emotionale Schutzhaltung scheint bei vielen Men-

Vincent van Gogh: Der Sämann

(Erläuterung S. 51 ff. und S. 58 ff.)

Die Farbpyramide von Paul Klee als Modell für kollektive Träume

Das abgebildete Aquarell von Klee ist für viele Träumerinnen und Träumer meiner Seminare zu einem hilfreichen Sinnbild für die Tiefenschichten der Seele geworden. Die Vorstellung von vielen übereinandergelagerten Schichten in der Seele ist für viele Menschen ein anschauliches Modell, um sich die Speicherkapazität des Unbewußten vorzustellen. Die untersten Schichten der mehrdimensionalen

Farbpyramide von Klee wäre eine Veranschaulichung des kollektiven Unbewußten (im Sinne von C. G. Jung), aus dem die Traumbilder mit kollektiven Symbolen aufsteigen und für unser Bewußtsein anschaulich werden. Durch die Überlagerungen der horizontalen durch die vertikalen Farbfelder entsteht jene Mehrdimensionalität, die für das Verständnis kollektiver Träume ein wesentliches Merkmal ist. Auf diese Weise soll verdeutlicht werden – dargestellt durch die verschiedenen farbigen horizontalen Felder –, wie vielfarbig die Realität sein kann und wie durch die Vertikale eine geistige und spirituelle Dimension die Erfahrungen einfärbt und durchlichtet und damit den Erlebnissen einen besonderen Glanz verleiht. Durch die Überlagerung der horizontalen Farbfelder durch die vertikalen entsteht eine faszinierende Farbpyramide, die die Aufmerksamkeit des Betrachters von Schicht zu Schicht immer weiter nach oben lenkt zu jenem kleinen roten Dreieck, das mit der Spitze nach unten weist und als weibliches Symbol zu deuten ist.

Bei der Betrachtung des Aquarells fallen die zwei schwarzen Pfeile besonders auf. Sie werden von Klee als aufsteigende Gedanken bezeichnet, er schreibt dazu: »Der Vater des Pfeils ist der Gedanke: Wie erweitere ich meine Reichweite dorthin? – über diesen Fluß, diesen See, jenen Berg! Die ideelle Fähigkeit des Menschen, Irdisches und Überirdisches beliebig zu durchmessen, ist im Gegensatz zu seiner physischen Ohnmacht der Ursprung der menschlichen Tragik. Dieser Widerstreit von Macht und Ohnmacht ist Zwiespältigkeit menschlichen Seins. Halb Beflügelter, halb Gefangener ist der Mensch. Der Gedanke als Medium zwischen Erde und Welt. Je weiter die Reise, desto empfindlicher die Tragik. Bewegung werden zu müssen und nicht schon zu sein! Der Verlauf entspricht! Wie überwindet der Pfeil die reibende Hemmung? – Nie ganz dorthin zu gelangen, wo Bewegung ohne Ende!«

Trefflich beschreibt hier der große Künstler die Tragik des Menschen, als Individuum die Fähigkeiten zu haben, mit Hilfe der Gedanken und Imaginationen, mit Hilfe der Träume und Visionen aufzusteigen in geistige Höhen und zugleich gebunden zu sein an die irdischen Bedingungen des Lebens. Zu der Komposition des Bildes führt Klee an anderer Stelle aus: »Als Norm für diese Komposition möge gelten: Ein Zusammenwirken der Organe zu einem in sich selbständigen, ruhig – bewegten oder bewegt – ruhigen Ganzen. Diese Komposition kann sich erst dann vollenden, wenn zu den Bewegungen Gegenbewegungen kommen oder wenn eine bewegungsunendliche Lösung sich findet. Die Richtungspfeile heben sich auf und kommen in einer höheren Ordnung zur Ruhe. Symbol dieses ruhigbewegten Zustandes im Farbenreich ist der spektrale Farbkreis, wo jeder Pfeil sich erübrigt. Denn heißt es nicht mehr dorthin, sondern überall, also auch dort.« Die genannten Richtungspfeile zielen auf das rote Dreieck, das Klee zu dem Titel »EROS« inspiriert haben mag. Als Künstler mit einer starken Imagination für das Hintergründige und Spirituelle dürfte Klee mit Eros nicht im sexuellen Sinne verstehen, wie dies häufig in unserer Zeit geschieht, sondern im Sinne von Plato, der Eros als Heilkraft definiert. Ähnlich wie der antike Philosoph verstehen viele Künstler ebenfalls Eros als schöpferische Kraft, die die Kreativität des Unbewußten durchdringt und in der künstlerischen Imagination hervorbricht und schließlich in dem geschaffenen Kunstwerk ihre sichtbare Gestalt findet.

In meinen Traumseminaren sehen viele Träumerinnen und Träumer in dieser farbigen Symbolpyramide ein Modell für die aus der Seele aufsteigenden Traumbilder, die in den einzelnen Szenen und Ereignisfeldern eine je eigene Farbigkeit und Farbstrahlung durch die geistige Kraft des Grün erhalten, die von oben alle Schichten durchlichtet. Eine Teilnehmerin sah in den dunklen Feldern zur Rechten und zur Linken der geschichteten Farbpyramide die Nacht und den Schlaf, aus dem wir in den verschiedenen Traumphasen fortwährend bis zum Aufstehen zu immer hellerem Bewußtsein erwachen, während gleichzeitig das Licht des Geistes die Gedanken und Sinne in den Träumen einfärbt.

Für das Verständnis und die Deutung der kollektiven Träume veranschaulicht diese Farbpyramide von Klee folgendes: In unseren Träumen eröffnet sich eine kollektive Dimension, die uns mit anderen Menschen und dem Kosmos verbindet, wenn diese größere Dimension in unser individuelles Leben hineinragt wie das obere Dreieck, dessen Liebesenergie der Künstler in dem kleinen roten Dreieck darstellt, das den oberen Pfeil als Symbol für unsere Gedanken, Imaginationen und Träume sinnbildlich darstellt.

»Energie-Spirale mit Heilengel« von Roswit Balke

(Erläuterung S. 193 ff.)

»Engel mit dem goldenen Haar«

Der Heilengel mit goldenem Haar

Die obenstehende Abbildung einer Ikone wird »Engel mit goldenem Haar«
genannt. Beim Anschauen fallen die schmucken goldenen Haare ins Auge, welche
die Weiblichkeit und die Vitalität betonen. In der Symbolsprache bedeuten Haare
auch Macht und magische Potenz und sind im Volksglauben ein Sinnbild für
Weisheit. Das goldene Haar verweist ferner auf die Strahlen der Sonne, die wiederum ein Abbild des göttlichen Lichtes sind. In alten, heiligen Texten aus den ersten
Jahrhunderten wird uns ein Gottesbild beschrieben, für das das goldene Haar und

die jugendliche Schönheit von grundlegender Bedeutung ist, wenn es heißt: »Du wirst einen Gott (oder einen Engel) sehen, jugendlich, schön, mit feurigen Locken in weißem Gewande, und in scharlachrotem Mantel, mit einem feurigen Kranze. . . . Du wirst sehen, Gott mit leuchtendem Antlitz, jung, mit goldenem Haupthaar, in weißem Gewande, mit goldenem Kranz.« (aus der Mithras-Liturgie) Die längere meditative Betrachtung unseres Engels und seines warmherzigen Gesichtes vermittelt eine Einsicht in die Seelentiefe dieser spirituellen Gestalt. Besonders die großen, weit geöffneten Augen weisen auf die genannte Seelentiefe hin. Zwischen den Augen ist in Gestalt eines kleinen Dreiecks das »dritte Auge« angedeutet. Das dunkelrote Stirn-Chakra auf goldenem Grund mit den vier weißen Punkten und den vier Haarlocken weisen auf die Weisheit und die Ganzheit hin.

In einem Kloster auf dem heiligen Berg Athos (Griechenland) wird in dieser Ikone der Heilengel Raphael gesehen. Dieser Name kommt von einem hebräischen Wort, das Heilen bedeutet. Besonders für heilende und helfende Berufe ist Raphael ein spiritueller Begleiter und ein persönlicher Supervisor. Für die vergessene Tradition des Segnens und Heilens mit dem Engel gibt es in der Bibel und in der außerbiblischen Schriftüberlieferung einige beachtenswerte Texte. So segnet Jakob, der auch ein Vater des Glaubens genannt wird, seinen Sohn Joseph mit den Worten: »Gott, vor dem meine Väter Abraham und Isaak ihren Weg gegangen sind, Gott, der mein Hirt war mein Lebtag bis heute, der Engel, der mich erlöst hat, von jeglichem Unheil, er segne die Knaben!« (Genesis 48, 15 f.) In dem apokryphen Henochbuch wird Raphael sogar zur Heilung der Erde angerufen:

»Heile die Erde,
die durch die böse Macht verderbt wurde,
verkünde der Erde Heilung,
auf daß ihre Leiden gewendet werden!«

Bei den beängstigenden Umweltkatastrophen dürften derartige Anrufungen eine neue aktuelle Bedeutung erlangen. Nachdem in den vergangenen Jahrhunderten sich der Erzengel Michael großer Beliebtheit erfreute und in unzähligen Abbildungen und Skulpturen dargestellt wurde, sollte nach meiner Überzeugung jetzt mehr der Heilengel Raphael beachtet werden. Unsere Abbildung legt die Vermutung nahe, daß der fromme Ikonen-Maler im 12. Jahrhundert das Heilende und Schöne sowie eine warmherzige Spiritualität zum Ausdruck bringen wollte.

Wenn Sie, verehrte Leserinnen und Leser, die Abbildung dieser Ikone länger anschauen und meditieren, dann achten Sie einmal darauf, zu welchen Symbolen Ihre Aufmerksamkeit hingelenkt wird. Suchen Sie Seelentiefe, dann empfiehlt es sich, dem Engel lange in die Augen zu schauen. Suchen Sie Warmherzigkeit und liebevolles persönliches Ansehen, dann betrachten Sie das Gesicht. Suchen Sie Weisheit und neue Kraft, dann richten Sie Ihre Aufmerksamkeit auf die rote Haarspange an der Stirn und imaginieren einen Energiestrom, der Sie berührt und stärkt. Gerne würde ich an Ihren Erfahrungen mit diesem Bild teilhaben, indem Sie mir schreiben.

»Mutter Gottes im Lebensbaum«

Die Weisheit im Lebensbaum

Die obenstehende Abbildung der Ikone aus dem Kloster St. Georg bei Jericho zeigt die Mutter Gottes mit dem göttlichen Knaben inmitten des Lebensbaumes. In dem Kapitel »Die Weisheit der Träume« wird ausgeführt, daß in den alten Kulturen und in den kollektiven Träumen die Weisheit stets in einer weiblichen Gestalt dargestellt wird. Häufig spricht in den großen Träumen eine weise Frau oder eine gütige und überzeugende Stimme eine hilfreiche Weisheit aus, die für die Träumerin oder den Träumer eine wegweisende Bedeutung hat. Auch der Christus-Knabe auf dem Arm der weisen Frau steht in besonderer Verbindung mit der Weisheit, indem bereits von dem zwölfjährigen Jesus im Tempel gesagt wird, daß er zunahm an Weisheit und Gnade bei Gott und den Menschen (Lukas 2,52). Jahrzehnte später bezeugt der Apostel Paulus, daß in Christus alle Schätze der Weisheit und der Erkenntnis verborgen liegen (Kolosser 2,3). Ein Jahrtausend später werden diese beiden grundlegenden theologischen Erfahrungsbegriffe dem kabbalistisch-mystischen Lebensbaum zugeordnet.

Nach der Tradition der byzantinischen Ikonenmalerei werden in die Felder des Lebensbaumes die verehrten Propheten und Väter des Glaubens eingefügt als Repräsentanten der göttlichen Weisheit und der spirituellen Weisungen. Dazu gehören auch die Träumer, die das Flüstern Gottes gehört haben und als Wegweisung für das Volk verkündigt haben, wie Jakob, Salomo und Daniel, um nur einige hervorzuheben. Am bekanntesten ist wohl die Geschichte von Jakob dem Träumer, der auf einer Leiter, die bis zum Himmel reicht, die Engel Gottes auf- und niedersteigen sah (auf der Ikone ganz oben). In seinem großen Traum verknüpfte er den Segen seines Vaters mit der Erscheinung Gottes, der sprach: »Durch dich und deine Nachkommen werden alle Geschlechter der Erde Segen erlangen« (Genesis 28). So wird eine individuelle Erfahrung im Traum des Jakob ausgeweitet in alle Himmelsrichtungen und wird bedeutsam für die ganze Gemeinschaft. Eine ähnliche kollektive Bedeutung erhalten die Träume in der sprichwörtlichen Weisheit des Salomo (auf der Ikone unten rechts). In seinem Inkubationstraum bat er um Weisheit und er bekam ein weises und verständiges Herz (1. Könige 3,12). Schließlich sei noch der Prophet Daniel genannt (im Lebensbaum zweites Feld links), der während der Zeit des Babylonischen Exils durch seine trefflichen Traumdeutungen die geistige Situation seiner Zeit erhellte.

Wenn Sie, verehrte Leserinnen und Leser, mit Hilfe des Lebensbaumes Ihre spirituellen Erfahrungen und Träume ebenfalls mit dieser Landkarte der Seele deuten möchten, so empfehle ich Ihnen dazu mein Buch: *Heilkräfte im Lebensbaum.*

Persönlicher Dank an Renate Senk, die mir diese Ikone aus dem St.-Georg-Kloster bei Jericho mitbrachte!

schen auch der Grund dafür zu sein, daß sie in den ersten Wochen oder Monaten nach einem Todesfall von dem Verstorbenen in der Weise träumen, daß er oder sie wie früher im alltäglichen Leben ganz realistisch anwesend zu sein scheint. Nach meinen Erfahrungen dürfte es in den meisten Fällen nicht zutreffend sein, derartige Traumbilder lediglich als Verdrängung oder als Verleugnung zu deuten. Statt dessen möchte ich auf die eingangs genannte Definition der Symbole als seelische Filter zurückgreifen. In meinen zahlreichen Traumseminaren und Workshops hatten mir zahlreiche Menschen berichtet, wie tröstlich und hilfreich derartige Träume auf sie gewirkt hatten. Während sie am Tage trauerten und vor dem Einschlafen weinten, träumten sie schöne Erfahrungen mit dem Verstorbenen und fühlten sich dabei so glücklich wie einst im Leben mit dem Toten. Es gilt als sehr wahrscheinlich, daß die kompensatorische Funktion der Seele bereits in dieser ersten Phase der Trauerarbeit durch die Erinnerungen in den Träumen einen seelischen Ausgleich bewirkt und damit gegenwärtig zugleich Ressourcen (Hilfsquellen) zur Bewältigung des gegenwärtigen Lebens eröffnet. Während das Bewußtsein der Trauernden den Tod als Katastrophe empfindet, scheint das Unbewußte den Tod als die andere Seite des Lebens zu akzeptieren und durch überwiegend positive Traumbilder zum weiteren Leben zu motivieren.

Die zweite Phase der Trauerarbeit ist nach der genannten Fachliteratur durch aufbrechende Emotionen wie Angstgefühle, Ruhelosigkeit, Wut und Schuldgefühle über ungeklärte und unbereinigte Probleme gekennzeichnet. Die genannten aufbrechenden Emotionen kommen häufig in den Träumen gar nicht in dieser Stärke zum Durchbruch. In dieser zweiten Phase verhelfen die Traumbilder vielmehr zum Akzeptieren des Todes und zeigen eine innere Distanzierung an. So träumte ich zum Beispiel nach dem Tod meiner Mutter im Jahre 1983, daß ich sie in ihrem geliebten Garten zwischen den Blumen sah und zu ihr eilen wollte, um sie zu begrüßen und zu umarmen. Doch eine gläserne Wand zwischen uns verhinderte die unmittelbare Beziehung. Ich konnte im Traum meine Mutter ganz realistisch sehen, aber eine persönliche Begegnung wurde durch die Glaswand verhindert. Zahlreiche Träumerinnen berichteten mir entsprechende Symbole, indem sie einen lieben Verstorbenen auf der anderen Seite eines Flusses sahen oder daß eine tiefe Schlucht zwischen ihnen klaffte, so daß kein Hinüber und Herüber möglich wurde. In derartigen Träumen erscheinen kollektive Symbole, wie sie uns auch in dem biblischen Beispiel und Gleichnis vom reichen Mann und vom armen Lazarus überliefert sind. Dort heißt es, daß zwischen den Lebenden und den Toten »ein tiefer, unüberwindlicher Abgrund sei, so daß niemand von hier zu euch oder von dort zu uns kommen kann, selbst wenn er wollte.«[130] Der griechische Urtext dieser Bibelstelle verwendet den Begriff »Chasma«, der diesen unüberwindlichen Abgrund zwischen Lebenden und Verstorbenen als eine unüberwindliche Kluft oder als unüberbrückbaren Zwischenraum zwischen Abraham und dem reichen Mann beschreibt[131]. Derartige kollektive Urbilder haben eine tiefe überzeugende Wirkung auf das Bewußtsein und helfen den Trauernden den Verlust nicht nur rational zu akzeptieren, sondern im Einklang mit einem Urbild zu realisieren.

Die dritte Phase des Trauerprozesses ist nach der genannten Fachliteratur dadurch gekennzeichnet, daß der Verstorbene und die Erfahrungen mit ihm schließlich als Aspekte von sich selbst zu sehen sind. Was der Tote uns einst im Leben bedeutet hat und was wir mit ihm erlebt haben, kann oder sollte in dieser Phase ins eigene Leben integriert werden. Die Empfindungen und Gefühle sowie Erinnerungen, die man in den beiden ersten Phasen noch auf den Verstorbenen projiziert hat, gilt es jetzt in das eigene Leben zu integrieren und als hilfreiche Lebensenergien zu aktivieren. Für diese Prozesse verwenden die Träume folgende Bilder, Symbole oder Rituale. Leonie, eine damals 70jährige, berichtete dazu: »Nach dem Tod des Vaters war der Schmerz zunächst so groß, daß ich keine Träne weinen konnte. Es vergingen Monate, bis sich dieser Krampf löste. In dieser Zeit besuchte ich Vater nahezu jeden Tag auf dem Friedhof. Langsam begann ich zu spüren, daß ich auf dem Heimweg nicht mehr so niedergeschlagen war wie auf dem Hinweg. Später bin ich oft getröstet vom Friedhof heimgekehrt. Wenn ich am Grab des Vaters verweilte, begann ich ein stilles Zwiegespräch mit ihm. Ich erinnerte mich an bestimmte Gespräche mit ihm und sah viele Lebenssituationen wie im Traum vor mir. Dabei hatte ich oft den Eindruck, daß ich vom Vater einen Rat und Hilfe bekomme. Nach einigen Monaten erlebte ich, daß ich gar nicht mehr zum Friedhof hingehen mußte, sondern mit dem Vater auch zu Hause sprechen konnte. Besonders mein Geschäftsleben konnte ich mit ihm teilen. Oft hatte ich den Eindruck, daß Vater wie ein Schutzengel neben mir stand und mich führte. In dieser Zeit fragte ich den Vater oft: ›Wie soll ich's machen? Was meinst du?‹ Heute habe ich den Vater oder das Vaterbild in meiner Seele integriert. Für mich ist Vater jetzt eine innere Figur und eine Kraft geworden, die mich begleitet. In kritischen Situationen weiß ich, wie ich vorgehen muß. Ich lasse mich von Geschäftspartnern und anderen Leuten nicht mehr in bestimmte Schwierigkeiten hineinmanövrieren. Durch Vater bin ich vorsichtig geworden und sehe künftige Dinge vor mir. Der Rat und die Hilfe, die ich früher vom Vater erbat, ist mit zunehmenden Lebensalter ein Teil von mir selbst geworden. Ich bin inzwischen älter und reifer geworden und verwirkliche jetzt aus mir heraus das, was ich früher vom verstorbenen Vater erwartete.«[132]

Andere Menschen berichteten von eindrucksvollen geträumten Ritualen, indem sie mit einem Verstorbenen zusammen am Tisch saßen und fröhlich zusammen aßen und tranken.

Die vierte Phase schließlich, die nach meinen Forschungen und Erfahrungen meistens nach zwei, drei oder mehr Jahren wirksam wird, ist dadurch gekennzeichnet, daß uns die Verstorbenen verklärt erscheinen. In ihrer idealen und wahrscheinlich auch wahren Gestalt erscheinen sie jünger, schöner und heiler, als man sie jemals im Leben erlebt hat. In ihrem erlösten Erscheinungsbild treten sie so auf, wie Gott sie einst gemeint hat, obwohl sie in ihrem realen Leben diese Gestalt nicht realisieren konnten. Nach meiner Erfahrung wäre es nicht angemessen, diese Erscheinung als Idealisierung zu bezeichnen. In spiritueller Sicht könnte gesagt werden, daß in dieser heilen und schönen Erscheinung der zu Lebzeiten verborgene Engel oder Schutzengel dieses Menschen sichtbar wird. Derartige Erscheinungen haben eine besonders tröstende und heilende Wirkung auf die trauernden Hinterbliebenen. Theologisch gesprochen würde ich das Widerfahrnis dieser besonderen Energien als Segen bezeichnen[133]. Einige Träumerinnen und Träumer brachten derartige Erscheinungen ihrer Verstorbenen in Verbindung mit den Erscheinungen des auferstandenen Christus[134]. Ähnlich wie der auferstandene Christus vor seiner Himmelfahrt die hinterbliebenen Jünger und Jüngerinnen segnete[135], so können schließlich in dieser zeitlosen Phase unsere Verstorbenen uns positive Lebensimpulse und gute Lebensenergien vermitteln. Damit dies geschehen kann, sollten wir im Leben und nach dem Tod mit ihnen versöhnt sein, damit der Segen und die gute Lebensenergie nicht gehemmt oder blockiert werden.

Im Zusammenhang aus dieser Trauerarbeit möchte ich noch auf die tröstende Funktion der Musik hinweisen sowie auf meditative Texte und Gebete in meinem Buch *Den Tod annehmen*[136].

Wahrträume von zukünftigen Ereignissen

Zum Phänomen der kollektiven Träume gehören insbesondere die Wahrträume von kommenden Ereignissen. In allen Kulturen mit einer Traumkultur und insbesondere im Altertum wurde den Wahrträumen größere Bedeutung beigemessen; man sieht darin zukünftige Ereignisse vorweggenommen und sich dadurch auf das Kommende einstellen und vorbereiten. Seit es jedoch in der westlichen Welt und unserem Land keine Traumkultur mehr gibt, und seit der Aufklärung das rationale Denken die Oberhand gewonnen hat, sind im öffentlichen Bewußtsein nicht nur die Träume fast ganz allgemein, sondern auch die Wahrträume in Vergessenheit geraten. In meinen Traumseminaren jedoch erlebe ich immer wieder, wie die Träumerinnen und Träumer eindrucksvolle Wahrträume erzählen.

Dazu einige Beispiele:

Einer der spektakulärsten Wahrträume ist der vorausgeträumte Tod des Präsidenten Abraham Lincoln, der am 14. April 1865 von John Wilkes Booth durch einen Kopfschuß ermordet wurde. Aufgezeichnet wurde dieser Traum von Ward Hill Lamon, dem Polizeichef des District of Columbia, der anwesend war, als Abraham Lincoln im Weißen Haus einer Gruppe von Freunden den Traum erzählte, den er einige Tage zuvor geträumt hatte[137].

»Vor etwa zehn Tagen ging ich sehr spät zu Bett. Ich hatte auf wichtige Akten gewartet. Bald begann ich zu träumen. Todesstarre schien mich zu umfangen. Ich hörte unterdrücktes Schluchzen, als weinten mehrere Personen. Traumverloren verließ ich das Bett und ging die Treppe hinunter.

Auch hier wurde die Stille von ähnlichem Schluchzen unterbrochen, doch die Leidtragenden waren unsichtbar. Ich schritt von Zimmer zu Zimmer. Niemand war zu sehen, und die Klagen strömten mir zu, während ich ging.

Die Räume waren erleuchtet, die Gegenstände waren mir vertraut, doch wo waren diese Menschen, deren Herzen vor Kummer auf der Stelle zu brechen schienen?

Verwirrung und Verstörung überfielen mich. Was bedeutete all das? Entschlossen, die Ursache eines so schockierenden und geheimnisvollen Standes der Dinge zu finden, ging ich bis zum Ost-Saal weiter. Hier erwartete mich eine verwirrende Überraschung. Auf einem Katafalk lag ein mit Trauerkleidern geschmückter Leichnam. Ringsum Wachsoldaten, und eine Menschenmenge, die den ruhenden Leib, dessen Gesicht von einem Stück Leinen verdeckt war, mit traurigen Mienen betrachtete. Andere weinten tief erschüttert.

›Wer im Weißen Haus ist gestorben?‹ fragte ich einen der Soldaten.

›Der Präsident‹, antwortete er. ›Er fiel einem Mörder zum Opfer.‹«

Aus unserer heutigen Distanz heraus wird manche kritische Leserin und mancher kritische Leser vielleicht fragen, warum der Präsident denn nicht alles unternommen hat, um diesem Attentat aus dem Wege zu gehen? Dazu kann ich nur einige spekulative Antworten geben. Viele Menschen nehmen derartige Wahrträume nicht ernst genug, um der Bedrohung aus dem Weg zu gehen. Ob eine ähnliche Einstellung beim Präsidenten Lincoln vorlag, kann nicht gesagt werden. Vielleicht war er auch derart seinem Schicksal ergeben, daß er überzeugt war, einem Attentat nicht entgehen zu können. Eine derartige Einstellung und Haltung habe ich einige Male mit meinen Klienten erlebt, die dann tatsächlich so ums Leben kamen, wie sie es im Traum vorausgesehen haben. So berichtete mir eine Seminarteilnehmerin von dem Alptraum einer Freundin, die geträumt habe, in einem brennenden Auto ums Leben zu kommen. Einige Tage später ereignete sich der Verkehrsunfall, so wie er im Traum vorausgesehen worden war, und die Freundin kam in ihrem brennenden Auto tatsächlich ums Leben.

Das geträumte Vorauswissen ereignet sich häufig in Grenzsituationen des Lebens, bei Krankheiten, Attentaten oder bei nahendem Tod. So hatte ich selbst im Frühjahr des Jahres 1975 zwölf Tage vor dem unerwarteten Tod meines Vaters in Norddeutschland den beschriebenen Traum (siehe S. 124).

Als nächstes möchte ich den Wahrtraum des Großvaters von Johann Wolfgang von Goethe mitteilen, den er in *Dichtung und Wahrheit* schildert:

»Was die Ehrfurcht, die wir für diesen ehrwürdigen Greis empfanden, bis zum Höchsten steigerte, war die Überzeugung, daß derselbe die Gabe der Weissagung besitze, besonders in Dingen, die ihn und sein Schicksal betrafen. Zwar ließ er sich gegen niemand als gegen die Großmutter entschieden und umständlich aus, aber wir wußten doch, daß er durch bedeutende Träume von dem, was sich ereignen sollte, unterrichtet wurde. So versicherte er zum Beispiel seiner Gattin zur Zeit, als er noch unter die jüngeren Ratsherren gehörte, daß er bei der nächsten Vakanz auf der Schöffenbank zu der erledigten Stelle gelangen werde. Und als wirklich bald darauf einer der Schöffen, vom Schlage gerührt, verstarb, verordnete er am Tage der Wahl und Kugelung, daß zu Hause im stillen alles zum Empfang der Gäste und Gratulanten solle eingerichtet werden. Und die entscheidende goldene Kugel wurde wirklich für ihn gezogen! Den einfachen Traum, der ihn hiervon belehrte, vertraute er seiner Gattin folgendermaßen an: Er habe sich in voller gewöhnlicher Ratsversammlung gesehen, wo alles nach hergebrachter Weise vorgegangen. Auf einmal habe sich der verstorbene Schöffe von seinem Sitze erhoben, sei herabgestiegen und habe ihm auf eine verbindliche Art das Kompliment gemacht, er möge den verlassenen Platz einnehmen, und sei darauf zur Tür hinausgegangen.«

Nach meinen Forschungen zu Traum-Präkognitionen verhält es sich so, daß eine derartige übersinnliche Begabung häufig von den Eltern und insbesondere von den Großeltern »geerbt« wird. Diese Erfahrung kann ich auch persönlich bezeugen, indem ich meine Begabung zum Umgang mit Träumen meiner Mutter und meinem Großvater väterlicherseits verdanke. Nach meiner Sicht läßt sich Goethes Begabung für den kreativen Umgang mit Träumen aus seiner Herkunftsfamilie ableiten. Aus Anlaß des zweihundertfünfzigsten Geburtstages des Dichters habe ich mich ausführlicher mit seiner Einstellung und Erfahrungen mit Träumen beschäftigt. Nach seinen persönlichen Selbstzeugnissen waren die Sturm- und Drangjahre mit den ersten erfolgreichen Veröffentlichungen, z. B. *Die Leiden des jungen Werthers,* und zahlreiche spätere Dramen und Gedichte inspiriert von regelmäßigen Träumen. Über die schöpferischen Impulse durch Träume berichtet Goethe in den letzten Jahren in Frankfurt zwischen 1773–1775 folgendes: »Mein produktives Talent ... verließ mich seit einigen Jahren keinen Augenblick; was ich wachend am Tage gewahr wurde, bildete sich sogar öfters in regelmäßige Träume, und wie ich die Augen auftat, erschien entweder ein wunderliches neues Ganze oder der Teil eines schon vorhandenen. Gewöhnlich schrieb ich alles zur frühesten Tageszeit; aber auch abends, ja tief in die Nacht, wenn Wein und Geselligkeit die Lebensgeister erhöhten, konnte man von mir fordern, was man wollte.«[138] Auch in seiner großen Schaffensphase in Weimar hatte Goethe die Gewohnheit, seine Träume zu erzählen und sie im Freundeskreis auslegen zu lassen, insbesondere von Friedrich Schiller[139]. Für Goethe gehörten die Träume zur schöpferischen Seite der menschlichen Natur, und er bemerkt darüber gegen Ende seines Lebens zu Eckermann: »Es liegen in der menschlichen Natur wunderbare Kräfte, und eben wenn wir es am wenigsten hoffen, hat sie etwas Gutes für uns in Bereitschaft. Ich habe in meinem Leben Zeiten gehabt, wo ich mit Tränen einschlief, aber in meinen T r ä u - m e n kamen mir die lieblichsten Gestalten, mich zu trösten und zu beglücken, und ich stand am anderen Morgen wieder frisch und froh auf den Füßen.«[140] Wenn wir die Kunst und die Dichtung einmal als kollektive Träume anschauen, erscheint es mir nur folgerichtig, daß Goethe auch in seinem bekanntesten Werk, dem *Faust*, dem Traum einen Platz (in der Walpurgisnacht) einräumt und dichtet:

> »In die Traum- und Zaubersphäre
> Sind wir, scheint es eingegangen
> Für uns gut und mach Dir Ehre,
> Daß wir vorwärts bald gelangen
> In den weiten öden Räumen!«

Durch die Mitwirkung in einer Traumsendung von Jürgen Fliege[141] bin ich dazu angeregt worden, mich mit dem Wahrtraum über den Tod von König Ludwig II. von Bayern (1864–1886) am 13. Juni 1886 im Starnberger See genauer zu befassen. Der Psychiater Dr. med. Bernhard Aloys von Gudden, der zusammen mit dem König an dem genannten Tag im See den Tod fand, hatte zuvor seiner Frau den folgenden Wahrtraum erzählt: Er habe mit einem Manne im Wasser um sein Leben gekämpft. Dieser Wahrtraum wurde 1934 vom Fürsten Philipp zu Eulenburg-Hertefeld veröffentlicht und in dem Kapitel »Das Ende Ludwigs II.« folgendes ausgeführt: »Gudden stand unter dem starken Eindruck eines Traumes, durch den er in der letzten Nacht (vom 12. zum 13. Juni 1886) gequält worden war. Er schlief in dieser Nacht in seinem Münchner Haus, nachdem er mit mir aus Schwanstein zurückgekehrt war. Er war bleich und verstört des Morgens zum Frühstück gekommen. Seine Frau fragte ihn, was ihm sei, und er antwortete, daß ein törichter Traum ihm die Nachtruhe geraubt habe. Er sei unaufhörlich im Kampfe mit einem Manne im Wasser gewesen. Sie hätten fürchterlich miteinander gerungen.«[142]

Auch in diesem Beispiel begegnen wir wieder dem häufigen Vorurteil, daß es sich nur um einen »törichten Traum« gehandelt habe.

Trotz der psychosomatischen Reaktionen, mit denen der Psychiater morgens bleich und verstört zum Frühstück kam, wurden auch diese körperlichen Zeichen nicht beachtet.

Nicht immer müssen Wahrträume derartige spektakuläre Ereignisse und Schicksalsschläge zum Ausdruck bringen. Zum Abschluß berichte ich den Wahrtraum von einem ungeplanten Kauf eines Hauses, der Monate zuvor Details des Objektes im Traum beschrieb. Während ich an diesem Kapitel arbeitete, rief unerwartet Helga, eine 65jährige Studienrätin, die früher Physik und Mathematik unterrichtet hatte, an und berichtete folgenden Traum:

»Ich träume seit zwei Jahren wiederholt, daß ich mit Bernhard in eine andere, neue Wohnung umziehe. In einem dieser Träume geht es darum, daß wir eine 3-Zimmer-Wohnung bekommen. Vor dem Fenster war eine Loggia mit Blick auf eine Stadt und die Landschaft. Zwei große Räume waren schön und wohnlich eingerichtet, der dritte war ein Wirtschaftsraum. Bei uns war auch unsere Katze Kleo in der neuen Wohnung. Während wir rausgehen, treffe ich meine Schwägerin, die ein Haus aus Gebäck mitgebracht hat. Indem ich davon esse, spüre ich einen wunderbaren Wohlgeschmack, auch heute noch zwei Jahre danach.

Ein weiterer Traum am 27. Juli 2001. Ich suche mit Bernhard eine neue geräumigere Wohnung. Wir befinden uns in meinem ehemaligen Gymnasium, wo ich die Reifeprüfung machte. Wieder gelangen wir, wie im ersten Traum, in zwei große Räume. Der Boden ist uneben und steigt vom Fenster aus an. Ich weiß, daß man alles renovieren muß. Bernhard sagt, daß er 50 000 DM dazugeben kann, aber erst in einem Monat, weil seine Familie das Geld so lange noch brauche.

In einem weiteren Traum sehe ich, daß zu dem Haus eine große Scheune gehört. Der Hof wird durch einen Holzzaun abgeschlossen. Dahinter sind Bäume auf einer Wiese mit viel Gras.«

Lebensgeschichtlicher Kontext und reale Erfüllung des Wahrtraumes: Als Helga drei Tage nach dem letzten Traum von einer Reise heimkommt, wird ihr erzählt, daß ganz in der Nähe ein Haus mit Scheune verkauft wird, das weitgehend den Traumbildern entspricht. Schon seit längerem hatten sie ein derartiges Objekt mit Scheune gesucht, die sie ausbauen könnten. Als ihr Partner Bernhard dieses Angebot seinen Eltern erzählt, stellen sie ihm spontan einen Bausparvertrag über 50 000 DM in Aussicht. Eine weitere Übereinstimmung zwischen Traum und realem Objekt besteht darin, daß der Boden der Scheune, die zu diesem Haus gehört, tatsächlich so abfällt, wie Helga es im Traum gesehen hat. Damit eine ebene Fläche hergestellt wird, muß die Schräge bei der Renovierung mit Beton aufgefüllt werden. Auch das Traummotiv, daß die neue Wohnung Helga gehöre, entspricht der Realität, daß sie ihr Erbe in dieses Objekt investieren werden.

Auch weitere konkrete Details ihres Traumes haben sich bewahrheitet, denn die mögliche Raumaufteilung wird so gestaltet, wie sie geträumt wurde. Aufgrund des spontan gekauften Hauses hatte sich außerdem ergeben, daß Helga und Bernhard nach ihrer siebzehnjährigen Lebensgemeinschaft standesamtlich und kirchlich aus steuerlichen und erbrechtlichen Gründen heiraten werden. Schließlich erzählte Helga noch von ihrer Begeisterung, wie sie durch die Vorausschau in den Träumen besondern motiviert sei, alle Anträge bei den Behörden in der Zuversicht zu stellen, daß alles genehmigt und daß sie sogar mit Einverständnis des Architekten die Bauleitung übernehmen werde. Sie habe zusammen mit Bernhard so richtig Geschmack an dem neuen Objekt gefunden, so wie im Traum das gebackene Haus einen wunderbaren Wohlgeschmack hatte.

Die kollektive Dimension der Seele

Kollektive Bindungen und Verstrickungen in der Ahnenreihe

In den bisherigen Ausführungen und Kapiteln wurde in vielfältiger Weise versucht, die individuellen Erfahrungen mit großen Träumen und die darin in Erscheinung tretenden Symbole, die von kollektiver Bedeutung sind, in einem größeren Zusammenhang zu sehen und diesen aufzuzeigen. In den folgenden Ausführungen geht es nun um das Fortwirken von seelischen Prozessen in einer Mehr-Generationen-Perspektive, die seit längerem in der soziologischen Familienforschung und in der systemischen Familientherapie untersucht und ausgewertet wird. Nach meinen Erfahrungen sind auch die Träume in dieser Mehrgenerationsperspektive hilfreich, weil sich in ihnen die ungelösten Konflikte der Generationen widerspiegeln und auf eine Lösung drängen. Diese kollektiven Prozesse, die das Leben des Individuums beeinträchtigen, wollen wir jetzt in mehrfacher Hinsicht untersuchen. Wir beginnen mit dem Segen und dem Fluch in der Ahnenreihe. Ferner zeigt der bekannte Heidelberger Familientherapeut Helm Stierlin an dem tragischen Lebensschicksal von Franz Kafka dessen unauflösbare Bindungen an die Mutter, den Vater und seine jüdischen Vorfahren. Zum tieferen Verständnis unseres Themas ist es hilfreich, das eine oder andere Werk Kafkas nochmals zu lesen und dabei auf die Bedeutung der Träume und die Verstrickungen im Familiensystem von Kafka zu achten.

Wir Menschen sind durch unsere Erbanlagen in eine lange Ahnenreihe eingebunden und haben durch die Gene Anteil am Segen und Fluch unserer Vorfahren. Segen meint hier in unserem Zusammenhang die Summe aller positiven Lebenskeime und Lebensenergien, die uns zu dem werden lassen, was in der DNA durch die Erbanlagen in uns schlummert. Mit dem Begriff »Fluch« werden hier im tiefenpsychologischen Sinne alle persönlich erworbenen und vererbten ungelösten Konflikte verstanden, die sich in einer Vielzahl von Neurosen und seelischen Schwierigkeiten bemerkbar machen können.

Eine Veranschaulichung dieser langen Ahnenreihe bildet das Modell Jolande Jacobis (siehe unten) über die Entwicklungsreihe des Archetypos des Weiblichen. Die Abfolge der Buchstaben M–K zeigt den menschlichen Lebenskontext und die geschichtliche Einbindung in die Ahnenreihe. In der weiteren Folge sind dann Übergänge in das Tierreich ersichtlich, dessen embryonale Entwicklungsstadien bis etwa zur 18. Woche der Schwangerschaft auch eines menschlichen Embryos entsprechen. Dann jedoch entscheidet der genetische Code über alle Einzelheiten der individuellen Entwicklung des jeweiligen Menschen. Nach dem Modell erscheinen dann in der Entwicklungsreihe alle Gestalten und Symbole, die vermutlich in der Menschheitsgeschichte als weiblich erlebt wurden. Die im kollektiven Unbewußten gespeicherten Erfahrungen mit dem Mütterlichen und dem Weiblichen erscheinen dann in den Träumen in der genannten Gestalt. Ein weiteres Modell zeigt uns, wie das Individuum wie die Spitze eines Eisberges herausragt aus der Einbindung in die Sippe oder die Nation in die Menschenwelt und darüber hinaus in die animalische und vegetative Welt[143]. Nach diesen Modellvorstellungen aus der Tiefenpsychologie C. G. Jungs wenden wir uns jetzt den Erkenntnissen und Forschungen der Familientherapie zu.

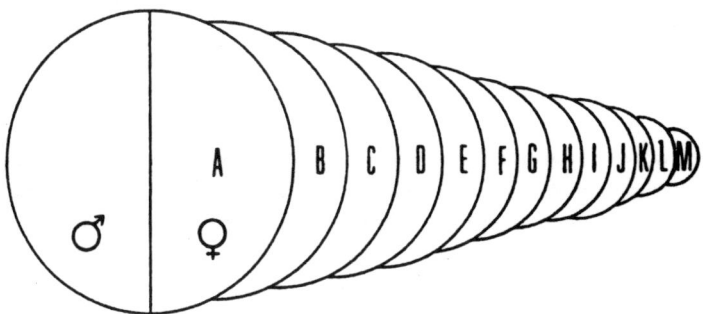

Die Entwicklungen des »Archetypus des Weiblichen«

♂ ♀ = die zwei Sphären des Urbeginns, den man sich als »doppelgeschlechtlich« vorstellen könnte:
♂ = der Archetypus des Männlichen
♀ = der Archetypus des Weiblichen
A = die Nacht, der unbewußte Bereich, das Empfangende usw.
B = das Meer, das Wasser usw.

C	=	die Erde, der Berg usw.
D	=	der Wald, das Tal usw.
E	=	die Höhle, die Unterwelt, die Tiefe usw.
F	=	der Drache, der Wal, die Spinne usw.
G	=	die Hexe, die Fee, die göttliche Jungfrau, die Märchenprinzessin usw.
H	=	das Haus, die Kiste, der Korb usw.
I	=	die Rose, die Tulpe, die Pflaume usw.
J	=	die Kuh, die Katze usw.
K	=	die Urahne
L	=	die Großmutter
M	=	die eigene Mutter. (Ihr Bild muß von den hinter ihr stehenden Archetypen getrennt werden, damit sie als Mensch, der man selber ist, empfunden werden kann.)

Aus: J. Jacobi, Die Psychologie C. G. Jungs, a. a. O., S. 66

Die Mehrgenerationenperspektive in der Familientherapie

Nach vielfältigen Erfahrungen in der Familientherapie erweisen sich die Interaktionsmuster in der gegenwärtigen Familie häufig vorgeformt und geprägt in den Herkunftsfamilien der Eltern und deren Vorfahren. Dazu schreiben Simon und Stierlin: »Physische, emotionale und soziale Dysfunktion läßt sich somit als Ausdruck und Folge einer Problematik verstehen, die über etliche Generationen hinweg entwickelt und weitergereicht wurde und wird (...). Bestimmte Systemregeln und Wertvorstellungen haben sich im Laufe der Generationen überschreitenden Entwicklung herausgebildet. In einer aktuellen Situation resultieren sie in Konflikten, Spannungen und Überforderungen, die nunmehr zu Symptomen Anlaß geben. Vor diesem Hintergrund erscheint die Einbeziehung der Großelterngeneration in die Therapie oft sinnvoll, sei es aus diagnostischen Gründen, sei es, um Mehrgenerationenmuster zu verändern.«[144] Der Familientherapeut Boszörmenyi-Nagy und seine Mitarbeiter untersuchen vor allem die Weise, wie über mehrere Generationen hinweg »Loyalitätsbindungen und Verdienstkonten entstehen, sich verändern und weitergereicht werden. Bei Hinzuziehung der Großeltern verdeutlichen sich Loyalitätsverstrickungen und zeigen sich Wege, konstruktiv damit umzugehen. Eltern, die ihr Kind z. B. ersatzweise benutzen, um das unbeglichene Konto mit den Eltern zu bereinigen, geben bei dem

Kinde Anlaß zu Ansprüchen, die dieses seinerseits bei seinen Kindern einzutreiben versucht.«[145]

Der Familientherapeut Helm Stierlin zeigt an dem tragischen Lebensschicksal von Franz Kafka drei Aspekte von Abhängigkeiten und Bindungen:

- neurotische Abhängigkeiten von der Mutter und seinen drei Schwestern
- haßerfüllte Verstrickungen mit dem autoritären Vater
- unauflösbare Bindungen und Loyalitätskonflikte mit seinen Arbeitsbedingungen, der damaligen Gesellschaft und seinen jüdischen Vorfahren.

Stierlin diagnostiziert, daß Kafka auf allen drei Ebenen in einer unlösbaren und unentrinnbaren Verstrickung lebte. »Jeder Versuch der Selbstbehauptung mußte deshalb eine massive Ausbruchsschuld auslösen, die ihn auf immer im Spannungsfeld von Verzweiflung, Selbstbestrafung und Selbstvorwürfen gefangen hielt. Es kann nicht verwundern, daß Kafka niemals heiraten konnte, da die Ehe ihm zwar die ehrbarste Unabhängigkeit verhieß, aber gleichzeitig die tödlichste Bedrohung darstellte.«[146]

Der Konflikt mit dem Vater und die Sehnsucht, von ihm anerkannt und geliebt zu werden, spiegelt sich in dem folgenden Traum:

»Ich fuhr mit meinem Vater durch Berlin in der Elektrischen. Das großstädtische war vorgestellt von unzähligen regelmäßig aufrecht stehenden zweifarbig gestrichenen, am Ende stumpf abgeglätteten Schlagbäumen. Sonst war alles fast leer, aber das Gedränge dieser Schlagbäume war groß. Wir kamen vor ein Tor, stiegen ohne es zu fühlen aus, traten durch das Tor ein. Hinter dem Tor stieg eine sehr steile Wand aufwärts, die mein Vater fast tanzend erstieg. Die Beine flogen ihm dabei, so leicht wurde es ihm. Es lag sicher auch einige Rücksichtslosigkeit darin, daß er mir gar nicht half, denn ich kam nur mit der äußersten Mühe, auf allen Vieren, häufig wieder zurückrutschend, hinauf, als sei die Wand unter mir steiler geworden. Peinlich war dabei auch, daß sie mit Menschendreck bedeckt war, so daß mir Flocken davon, vor allem auf der Brust, hängen blieben. Ich sah sie mit geneigtem Gesicht an und fuhr mit der Hand darüber hin. Als ich endlich oben war, flog mir gleich mein Vater, der schon aus dem Inneren eines Gebäudes kam, an den Hals und küßte und drückte mich.«[147]

Kafka war zu jenem Zeitpunkt 28 Jahre alt und arbeitete als Jurist bei einer Versicherungsgesellschaft. Eindrucksvoll spiegelt der aus sich selbst heraus verständliche Traum die Minderwertigkeitskomplexe des Träumers gegenüber dem Vater. Es sollten noch 8 Jahre vergehen, bis Kafka nach ersten Erfolgen mit seinen Werken endlich mit 36 Jahren mit dem Vater abrechnete in dem bekannten Brief an den Vater, in dem es heißt:

»In deinem Lehnstuhl regiertest du die Welt. Deine Meinung war richtig, jede andere war verrückt, überspannt, meschugge, nicht normal. Dabei war Dein Selbstvertrauen so groß, daß Du gar nicht konsequent sein mußtest und doch nicht aufhörtest, recht zu haben. Es konnte auch vorkommen, daß Du in einer Sache gar keine Meinung hattest und infolge dessen alle Meinungen, die hinsichtlich der Sache überhaupt möglich waren, ohne Ausnahme falsch sein mußten. Du konntest z. B. auf die Tschechen schimpfen, dann auf die Deutschen, dann auf die Juden, und zwar nicht nur in Auswahl, sondern in jeder Hinsicht, und schließlich blieb niemand mehr übrig außer Dir. Du bekamst für mich das Rätselhafte, das alle Tyrannen haben, deren Recht auf ihrer Person, nicht auf dem Denken begründet ist. Wenigstens schien es mir so.«[148]

Empathisch fühlt sich Wilhelm Emrich in seinem Kommentar zu dem Brief in die tiefgründigen Verstrickungen zwischen Vater und Sohn ein; er schreibt:

»Der Sohn durchschaut das fatale Herrschaftsprinzip dieser letzten Instanz, entdeckt seine Widersprüche, Lügen, Inkonsequenzen und Unreinheit. Der Vater hält sich selbst nicht an seine eigenen Himmelsgebote. Der Vater ist selber schwach, hemmungslos, triebhaft, gequält, liebebedürftig, verlangt auszubrechen aus seinen eigenen Herrschaftsprinzipien, sucht Kontakt mit dem Sohn. Der aber, statt sich dem Vater zu öffnen, entzieht sich in jenes geschilderte absurde Zwischenreich von Demut und Hochmut, Unterwerfung und kritischer Überlegenheit, grenzenlosem Schuldgefühl und grenzenloser Verachtung des Partners. Der Prozeß wird zum ausweglosen Teufelskreis wechselseitiger Abhängigkeit und Kritik. Der rettende Durchbruch zur Liebe ist verstellt durch das männliche Prinzip selbst, dem beide ahnungslos und verblendet ausgeliefert bleiben.«[149]

Da die Werke von Franz Kafka viele autobiographische Züge tragen, eignen sich seine Schriften besonders zur Analyse unter familientherapeutischen Gesichtspunkten. Zu diesen Verstrickungen und unauflösbaren Bindungen schreibt Helm Stierlin:

»Kafkas Werke sind ein Zeugnis dieses unentrinnbaren Gebunden-
seins auf allen Ebenen. Es ist allgegenwärtig in der alptraumhaften
Szenerie des »Verhörs« und des »Schlosses«; es geht aus seinen Briefen
und Tagebüchern hervor; es ist ständig präsent in seinen Gesprächen
mit seinen Freunden. Ebenso durchdringt es seine berufliche Existenz
als Anwalt und Angestellter der Prager Versicherungsanstalt – ein ihm
verhaßtes bürokratisches Monster. Weil er Bürokratien für uner-
schütterlich hielt, konnte er nicht auf den Erfolg sozialer Revolution
hoffen. Im Hinblick auf die russische Revolution stellte er deshalb folgende Überlegung an: ›Je weiter sich eine Überschwemmung ausbreitet, um so seichter und trüber wird das Wasser. Die Revolution ver-
dampft und es bleibt nur der Schlamm einer neuen Bürokratie. Die
Fesseln der gequälten Menschheit sind aus Kanzleipapier.‹«[150]

Seelische Spätfolgen von Holocaust, Krieg und Diktatur

Auch die Thematik des Holocaust ist ein Beispiel für unbewußt wirk-
same transgenerationelle Prozesse.

Der Psychoanalytiker und Familientherapeut Horst-Eberhard
Richter berichtet in seinem Buch *Bedenken gegen Anpassung* (1995)
von den krankmachenden Spätfolgen bei Opfer- und Täterkindern
folgendes:

»Das Kind entwickelt allmählich ein ›falsches Selbst‹. Es liebt und haßt,
ohne daß die Motive aus ihm selbst kommen, kämpft um Dinge, die
ihm fremd sind, strebt nach Zielen, die fern von seinen eigenen
Bedürfnissen und Fähigkeiten liegen. Stärkere Kinder können sich
wehren. Nicht selten sind Neurosen, psychosoziale und psychosomatische Störungen Ausdruck solcher Kämpfe um Rettung von Autonomie. Schwächere Kinder oder solche, die exzessivem elterlichen
Rollenzwang ausgesetzt sind, erleben Freude, Enttäuschung, Scham
regelrecht als Teil ihres Vaters oder ihrer Mutter. Sie freuen sich, leiden,
schämen sich nicht für sich selbst, sondern für diese ... Sie verunglük-
ken in der Erfüllung mütterlicher Ängste, hassen sich für ihnen selbst
projektiv zugeteilte Eigenschaften, die sie gar nicht haben, oder genießen Erfolge nicht etwa als eigene Genugtuung, sondern stellvertretend
als Balsam auf die narzißtischen Wunden des Vaters oder der Mutter.
Die Opferbereitschaft zur Rettung der Elternfigur, Vorform des hero-
isch verklärten Opfermythos – wird hier vorgeformt.«[151]

Von ähnlichen Spätfolgen berichtet auch der Psychoanalytiker Tilmann Moser in seinem Buch *Die Wiederkehr des Dritten Reiches in der Psychotherapie*, das häufig erst jetzt, 50 Jahre nach Kriegsende und nationalsozialistischer Gewaltherrschaft, viele Patientinnen und Patienten der zweiten und dritten Generation über ihre Traumatisierung als Holocaust-Opfer sprechen können. Es geht in deren Psychotherapie um die verinnerlichten dämonischen Bilder von Hitler, Himmler und Goebbels und anderen Führern und Verführern, die einst idealisiert waren und die nach dem Ende ihrer Herrschaft als Vertreter des absoluten Bösen erscheinen. Die geistigen, seelischen und vor allem auch körperlichen Zerstörungen der Holocaust-Überlebenden und das unterschwellige und unbewußte Weiterwirken der seelischen Erstarrung und Empfindungslosigkeit führt in den folgenden Generationen häufig zu Schlafstörung, Reizbarkeit, Depressionen, Panik, psychosomatischen Beschwerden, Übererregung und vor allem auch fortwährenden Alpträumen, in denen die Wiederkehr der Schreckensherrschaft des Dritten Reiches Nacht für Nacht erlebt wird. Moser berichtet dazu einige Träume einer Lehrerin.

»Ich bin zusammen mit Freundinnen auf einer Wanderung... Einziger Wanderweg ist die Autobahn... Ich habe als einzigste kniehohe, knallgelbe Gummistiefel an, das ist mir peinlich. Wir sind schon eine weite Strecke gegangen, da bricht plötzlich die Autobahn vor uns auf und heraus quellen fast verweste und beinahe frische Leichen und versperren uns den Weg. Jetzt sind meine Gummistiefel praktisch, ich werde vorausgeschickt, aber ich rutsche auf einer glitschigen Leiche aus und kann mich gerade noch an einem herausragenden Sargdeckel festhalten. Da bin ich aufgewacht.«[152]

Ein anderer Traum führt noch deutlicher ins eigene Elternhaus:

»... ich stehe als fünfjähriges Mädchen vor dem Kellereingang... Die Türe wird von einer Art lebendigem Leichnam blockiert. Er sitzt da und rührt sich nicht, aber er kontrolliert das ganze Haus. Er sagt mir, was ich tun soll, und teilt mir gleichzeitig mit, daß ich das nie schaffen werde. Ich darf nicht weggehen, es sei denn, ich mache, was der hagere Mann befiehlt...«

Und sie fährt fort mit einem Bericht über die Ausweitung des Traums ins Alltagsbewußtsein, das nahezu psychotisch wird:

»Alles in allem bin ich über zwei Jahre vor dem Keller gestanden. Ich habe den Traum wieder und wieder geträumt, und dabei blieb es nicht. Ich

144

habe den Mann auch am Tag gesehen: Er saß, ein lebendes Phantom, morgens vor meiner Zimmertür, er blockierte die Küche und grinste mich vor der Garage an, wenn ich am Abend nach Hause kam.«

Moser belegt aus seiner Psychotherapie mit einigen dramatischen Stundenprotokollen die Nachwirkungen bis in die dritte Generation und kommt schließlich zu der Schlußfolgerung: »Möglicherweise ist der neue Rechtsradikalismus eine solche Eruption aus verschütteten Deponien im nicht-öffentlichen kollektiven Seelenhaushalt.«[153] Sollte es bei derartigen seelischen Spätfolgen im kollektiven Familiengedächtnis und im kollektiven Unbewußten eines Volkes nicht zu denken geben, wenn in der Gegenwart mit größtem Eifer an der Genforschung gearbeitet wird, während die Vergangenheit noch lange nicht aufgearbeitet ist?

Das Zellgedächtnis und Wirkungen von Imagination

Wie kann eine Kommunikation geschehen zwischen der mikroskopisch kleinen Welt unserer Zellen, den Genen mit den komplexen Informationen für unsere Organe, die Entwicklungsprozesse unseres Lebens einerseits und unserem rationalen Bewußtsein mit den vielfältigen Gedanken und Willensimpulsen andererseits? Könnten die Träume vielleicht eine Brücke zwischen den genannten Bereichen bilden? Während ich mir darüber Gedanken machte, fiel mir zufällig das Buch *Herzensfremd* von Claire Sylvia in die Hand. In diesem spannend zu lesenden Buch berichtet die Autorin, wie sie aufgrund einer lebensbedrohlichen Lungenschwäche zu einer komplizierten Herz-Lungen-Transplantation gezwungen wurde. Sie erhält die Organe eines 18jährigen Mannes, dem Opfer eines Motorradunfalls. Gleich nach dem Aufwachen aus der Narkose spürt Claire, daß etwas anderes in ihrem Körper und in ihren seelischen Wahrnehmungen spürbar wird. Es hat nicht nur damit zu tun, daß sie zum ersten Mal nach langer Zeit frei atmen kann. Sie hat vielmehr das Gefühl, daß etwas – oder jemand – tief in ihrem Inneren plötzlich in ihr Lebensgefühl eingreift. Lassen wir dazu Claire selbst zu Wort kommen: »Vor einigen Jahren litt ich an einer seltenen, tödlichen Krankheit, und als ich schon im Sterben lag, sägte man mir den Brustkorb auf und schnitt mir das Herz und die Lunge heraus. In einem letzten Versuch, mir das Leben zu retten, verpflanzten die Ärzte in diesen ausgeweideten, hohlen Raum das Herz und die Lunge eines jungen Mannes, der kurz zuvor bei einem Motorradunfall umgekommen war. Seine Angehörigen hatten in einer Geste außerordentlicher Großmut eingewilligt, einem völlig fremden Menschen dieses kostbare und einzigartige Geschenk zu machen. Nur wenige Stunden nach dieser Entscheidung strömte mein Atem durch die Lunge dieses jungen Mannes, und sein Herz pumpte mein Blut mit nie gekannter Geschwindigkeit und Vitalität durch meinen Körper. Als ich nach der Operation aufwachte und ins Leben zurückkehrte, nahm ich an, daß ich endlich am Ziel meines Weges angelangt sei. In Wirklichkeit aber war dies erst der Anfang. Es dauerte nicht lange, und ich hatte das Gefühl, daß ich mehr erhalten hatte als einfach nur neue Körperteile. Ich begann mich zu fragen, ob das Herz und die Lunge so etwas wie ihre eigenen Vorlieben und Erinnerungen mitgebracht hatten. Ich hatte Träume und erlebte Veränderungen, die darauf hinzudeuten schienen, daß einige Wesenszüge und Charaktereigenschaften des Spenders nun in mir weiter existierten.«[154] Fünf Monate nach der Transplantation hatte Claire einen merkwürdigen Traum, in dem ihr ein junger Mann mit Namen Tim erschien, der sich nach späteren Nachforschungen als der Spender ihrer neuen Organe erweisen sollte. Dieser Traum lautet:

»Es ist ein warmer Sommertag. Ich stehe im Freien, irgendwo weit draußen, auf einer grasbestandenen Weide. Bei mir ist ein junger Mann mit rotblondem Haar; er ist groß, mager und drahtig. Er heißt Tim, und ich meine, daß sein Nachname vielleicht Leighton ist, aber ich bin mir nicht sicher. Ich nenne ihn innerlich Tim L. Wir necken uns und sind gute Freunde. Für mich ist es Zeit, ihn zu verlassen, um bei einer Gruppe von turnenden Akrobaten mitzumachen. Ich beginne den schmalen Pfad hinabzugehen, fort von Tim. Plötzlich drehe ich mich um, weil ich fühle, daß zwischen uns noch etwas Unerledigtes ist. Ich kehre um, um ihm Lebewohl zu sagen. Tim sieht mich an, während ich auf ihn zugehe, und es scheint ihn zu freuen, daß ich wieder zu ihm zurückkomme. Wir küssen uns – und während wir dies tun, atme ich ihn in mich ein. Es fühlt sich an wie der tiefste Atemzug, den ich jemals getan habe. Und ich weiß im selben Moment, daß wir beide, Tim und ich, für immer vereint sein werden.«

Als ich aus dem Traum erwachte, war ich in einer großartigen Stimmung, belebt und erfrischt, als hätte ich tatsächlich eben den tiefsten Atemzug meines Lebens getan. Außerdem spürte ich, daß mein neues Herz und die Lunge nun wirklich zu mir gehörten. Lebhafte Träume sind für mich nichts Neues. Ich achte auf die Bilder, die mich heimsuchen, und notiere sie regelmäßig in meinem Tagebuch. Manche meiner Träume sind rätselhaft, undeutliche, komplizierte Puzzles, über die ich später noch lange nachgrübeln muß. Doch dieser gehört nicht dazu. Bis dahin hatte ich mein Herz und meine Lunge für etwas gehalten, das von einem anonymen Unbekannten stammte, einem fremden jungen Mann, über den ich nicht viel nachgedacht hatte. Aber nach diesem Traum hatte sich irgend etwas geändert. Ich wachte auf und wußte – es war ein wirkliches *Wissen* –, daß Tim L. mein Organspender war und daß jetzt etwas von seinem Geist und seiner Persönlichkeit in mir wohnte.[155]

Durch zahlreiche weitere Träume erfährt Claire viele Einzelheiten seines Lebens und seiner Gewohnheiten, die schließlich auch in ihrem persönlichen subjektiven Erleben immer spürbarer werden. In dem spannend zu lesenden Erfahrungsbericht gelingt es Claire später durch Nachforschungen über Todesanzeigen mit dem Wissen von dem geträumten Namen Tim tatsächlich den Organspender ausfindig zu machen und mit seiner Familie Kontakt aufzunehmen. Der Arzt Dr. Bernie Siegel bezeugt in seinem Vorwort zu dem genannten Buch die Wahrheit dieser außergewöhnlichen Geschichte und beschreibt Formen der Kommunikation zwischen Geist und Körper durch Träume und Meditation: »Claire wußte intuitiv, was viele Ärzte gerade erst zu verstehen beginnen – daß die Wiederherstellung der körperlichen Gesundheit erheblich gefördert werden kann, wenn wir die Kommunikationswege zwischen Geist und Körper öffnen. Zum einen läßt sich das mit Hilfe unserer Gefühle bewerkstelligen, indem wir uns durch negative Emotionen wie Haß und Neid durcharbeiten und uns positive Gefühle wie Liebe, Annahme und Vergebung zu eigen machen. Eine andere Methode ist die Visualisierung des in unserem Körper stattfindenden Gesundungsprozesses. Und auch das tat Claire. Unser Geist und unser Körper kommunizieren ständig miteinander, doch der größte Teil dieses Austauschs vollzieht sich auf der Ebene des Unbewußten. Aus diesem Grund rate ich Kranken oft, ihre Träume aufzuschreiben, denn da der Körper nicht sprechen kann, drückt er sich in Symbolen aus.«[156]

Auf der Suche nach Erklärungsmöglichkeiten für derartige außergewöhnliche Träume bis hin zu dem Namen des Organspenders stößt Claire schließlich auf den Begriff des Zellgedächtnisses. Ursprünglich wurde der Begriff im Hinblick auf das Immunsystem verwendet; unser Körper zum Beispiel hat noch Jahrzehnte nach einer Impfung gegen Kinderlähmung eine »Erinnerung« an das spezifische Antigen.

Der englische Wissenschaftler Rupert Sheldrake, der durch seine Theorie von den morphogenetischen Feldern bekannt geworden ist, erklärt die außergewöhnlichen Erfahrungen von Claire mit einem Erinnerungstransfer zwischen dem Individuum und den Mitmenschen.[157]

Andere Autoren nehmen eine geistige Verbindung zwischen Claire und Tim an, der die Organe gespendet hatte.

Schließlich zitiert Claire für ihre außergewöhnlichen Träume und Erfahrungen noch den Internisten Larry Dossey, der ihr folgendes schreibt:

»Für sehr viel wahrscheinlicher halte ich es, daß das Bewußtsein des Spenders fundamental mit dem Bewußtsein des Empfängers vereint ist, und da Sie dadurch in der Lage waren, Ihren Spender betreffende Informationen zu erlangen. Der Erhalt des Spenderherzens hat also nicht wirklich einen mechanischen Transfer von Erfahrungen zwischen zwei Personen verursacht, sondern eine bereits bestehende geistige Verbindung auf irgendeine Weise noch verstärkt. Befragungen zeigen, daß die meisten Menschen zumindest gelegentlich Phänomene wie Telepathie, Hellsehen und sechsten Sinn erleben. Und viele von uns haben Erlebnisse, die darauf hindeuten, daß unsere Geister tatsächlich vereint sind. Am beweiskräftigsten dafür sind Untersuchungen von Fernheilung und Gebete. In einem 1988 durchgeführten Experiment untersuchte Dr. Randolph Byrd die Wirkungen von Fürbitten an etwa 400 Herzpatienten auf der Herzstation im San Francisco General Hospital. Für die eine Hälfte der Patienten wurde gebetet, während die andere leer ausging. Es handelte sich dabei um eine Doppelblindstudie, d. h. keiner von den an dem Versuch Beteiligten wußte, für wen Gebete gesprochen wurden und für wen nicht. Als die Studie beendet war, ging es den Patienten, die Fürbitte erhalten hatten, im Durchschnitt besser als den übrigen. Wir gelangen allmählich zu einer Vorstellung vom Bewußtsein, die ich als ‹nonlocal mind› (ortsungebundener Geist) bezeichne – dasselbe, was unsere Vorfahren Weltgeist oder den Einen Geist nannten. Bei dieser Sicht ist der Geist nicht zeitlich oder örtlich begrenzt; er kann nicht lokalisiert oder auf individuelle Gehirne und Körper beschränkt werden, nicht einmal auf die Gegenwart. Auf irgendeiner Dimension des Bewußtseins sind wir alle zu einem einzigen geschlossenen Ganzen miteinander vereint. Doch den meisten Menschen ist die Vorstellung lieber, daß wir vereinzelte Individuen sind, die körperlich wie geistig von allen übrigen isoliert sind.«[158]

Archaische Weltbilder und das kollektive Unbewußte

In diesem Kapitel möchte ich den Versuch unternehmen, die archaischen Weltbilder des Schamanismus und der Aborigines in Beziehung zu setzen zu den tiefenpsychologischen Vorstellungen eines kollektiven Unbewußten nach C. G. Jung, meinem verehrten Lehrmeister. Bevor ich auf die angesprochenen archaischen Weltbilder in ihrer Beziehung zum kollektiven Unbewußten eingehe, möchte ich die gegenwärtige Globalisierung in unserer westlichen Gesellschaft und Wirtschaft in Beziehung setzen zu dem Einfluß des kollektiven Unbewußten.

Anläßlich des Eintritts in ein neues Jahrtausend gab im persönlichen Lebensgefühl und in der Lebensphilosophie vieler Menschen so etwas wie ein globales Bewußtsein der Verbundenheit und der Zusammengehörigkeit aller Menschen.

Globalisierung bedeutet in gewisser Weise auch einen Prozeß der Bewußtseinserweiterung, an dem die einzelnen Menschen in unterschiedlicher Weise teilhaben. Durch die globalen Wandlungsprozesse, die in vielschichtiger Weise alle Bereiche des Lebens, der Kultur, Wirtschaft und Religion zunehmend beeinflussen, können wir schon jetzt in der Lebensberatung, Psychotherapie und Seelsorge, um nur einige Erfahrungsbereiche zu nennen, bei einzelnen Menschen und Gruppen eine erweiterte Blickrichtung und ein umfassenderes Weltbild erkennen. Immer mehr Menschen fühlen sich vernetzt und verbunden in globalen Zusammenhängen. Viele Menschen bringen ihr »Weltbürgertum« mit dem alten spirituellen Gedanken zum Ausdruck: »Ich bin ein Teil des Ganzen, und das Ganze ist in mir!«

Als praktizierender Tiefenpsychologe möchte ich daher den einst revolutionären Grundsatz von Sigmund Freud: »Wo ES war, soll ICH werden« umdrehen und für das immer spürbar werdende globale Denken und handeln sagen: »Wo ICH war, soll SELBST werden!« Wir verstehen unter diesem Prozeß in der analytischen Tiefenpsychologie nach C. G. Jung jenes umfassende Energiefeld, zu dem das Ich in Beziehung treten kann, um eine Ganzwerdung und Heilung zu erfahren. Es handelt sich bei dieser Einbettung des ICH in das Energiefeld des Selbst um einen Anschluß an eine umfassendere Wirklichkeit, die ich vergleichen möchte mit dem elektrischen Stromanschluß eines Hauses an die Überlandleitung mit mehreren tausenden Volt. Ein anderes Sinnbild könnte das individuelle Einatmen der Luft sein, die unsere ganze Erde umgibt. Ein tiefenpsychologisches Modell für diese Zusammenhänge wäre die sogenannte Ich-Selbst-Achse nach Erich Neumann, dem wohl bedeutendsten Schüler C. G. Jungs. Bei diesem Modell geht es um aufeinander bezogene Pole, die fortwährend einander bedingen und beeinflussen. Wobei das Ich des Menschen mit seinen komplexen Funktionen (s. Glossar) fortwährend aus dem Selbst als Quelle der Seele und des Unbewußten genährt und »aufgetankt« wird. Ohne diese Verbindung und den Anschluß an eine umfassende Wirklichkeit wäre das Ich und die bewußte Lebensführung irgendwann leer und ausgebrannt, wie das sog. »Burn-Out-Syndrom« vieler Manager und Intellektuellen es belegt. Schon aus diesem Grunde empfiehlt es sich, die Ressourcen der Seele und die schöpferischen Potentiale des Unbewußten zu nutzen, indem wir uns mit liebevoller Achtsamkeit der sprudelnden Quelle der Seele zuwenden.

Die kollektive Verwurzelung des Einzelnen in seiner Mitwelt

Das nebenstehende Modell veranschaulicht die verschiedenen Tiefenschichten der Seele und die Verwurzelung des Individuums in der Welt. Die oberen vier Schichten zeigen die Verbundenheit des Einzelnen mit seiner Sippe, Nation und schließlich mit der Menschheit. Sicherlich erscheint nicht in jedem Traum mit einem individuellen Lebenskontext die umfassende Verbundenheit, aber wenn Personen einer anderen Nation im Traum von Bedeutung sind, oder interkulturelle Symbole von grundlegender Bedeutung sind, dann handelt es sich um einen kollektiven Traum. Zahlreiche Beispiele dafür finden sich in den einzelnen Kapiteln.

Wenn Menschen von Tieren träumen, was nach meinen Forschungen und therapeutischen Erfahrungen häufig zu beobachten ist, dann zeigt sich in diesen Traumbildern unsere Bindung an die Instinktsphäre und die biologische Verbundenheit mit den »Tier-Ahnen«. Ähnlich verhält es sich mit den unzähligen Traumbildern aus der Pflanzenwelt und dem Reich der Minerale. Diese Träume haben zum einen symbolische Bedeutung, indem sie Erfahrungen aus den genannten Bereichen widerspiegeln oder, indem wir mit unserem vegetativen Nervensystem mit ihnen in Verbindung stehen. Da jeder Mensch mit seinem Körper und seiner seelischen Erlebniswelt mit allen Menschen und Lebewesen im kollektiven Unbewußten verbunden und verwoben ist, ist seine Mikrowelt ein Anteil der Welt und des Makrokosmos.

Die Verbundenheit mit den verschiedenen Ebenen unseres Modells und die Verwurzelung in der animalischen oder mineralischen Welt wird durch die verschiedenen Pfeile auf der Abbildung angezeigt, wobei es nicht um eine starre und lineare Kommunikation geht, sondern um komplexe Beziehungen, die wir uns als schwingende Energiekreise mit wirkungsvollen Ausstrahlungen vorstellen können (siehe die gepunkteten Wellen und Kreise auf dem Modell.)

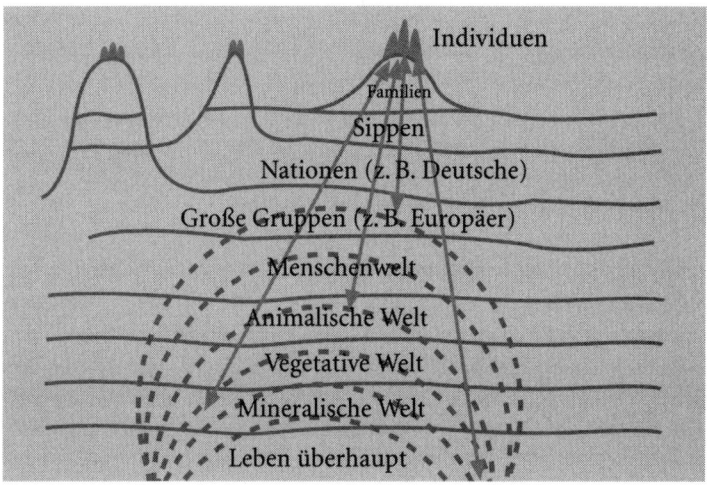

Individuen
Familien
Sippen
Nationen (z. B. Deutsche)
Große Gruppen (z. B. Europäer)
Menschenwelt
Animalische Welt
Vegetative Welt
Mineralische Welt
Leben überhaupt

Modell für die Tiefenschichten des kollektiven Unbewußten

Bei der zunehmenden Ausbeutung der Natur mit einer bedrohlichen Umweltzerstörung gewinnt das alte Bibelwort immer mehr an aktueller Bedeutung: »Was hilft es dem Menschen, wenn er die ganze Welt gewinnt und nimmt doch Schaden an seiner Seele!« Für diesen Schaden an der Seele gibt es viele statistische Belege, 70–80 Prozent der Menschen, die einen Arzt oder Heilpraktiker aufsuchen, leiden an funktionellen Störungen und psychosomatischen Erkrankungen, weil sie ihr Leben nicht ganzheitlich leben können. Auch die verschiedenen Erscheinungsformen der Neurosen nehmen zu und belegen den Schaden an der Seele. Daher ist es eine aktuelle Frage, wo und wie wir Abhilfe finden können. Und vor allem: wie können wir wieder Anschluß finden an die Quelle des Lebens, die für mich als Psychotherapeuten, vor allem sichtbar und spürbar wird in den Träumen?

Ich möchte im folgenden nicht nur theoretisch über die Energiefelder des Selbst und die Lebensquelle in der Seele berichten, sondern eine persönliche Erfahrung mitteilen, die ich vor über 30 Jahren in einem meiner Träume erfahren habe: Ich wurde von einem Schwan durch einen »Tankschlauch« berührt und spürte dabei, wie eine bisher nicht gekannte und wahrgenommene Energie in mich überfloß und meinen bis dahin verstopften Kanal der Intuition (s. Glossar) als Brücke zum Unbewußten und zur archetypischen Bilderwelt öffnete. Dieser Initialtraum wurde für mich zu einer einschneidenden Initiation als angehender Traumtherapeut nach C. G. Jung, ähnlich wie Schamanen ihre Berufung durch einen großen Traum erleben. Hier folgt der angesprochene Traum mit den dazugehörigen Assoziationen:

Mein Schwan als Mittler zum Unbewußten

Als ich über die kleine Fußgängerbrücke meiner norddeutschen Heimatstadt gehe, sehe ich unter mir plötzlich einen Schwan, dessen Gefieder in der Sonne glänzt. Ich bleibe verwundert stehen und betrachte lange den Schwan und gerate dabei in einen Tagtraum. Plötzlich schießt von dem Schwan ein etwa 60 Zentimeter langes Gebilde zu mir hoch, das aussieht wie ein Schlauch. Es berührt mich an den Füßen und Beinen bis hinauf zum Unterleib, und ich fühle die Energie in meinem Herzen. Eine flüssige Masse oder Energie scheint durch das Gebilde zu fließen und durchströmt meinen ganzen Körper derart intensiv, daß ich erschrocken davon aufwache.

Mit der nochmaligen Bearbeitung und Deutung meines Initialtraumes nach 30 Jahren möchte ich die Leserinnen und Leser anregen, vielleicht in ähnlicher Weise mit einem alten Traum nochmals zu arbeiten und bei der heutigen Deutung die Lebensgeschichte mit den grundlegenden Erfahrungen für die persönliche Entwicklung heranzuziehen, um zu erkennen, wie sich ein wichtiger Traum in der Lebensgeschichte verwirklicht. Indem ich mich heute an diesen Traum erinnere, wird mir durch die Entwicklungsprozesse der letzten

30 Jahre klar, daß in den Erscheinungsbildern des Traumes eine wichtige Lebensaufgabe vorgezeichnet wird.

Im Nachsinnen über den Traum möchte ich als erstes auf den Ort des Traumgeschehens eingehen und dann meine sinnlichen Wahrnehmungen und das Körpergefühl beschreiben. Immer wenn ich an diese kleine Brücke denke oder im Urlaub über sie gehe, fallen mir zwei traumatische Ereignisse meiner Kindheit ein. Zum einen wäre ich an diesem Ort beinahe ertrunken, als ich mit einem Boot zu kentern drohte zu einem Zeitpunkt, als ich noch nicht schwimmen konnte. Zum andern werde ich nie vergessen, wie ich mit meiner Mutter nach der Flucht aus der russischen Besatzungszone von Greifswald nochmals floh und in Otterndorf bei Cuxhaven über diese kleine Fußgängerbrücke ging und bei meiner Tante Aufnahme fand. Da der kleine Fluß »Medem« heißt, auf dem der Schwan erschien und über den die kleine Brücke führte, habe ich durch die symbolische Deutung von Namen diesen Fluß und dem Schwan die Bedeutung eines Mediums gegeben. Für mich wurde das Wasser zu einem Symbol für die Seele und der Schwan ein Medium für die transzendente Funktion der Seele. Die genannte Funktion vermittelt zwischen den Gegensätzen in unserer Seele und ist ein wichtiges Bindeglied zwischen den realen Gegebenheiten des Lebens und den imaginären sowie irrationalen Möglichkeiten zur Bewußtseinserweiterung. Nach C. G. Jung ist die transzendente Funktion »ein natürlicher Vorgang, eine Manifestation der aus der Gegensatzspannung hervorgehenden Energie, und besteht in einer Abfolge von Phantasievorgängen, die spontan in Träumen und Visionen auftreten« (GW 7, § 121). Im analytischen Prozeß und in den heilenden Erfahrungen ist die transzendente Funktion ein ganz wichtiger Faktor, der die Ganzwerdung des seelischen Erlebens ermöglicht. Besonders in den Übergangszeiten des Lebens und in den Schwellensituationen, wie bei mir in der Lebensmitte, wird diese Funktion bei vielen Menschen aktiviert, um Übergänge von der bisherigen Lebensorientierung in eine neue Lebenseinstellung zu ermöglichen. Nach dem schon mehrfach genannten Modell der Jungschen Typologie ist es die Öffnung des Wahrnehmungskanals der Intuition als Ahnungsvermögen für bisher nicht beachtete Einsichten und Erkenntnisse aus den schöpferischen Quellen des Unbewußten. Das Symbol des Schwanes hat in besonderer Weise mit der Intuition zu tun, wenn wir an das Sprachbild denken: Mir schwant etwas, womit gesagt wird, daß wir ahnend etwas wahrnehmen, was kommen wird. Schon bei der damaligen Deutung des

Traumes vor 30 Jahren ahnte ich, daß mir durch den Schwan als Vermittler von bisher Unbekanntem und Verborgenem etwas ans Licht kam und mein Bewußtsein erweiterte.

Durch die Besprechung meines Traumes in der Lehranalyse wurde mir langsam bewußt und klar, daß ich in eine tiefere Kommunikation mit meiner Seele und mit dem Unbewußten eingetreten war. Genauer gesagt, ich wurde berührt, und eine Energie floß durch die Vermittlung des Schwanes in mich über, und zwar in einer Art, daß ich in meinem bis dahin eher kritischen Verstand von der Wirklichkeit der Seele »überzeugt« wurde. Je mehr und länger ich mich in das Traumbild vertiefte, um so mehr erschlossen sich mir Tiefendimensionen, von denen ich bisher keine Ahnung hatte. Geahnt habe ich es vermutlich schon, aber dieser erste archetypische Tiertraum in der Mitte meines Lebens vermittelte mir eine Erfahrung von einer Wirklichkeit jenseits des Bewußtseins. Ich habe durch den geträumten Schwan und seine außergewöhnliche und überzeugende Wirkung mein Ahnungsvermögen entdeckt und somit einen Zuwachs an Identität erfahren, die mir bis dahin verborgen war.

Die überzeugende Wirkung des Traumes hängt für mich damals und heute noch aufs engste zusammen mit der Energie in flüssiger Gestalt, die von unten nach oben strömte, indem das schlauchartige Gebilde mich zunächst an den Füßen berührte, dann an den Beinen hinauf bis zum Unterleib kroch, bis ich schließlich in meinem Herzen ein warmes Gefühl spürte, das mich ahnen ließ, daß dieser Traum eine wegweisende Funktion für meinen Beruf und mein weiteres Leben habe werde. Im Nachspüren des Traumes und in meiner Imagination bekam das glänzende Gefieder des Schwanes eine besondere Bedeutung. Von meiner Brücke aus sehe ich, wie das Gefieder des Schwans in der Sonne glänzt. Durch diesen Glanz und durch das leuchtende Gefieder werde ich zu der Einsicht geführt, daß der Schwan mit dem Licht und der Sonne in Verbindung steht und somit ein Symbol des Lichtes und der Erleuchtung wird. Seine Gestalt leuchtet jedoch nicht aus sich heraus, sondern reflektiert das Licht der Sonne. In meiner symbolischen Betrachtung verweist mich das Licht der Sonne auf ein göttliches Licht in einer transpersonalen Wirklichkeit.

Der Schwan als Anima-Symbol

Die überzeugende Berührung durch den Schwan in meiner Tiefen-person, in meiner Seele, und die Beflügelung meiner Phantasie sowie meines Geistes möchte ich vertiefend beschreiben mit dem Begriff der Anima nach C. G. Jung. Dabei ist es mir wichtig, nicht die Bedeutung dieses Begriffs aus den früheren Jahren des großen Psychologen anzu-wenden, sondern den erweiterten ganzheitlich verstandenen Begriff als Archetypus des Lebens und der Lebendigkeit. Die Erscheinungs-formen der Anima hängen mit dem jeweiligen Entwicklungsstand der Persönlichkeit zusammen. Sie kann in der Gestalt von Feen, Nymphen oder Walküren sowie in Gestalt von Zauberinnen erscheinen oder in der personalen Gestalt einer wunderbaren Frau mit einer erotischen Anziehungskraft. Viele Mythen und Märchen von den Schwanenjung-frauen oder das Märchen: »Die sechs Schwäne« erinnern daran, daß wir der Anima auch in Tiergestalt begegnen können. Ihre Erschei-nungsformen sind aufs engste mit ihren Wirkungen und ihren Funk-tionen verbunden. Ähnlich wie die schon genannte transzendente Funktion hat auch die Anima eine vermittelnde Funktion und schafft ganzheitliche Beziehungen zwischen dem Bewußtsein und dem Unbe-wußten. Dies wird in vielen Träumen im Symbol der Brücke zum Aus-druck gebracht, wie auch in meinem Traum. Zur Bedeutung und the-rapeutischen Wirkung der Anima weißt Verena Kast darauf hin, daß die Archetypen von Anima und Animus eine entscheidende Hilfe bringen zur Lösung von den Elternkomplexen. An dieser Lebensauf-gabe habe ich lange Zeit während meiner Lehranalyse gearbeitet, um meine eigene Identität zu finden. Durch meine langjährige Lebensbe-ratung und Psychotherapie speziell mit Männern habe ich entdeckt, daß, wenn ein Mann nicht seine Anima entwickelt und integriert, sich die Energien der Anima in bedrückenden Stimmungen, in Unbehagen bis hin zu Depressionen, Alkoholismus oder psychosomatischen Erkrankungen auswirken können. Die Erscheinung der Anima in den Träumen will Männer insbesondere aufrütteln, ihre spirituelle Reise zu ihrer Seele aufzunehmen, ähnlich wie dies die Schamanen in ihrer Seelenreise praktizieren. Gelingt einem Mann die Auseinandersetzung mit seiner Anima, so wird er lernen, seine eigenen Gefühle von den Launen der Anima zu unterscheiden. Sie wird ihm dazu verhelfen, sich selbst zu akzeptieren, ganzheitlicher zu leben und Formen einer neuen Kreativität und Spiritualität zu entwickeln. Dies alles kann ich nach mehr als 30 Jahren persönlich bezeugen.

Dieser Initialtraum wurde für mich zu einer grundlegenden Erfahrung, die wirkungsvollen Träume als ein hilfreiches Medium anzusehen und damit als Mittler zum Selbst (s. Glossar). Der genannte Schwan, der mich betankte, schwamm auf der Medem, einem kleinen Fluß in meiner Heimatstadt Otterndorf bei Cuxhaven. Das Sprachbild im Namen »MEDEM«, das ich schon als Kind gerne rückwärts gelesen habe, wurde für mich zu einem Urwort im Sinne von Freud, so daß mir der Schwan als Symbol und der genannte Fluß zu Mittlern wurden zum kollektiven Unbewußten.

Die Geisterwelt der Schamanen und das kollektive Unbewußte

In den Tagen, als ich mich intensiv mit den Fragen des kollektiven Unbewußten und dessen Bedeutung in der Gegenwart befaßte, erlebte ich den glücklichen Zufall, daß ich an einem Workshop mit dem Schamanen Zeren Baawai aus der Mongolei im Herbst 2000 teilnehmen konnte. Schon durch das einführende Referat der Ethnologin Amélie Schenk kamen mir verschiedene Beziehungen zu unseren westlichen Vorstellungen der Seele und des Unbewußten in den Sinn. Ein besonderes Erlebnis erfuhr ich durch die Teilnahme an den Anrufungen und Ritualen des Schamanen Zeren. Während ich mich dem Rhythmus der Schamanentrommel von Zeren überließ, stiegen in meiner aktiven Imagination die archetypischen Bilder des kollektiven Unbewußten auf, und mir wurde klar, daß es zwar unterschiedliche Bewußtseinszustände bei östlichen Schamanen und indianischen Überlieferungen im Vergleich zu unseren westlichen Therapien gibt (die wir auch mit völlig unterschiedlichen Begriffen, Bildern und Vorstellungen beschreiben), daß jedoch die Energiefelder dieser unterschiedlichen Weltbilder nicht nur ähnliche, sondern wohl in den tiefen Schichten der Seele nahezu die gleichen Wirkungen hervorrufen. Aus meinen Imaginationen und aus meiner »Seelenreise« wurde ich bei diesem Workshop von Zeit zu Zeit nur herausgerissen, wenn der Schamane kräftiger die Trommel schlug und seine Anrufungen in Ekstase einen beschwörenden Klang bekamen.

Als uns die mongolische Übersetzerin die Anrufungen des Schamanen und sein Ritual verständlich machte und die Gegenwart eines Geistes ankündigte, kam mir der Gedanke, diese Erfahrung als ein spirituelles Energiefeld meiner Seele zu verstehen.

Die genannte Ethnologin Amélie Schenk beschreibt die Beziehungen zwischen westlicher Psychotherapie und östlichem Schamanentum folgendermaßen:

»Unverhohlen steigt der Schamane heute zum Lehrer von modernen Psychologen und Ärzten auf, die Fähigkeit, seine Bewußtseinsstruktur zu verändern, um in andersartige Daseinsräume einzudringen, widerspricht den neuen Forschungsergebnissen nicht mehr in dem Maße wie der traditionellen objektivistischen Wissenschaft. Der schamanistische Bewußtseinswandel wird gesellschaftsfähig, und wie es scheint, kehren sich nun die Rollen um: Schamanen als Lehrer, Forscher als Schüler! – Der Zauberer ist also heute kein wunderliches Studienobjekt mehr, er ist zum humanistischen Meister einer rationalistischen Zivilisation aufgestiegen; er wird als Jungbrunnen für eine altverkrustet-materialistische und orientierungslose Gesellschaft gefeiert. Und hat er nicht das Recht dazu, ist er nicht Urvater der Psychologie, Allererster in dieser Profession? – Wir fragen uns heute: können wir den Schamanen tatsächlich fassen? Müssen wir nicht vielmehr zulassen, daß er unsere Arroganz und Ignoranz mit seinem Röntgenblick durchleuchtet? In einem Wort: der neue Wahlspruch bei der Beschäftigung mit dem Schamanen heißt »Forschen durch Lernen, durch Selbstergriffenheit.«[159]

Diesem Lernen durch Selbstergriffenheit sowie durch die Beachtung meiner eigenen Imaginationen und die umfangreichen Erfahrungen in der Traumtherapie bin ich durch die Begegnung mit dem Schamanen Zeren ein Stück weit näher gekommen.

Als ich nach der Veranstaltung noch in einem kleinen Kreis von Interessierten über das Gehörte und Gesehene sprach, erzählte spontan eine Teilnehmerin, die sich schon viel mit Träumen beschäftigt hatte, von der Erscheinung einer »Geistin« in einer existentiellen Lebenskrise: Während der schmerzvollen Trennung von ihrem geliebten Freund hatte sie vor dem Einschlafen wiederholt ihre Seele um einen wegweisenden Traum und eine tröstliche Geisterfahrung gebeten. Nach einigen Nächten mit erschreckenden Alpträumen mit panischen Ängsten sei ihr eines Nachts die verstorbene Mutter des Freundes vom Meer her erschienen und habe ihr folgende tröstliche Botschaft überbracht: »Mein Sohn, dein Freund, macht mir auch Sorgen. Ich verstehe ihn genauso wenig wie du, warum er sich von dir trennt und dir damit großen Schmerz zufügt. Wir wollen versuchen, ihn so zu sehen, wie Gott ihn gemeint hat. Und ich denke, daß er irgendwann zu dir zurückkommt!«

Am Ende Traumes deckte die wie ein Geistwesen erscheinende Mutter die Träumerin mit einem violetten Seidentuch liebevoll zu und sagte noch vor dem Entschwinden: »Mehr kann ich nicht für dich tun!« –

Die Träumerin erzählte in vertrauter Runde, daß sie sich von dieser Geist-Mutter zutiefst verstanden gefühlt habe und daß ihr diese Worte Trost und Hoffnung gegeben hätten. Da die Träumerin gehört hatte, daß ich Traumtherapeut sei, wollte sie von mir wissen, ob ihr tatsächlich der Geist der verstorbenen Mutter des Freundes im Traum erschienen sei oder ob es ein subjektives Erscheinungsbild für ihre persönlichen Wünsche sei? Ich fragte sie dann nach den sinnlichen Empfindungen im Traum und ob sie unterschiedliche Wahrnehmungen zwischen den Worten und der Erscheinung spüre. Nach längerem Nachdenken und Nachspüren nach den sinnlichen Empfindungen und den wertenden Gefühlen meinte sie differenzieren zu können zwischen den subjektiven Wünschen, die in den Worten der Mutter zum Ausdruck kamen, und dem als objektiv und als »heilig« empfundenen Erscheinungsbild der Mutter vor allem während ihrer Handlung beim Verhüllen mit dem Seidentuch. Noch lange Zeit nach dem Aufwachen habe sie gespürt, daß die Mutter als geistiges Wesen wirklich anwesend gewesen sei. In unserem weiteren Gespräch vermochte die Träumerin auch in den Sätzen der Mutter unterschiedliche Gewichtungen und Bedeutungen zu benennen. Ganz passend zum schmerzlichen subjektiven Erleben gehörten der durch die Trennung zugefügte Schmerz und die Frage nach dem Warum. Auch die Sorge, die die Mutter teilte, gehörten zum subjektiven Erleben. Ein Versuch, eine gewisse Objektivität der Botschaft in dem Traum herauszufinden, bestand in dem Bemühen, den Freund zu sehen, wie Gott ihn gemeint habe. Mit dieser Aussage im Traum wurde die subjektive Betroffenheit durch einen objektiven Bezugsrahmen, der im Traum Gott genannt wurde, in Beziehung gesetzt. In unserem weiteren Gespräch vermochte die in der Tiefenpsychologie bewanderte Träumerin diese objektivierende Erfahrung mit der transzendenten Funktion der Seele in Beziehung zu setzen (s. Glossar).

Bei meinen weiteren Studien über den Zusammenhang zwischen dem Schamanismus und Tiefenpsychologie, insbesondere der Traumtherapie, habe ich bei Klaus E. Möller, Prof. für Ethnologie an der Universität in Frankfurt, meine Annahmen und Erkenntnisse bestätigt gefunden. Bereits bei der Berufung des künftigen Schamanen haben nach den Forschungen von Möller auch die Träume eine wegweisende Funktion. So gehören z. B. bei der sogenannten »Schamanen-Krankheit« zu der Berufung des Schamanen nicht nur Kopfschmerzen, Magenbeschwerden, Hautkrankheiten zu dem allgemeinen Beschwerdebild, das wir im westlichen Sinne wohl als funktionelle Störungen oder als psychosomatische Krankheiten bezeichnen würden, sondern auch erschreckende Träume, die tagsüber noch in entsprechenden Visionen verstärkt werden. Auch die »Seelenreise« des Schamenen entspricht weitgehend unseren westlichen Erfahrungen mit Träumen. Dazu schreibt der Ethnologe Müller:

»Die schamanistische Seelenreise entspricht im Prinzip dem Traumerleben ›gewöhnlicher‹ Menschen. – Nur erfolgte sie im Unterschied dazu kontrolliert und aufgrund eines bewußt getroffenen Willensentscheids. Gelegentlich wurde die Tätigkeit der Schamanen daher auch als ›Träumen‹, er selbst als ›Träumer‹ bezeichnet (...). Tatsächlich kommunizieren Schamanen auch häufig mit ihren Hilfs- und Schutzgeistern im Traum; sie empfingen dabei wichtige Hinweise, etwa auf bevorstehendes Geschehen, Empfehlungen, Ratschläge und Anweisungen.«[160]

Das Weltbild und die Traumzeit bei den Aborigines

Als weiteres Anschauungsmodell für das Verständnis eines kollektiven Unbewußten möchte ich das Weltbild und die Traumzeit der Aborigines, die geheimnisvolle Kultur der Ureinwohner von Australien, kurz darstellen.

Durch die Veröffentlichungen zahlreicher Ethnologen und anderer Autoren u. a. anläßlich der Olympiade in Australien sind die Weltanschauungen dieser Menschen besser bekannt geworden. Als in unserem Kontext wichtigste Forschungsergebnisse möchte ich festhalten: Es geht bei dieser geheimnisvollen Kultur der Traumzeit der australischen Ureinwohner um ein Vermächtnis und um ein archaisches Weltbild, das den mythologischen Vorstellungen anderer Kulturen und Religionen sehr ähnlich ist. Der niederländische Mythenforscher Robert Kraan beschreibt die verschiedenen Ebenen und Wirklichkeitsbereiche im Weltbild der Aborigines folgendermaßen:

»Das Wort *Yuti* bezeichnet die für uns wahrnehmbare, physikalische Welt, die irdische Ebene der Wirklichkeit. Nur ganz konkrete Erscheinungen, die mit einem oder mehreren der fünf Sinne wahrgenommen werden, gehören zu *Yuti*. Es ist auch ein Begriff für die ›äußere Seite‹ der Erscheinungen, hinter der noch eine andere, tiefere Wirklichkeit steht. Diese Ebene der Welt ist *Tjukurrtjana*, die Wirklichkeit der Traumzeit, in der die metaphysischen Dinge geschehen. Eine dazwischen liegende Ebene der Abstraktionen und Klassifizierungen, die für unser Denken typisch ist, lehnen die Aborigines ab.«[161]

Für die Aborigines ist die gegenwärtige Traumzeit eine schöpferische Energie und eine spirituelle Wirklichkeit; diese metaphysische Wirklichkeit bildet hinter der sichtbaren Welt die tiefere und umfassende Grundlage ihres Daseins. Die Ureinwohner bezeichnen diese andere Wirklichkeit der Traumzeit als »*Alcheringa*«, die keine tote Erinnerung an die Vergangenheit ist, sondern ein Vermächtnis der heiligen Schöpfungszeit, die ihre heilende Wirkung auch gegenwärtig entfaltet, wenn ein Mensch zu ihr in Beziehung tritt.

Für die Aborigines ist der Traum der Weg, auf dem sich uralte Geheimnisse mitteilen und die schöpferischen Energien erfahrbar werden. Die Aborigines kennen verschiedene Symbole und Möglichkeiten, die eine Verbindung zwischen den beiden Bereichen der Wirklichkeit herstellen. Besondere Symbole sind der Regenbogen und die Regenbogenschlange.

Dazu schreibt R. Kraan:

»Der Regenbogen gilt bei den Aborigines – wie in vielen Mythen dieser Erde – als Verbindung zwischen der unsichtbaren geistigen Welt und der Welt der materiellen Erscheinungen. Dementsprechend gilt die Regenbogenschlange als eine Art ›Vermittlerin‹ zwischen unmanifestiertem Prinzip – dem göttlichen Geist – und der Wirklichkeit der stofflichen Welt. Analog dazu symbolisiert der Regenbogen auf psychologischer Ebene den Übergangsbereich vom Bewußtsein zum Unbewußten, den Rand des Unbewußten, dessen Inhalte im Traum sichtbar werden können.«[162]

Die gesamte Kultur der Aborigines und ihr Verhältnis zur Traumzeit hat einen grundlegenden Offenbarungscharakter für das Leben in der Gegenwart. Mit Hilfe der Träume können diese Ureinwohner auch heute noch eine Beziehung zu diesen Schöpfungsmächten herstellen und von ihnen Hinweise für die praktische Lebensgestaltung bekommen. Zusammenfassend formuliert R. Kraan:

»Ihre gesamte Kultur beruht auf diesem Offenbarungskonzept, in dem der Mensch auch heute noch Zugang zur metaphysischen Dimension der Welt erlangen kann, wenn er in der Lage ist, die Potentiale und Strukturen seines Unbewußten zu nutzen. Offenbarung bedeutet für die Aborigines das unmittelbare Erlangen von Inspiration oder Wissen aus einer Quelle, die bereits vor dieser Welt bestanden hat und die der Mensch tatsächlich anzapfen kann.«[163]

Diese wenigen Hinweise mögen genügen, um das Phänomen des von C. G. Jung benannten kollektiven Unbewußten auch anhand einer anderen Kultur zu veranschaulichen.

Analogien zwischen schamanistischen Heilungsritualen und therapeutischer Traumarbeit

Nach dem kurzen Exkurs über den Schamanismus in der Gegenwart möchte ich abschließend einige Analogien zwischen den schamanistischen Heilungsritualen und unserer westlichen therapeutischen Traumarbeit darstellen. Wohlgemerkt, es ist ein Versuch, gewisse Ähnlichkeiten zu sehen, ohne die kulturellen, soziologischen und methodischen Gegebenheiten zu vermischen. In allen Berichten und Büchern über Schamanismus ist über die Ausgangslage zu lesen, daß zunächst der sogenannte »Seelenverlust« zu beheben ist, indem in der Seelenreise oder durch einen Traum das Krafttier zur »Bergung der Seele« verhilft. Es geht darum, daß die abhandengekommene Seele dem gegenwärtigen Menschen wiedergegeben wird. Wenn der Schamane oder die Schamanin durch die Ekstase die Seele den Körper verläßt, dringt sie in die Unterwelt ein und begibt sich auf die Suche nach der Seele des Kranken.

Der nur kurz angedeuteten Ausgangslage entspricht in den westlichen Therapien der Dissoziation von Seelenanteilen. Dies hat den Verlust an vitalen Lebensenergien zur Folge und führt zur Kraft- und Mutlosigkeit, zu Depressionen oder Suchtverhalten.

Zum Einweihungsritual des Schamanen gehört der Abstieg in die untere Welt, wo der Kandidat mit den Seelen toter Schamanen spricht und sich mit furchterregenden Tieren und dunklen Mächten auseinandersetzt. Dieser Prozeß geschieht meistens in Träumen und Visionen bis hin zu einem symbolischen Tod. Nach langem und schmerzlichem Bemühen erfolgt schließlich ein Aufstieg in die obere Welt, wo der angehende Schamane mit göttlichen Wesen kommuniziert und spirituelle Unterweisungen erhält.

In unseren westlichen Therapien entsprechen die genannten Erfahrungen der Zuwendung zum Unbewußten, der Arbeit mit jenen Träumen, die uns in untere Räume eines Hauses oder in Höhlen führen und wir mit Furcht und Zittern angsterregenden Tieren oder furchterregenden Schattengestalten begegnen.

Eine weitere Ähnlichkeit zwischen westlicher Psychotherapie und Schamanismus ist die therapeutische Beziehung, die sogenannte Übertragung und Gegenübertragung zwischen Klient und Therapeut bzw. zwischen dem Schamanen und seinem »Patienten«. Darüber schreibt die in USA praktizierende klinische Therapeutin Jeannett M. Gagan: »Trotz dieser Unterschiede beinhalten die Heilbeziehungen in der Psychologie und im Schamanismus die gleichen universellen Elemente. Anfangs spielt die Art und Weise, wie sich verschiedene Weltsichten begegnen, wenn sich ein Psychotherapeut mit seinem Klienten zusammensetzt oder wenn ein Schamane sich mit einem Patienten trifft, eine entscheidende Rolle für den therapeutischen Prozeß. Der Heiler und der Patient bringen jeweils eine Reihe von Vorstellungen mit in die Sitzung: über die Beschaffenheit des Universums und einen soziokulturellen Verhaltenskodex, über die Möglichkeiten, wie die Heilung herbeigeführt werden könnte, wie diese anzuwenden seien und warum sie funktionieren könnten. Quer durch alle Kulturen zeigen uns Beobachtungen, daß die Aussichten auf Heilung um so größer sind, je mehr sich die Vorstellungen des Heilers und des Patienten decken.«[164]

Die Praxis der Seelenreise im Schamanismus entspricht in vielem dem therapeutischen Prozeß, in dem auch viele westliche Menschen von Reisen und Veränderungen träumen. Auf beiden Wegen müssen sich Menschen mit ihren Schattenanteilen auseinandersetzen und die vitalen Kräfte, die in den Seelentieren erscheinen, als zu sich gehörig anerkennen und in die eigene Person integrieren. Die Begleitung durch einen Seelenführer im Schamanismus und die Erfahrung mit einem spirituellen Lehrer in der oberen Welt entsprechen in der westlichen Psychotherapie und insbesondere in der analytischen Psychologie von C. G. Jung die Begleitung durch die inneren Seelenpartner, die wir Animus und Anima nennen. Die Gestalt des inneren Lehrers erfahren wir in den Träumen durch die innere Stimme, die uns eine wegweisende Botschaft vermittelt, oder durch die Erscheinung des alten Weisen oder einer weisen, gütigen Frau.

Für beide Konzepte ist die Erfahrung von vitalen Energien von grundlegender Bedeutung. Im Schamanismus repräsentiert das »Krafttier« den vital-animalischen Aspekt des Menschen. In der analytischen Psychologie sehen wir in diesen Krafttieren ein Symbol der Trieb- oder Instinktnatur des Menschen. In dem therapeutischen Prozeß geht es dann darum, die fehlgeleiteten Lebensenergien, die sich in den Symptomen und Fehlhaltungen verstrickt haben, wieder so ins Leben zu integrieren, daß sie als Heilkräfte wirken können.

Da in der westlichen Kultur der Rationalismus und die Wissenschaftlichkeit überhand genommen haben und auch in der wissenschaftlichen Psychologie wenig Raum ist für die lebendige Seele und ihre grundlegenden Selbstheilungskräfte, sieht J. M. Gagan im Schamanismus eine große Bereicherung, sie schreibt: »Schamanismus kann das Gebiet der Psychologie mit einer Kraft bereichern, die sowohl natürlich als auch spirituell ist – natürlich, weil sie in der Natur und in den frühesten Beziehungen der Menschheit mit den Elementen verwurzelt ist, und spirituell, weil diese Kraft die Beziehung des Klienten zu seiner Seele herstellt. Schamanismus transportiert einen Menschen nicht in andere Dimensionen zum Zwecke einer magischen Erfahrung, sondern er ermöglicht eine Heilung des Körpers und der Seele durch die Pforte des Geistes, der weiß, wie er sich in den Bereich des Spirituellen ausdehnen kann. Die Energie des Schamanismus steigt aus der Erde empor, über die Krafttiere und Geisthelfer und verbindet sich mit der Energie, die von oben, über die spirituellen Lehrer kommt. Das Trommeln kündigt – wie der Herzschlag – das Leben des Geistes an und lädt dazu ein, einen Ort zu betreten, wo das Heilige mit dem Profanen zusammentrifft, wo schamanische Stärke die menschlichen Schwächen kennt und Weisheit ihr Licht auf Schattenemotionen wirft.«[165]

Schließlich seien noch die kollektive Dimension der Seele und die Einbindung des Menschen in die Schöpfung angesprochen. Nach dem Weltbild des Schamanismus wird der Mensch immer im Gesamtzusammenhang mit der Schöpfung gesehen. Viele Rituale und Zeremonien im Schamanismus beziehen sich auf die Heilung der Erde und die Bewahrung der Schöpfung. Da wir bisher in den westlichen Kulturen noch weitgehend in der Diagnose über die Umweltschäden und die Zerstörung der Schöpfung befangen sind und bisher kaum greifbare Methoden zur Heilung der Erde gefunden haben, könnte auch in diesem Bereich ein Dialog mit dem Schamanismus für die Zukunft unserer Kultur und unserer Erde wegweisende Erkenntnisse vermitteln.

Weisheit und Spiritualität: Für eine neue Traumkultur

Die Weisheit der Träume

Der Begriff Weisheit ist für das Verständnis der Träume, insbesondere der kollektiven Träume, von grundlegender Bedeutung. In allen Kulturen und Religionen haben sich Frauen und Männer Gedanken über das Geheimnis der Weisheit und ihre Wirkung auf den Menschen gemacht. In den wichtigsten Sprachen des Altertums verwendete man folgende Namen: Die Griechen nannten sie »Sophia« und brachten bereits mit dem weiblichen Geschlecht ihres Namens ihre femininen Qualitäten und mütterlichen Wirkungen zum Ausdruck[166]. Ähnlich dachten die antiken Römer, indem sie diese Göttin »Sapientia« nannten. Besonders in der alten hebräischen Weisheitstradition kreisten die Gedanken der Weisen um die Geheimnisse und die unergründlichen Wirkungen von Frau Weisheit mit dem weiblichen Namen »Chokma«[167]. Noch in der Zeit des Patriarchats, als überwiegend die Männer und Propheten die Repräsentanten Gottes auf Erden waren und die Propheten den Willen Gottes verkündigten, wirkt auch Frau Chokma als Offenbarungsmittlerin. »So erscheint die bildlich personifizierte ›Chokma‹ sowohl als Offenbarungsmittlerin, indem sie mit ihrer Verkündigung wie ein Prophet und mit dem Anspruch höchster Autorität auftritt, als auch als Offenbarung des göttlichen Willens an den Menschen selbst, indem sie den Menschen das Leben anbietet und ihre Annahme als diejenige des göttlichen Willens versteht.«[168] Ähnlich wie in der spirituellen Tradition der biblischen Texte die Engel als Botschafter Gottes den Menschen den göttlichen Willen mitteilen, wirkt auch Frau Chokma als Botin der Offenbarung und Prophetin. Da nach altem Glauben auch die Träume, speziell solche mit religiösen Symbolen und Erscheinungen von Gottesbildern als Mittel der Offenbarung anerkannt waren, werden wir zu einem späteren Zeitpunkt auch auf die Bedeutung der Weisheit für die Deutung der kollektiven Träume zu sprechen kommen.

Zunächst jedoch wollen wir Frau Chokma, die Weisheit, in ihren vier wesentlichsten Erscheinungsweisen und Wirkungen für den Menschen kennenlernen:

1. Die Weisheit ist das Abbild von Gottes Vollkommenheit und der Abglanz des ewigen Lichtes.
2. Sie erweist den Menschen Wohltaten, indem sie ihre Gesundheit stärkt und der Erde Heilung bringt.
3. Sie entfaltet machtvoll ihre Kraft und durchwaltet voll Güte das All.
4. Sie wohnt in jeder Generation und wirkt von Geschlecht zu Geschlecht.

Diese Aussagen und Erkenntnisse sind dem biblischen Buche der Weisheit entnommen, das wahrscheinlich im ersten Jahrhundert vor Christus von einem hellenistisch gebildeten Juden in Alexandria, dem berühmten Zentrum hellenistischer Wissenschaften, in seiner griechischen Muttersprache verfaßt wurde. In philosophischen Gedankengängen seiner Zeit versucht der Verfasser seine jüdische Religion und die Weisheit des Alten Testaments zum Trost und zur Mahnung für seine verfolgten Zeitgenossen zu übersetzen.

Nach der theologischen Forschung wirkte sich die Vorstellung von der göttlichen Weisheit auch auf die Autoren der folgenden nachchristlichen Jahrhunderte aus, indem sie in ihren Christusbeschreibungen ihn als mit göttlicher Weisheit begabt bezeugen[169]. Auch der Theologe Paulus war überzeugt, »daß in Christus alle Schätze der Weisheit und Erkenntnis verborgen sind«[170]. Paulus ist auch mit der Weisheitslehre der vergangenen Jahrhunderte vertraut, die in der Weisheitstradition des alten Israel verwurzelt ist. In unserem Text kommt die Verankerung in dieser Tradition zum Ausdruck mit den Worten »von Geschlecht zu Geschlecht«. Eine derartige weite Sicht über das Fortwirken der Weisheit in allen früheren und nachfolgenden Generationen würden wir heute in tiefenpsychologischer Sprache als von einem Archetypus der Weisheit im kollektiven Unbewußten sprechen.

Der Archetypos der Weisheit

Wir knüpfen nochmals an die beschriebene Erfahrungsweisheit des alten Israel an, in der die Lebensweisheiten der alten Ägypter, Babylonier und anderer Kulturen verschmolzen wurden[171]. Dazu kamen in der hellenistischen Kultur der letzten Jahrhunderte vor Christi Geburt die Philosophien und Weltdeutungen der Griechen, wie der junge und gebildete Weisheitslehrer Salomon sie in Alexandria sammelte und in seinem zitierten Buche der Weisheit veröffentlichte. Als Erkenntnisgewinn für unser heutiges tiefenpsychologisches Verständnis eines Archetypos der Weisheit, wie er in kollektiven Träumen zum Ausdruck kommt, fassen wir hier folgendes zusammen:

1. Zur Weisheit gehören Erfahrungen und Sachkundigkeit. Zur universalen Bildung im Kontext der Lebensweisheiten gehörte, auch die Sprache der Träume zu deuten, wie dies beispielhaft in den Joseph-Geschichten des Alten Testaments bekundet wird[172].

2. Durch das Beobachten der Gesetzmäßigkeiten im Kosmos und der Ordnung in der Natur war man überzeugt, daß hinter allem anordnende Kräfte standen, die man damals Gott und der Weisheit zuschrieb, und die wir heute als »Archetypos der Weisheit« bezeichnen.

3. Nach alter Tradition ist die Weisheit unabgeschlossen und damit offen für neue Erkenntnisse (im Unterschied zur dogmatischen Theologie, die mit Christus die Offenbarung für abgeschlossen erklärte). Zu dieser Offenheit für die Verlautbarungen der Weisheit gehörte damals, wie gesagt, Gottes Stimme in den Träumen zu hören, wie dies nach heutigen tiefenpsychologischen Erkenntnissen ebenfalls in den kollektiven Träumen vernommen werden kann.

4. Die Weisheit führte zu einem analogen Denken, in dem die erkannten Ordnungen in der Natur und im Kosmos auch zum Verständnis des Lebens der Menschen angewendet wurden und umgekehrt. Daraus entwickelten sich die Leitgedanken, daß der Mikrokosmos des Menschen dem Makrokosmos entspreche. Oder einfacher ausgedrückt findet es sich in der Aussage: wie innen, so außen und umgekehrt.

Frau Weisheit und die weise Anima

Wir haben bereits beschrieben, daß in der Weisheitstradition des alten Israel die Weisheit in einer personifizierten Gestalt vorgestellt wurde, zu der man eine emotionale Beziehung herstellen konnte.

Diese und die anderen Beschreibungen von Frau Weisheit zeigen bereits in ihren Sprachbildern eine große Nähe zum Anima-Konzept von C. G. Jung. Wir haben uns darunter verschiedene weibliche Gestalten vorzustellen, die als innere Partnerinnen und Geliebte in unseren Träumen erscheinen. Alle geträumten weiblichen Personen, die wir in unseren Assoziationen nicht mit einer konkreten weiblichen Person in unserem Umfeld verbinden können, können wir nach den Kunstregeln der Traumdeutung als Anima verstehen[173]. Die Anima stellt weibliche Qualitäten und Energien in jeder Frau und in jedem Mann dar. Je nach der Traumhandlung können wir von einer kraftvollen Anima oder einer mutigen Anima sprechen, die dem Träumer oder der Träumerin begegnet. Sie kann auch in einer zärtlichen Gestalt erscheinen oder uns durch erotische Gefühle animieren. Die spirituelle Anima kann uns als Schutzengel oder als Heilengel erscheinen[174]. Ferner habe ich in meinem Buch *Die Heilkraft der Träume* die verschiedenen Ausdrucksformen der Anima mit den verschiedenen Musen der alten Griechen in Beziehung gesetzt[175]. Anima bedeutet übersetzt Seele und verweist uns auch in diesem Zusammenhang nochmals zu der besprochenen Weisheit in ihren vielfältigen Aspekten. Daher wollen wir uns abschließend fragen, welchen Erkenntnisgewinn wir durch die Weisheit für die Deutung von kollektiven Träumen erhalten.

1. Alle Träume, aus deren Handlung und Symbolik eine weise Botschaft und ein guter Rat zur Lebensgestaltung erschlossen werden kann, sind aufgrund dieses Kriteriums bedeutsame Träume.

2. Alle Träume, in denen die Weisheit der Seele den Betreffenden Wohltaten erweist, indem sie die Gesundheit stärkt und die Heilkräfte des Unbewußten sich auch bis zur Heilung der Erde auswirken, sind bedeutsame Träume.

3. Alle Träume, in denen sich der Abglanz des ewigen Lichts zeigt und göttliches Wirken offenbart, indem sie ein Abbild von Gottes Güte und Barmherzigkeit offenbaren, sind bedeutsame Träume.

4. Alle Träume, die ein untrügliches Wissen von den Dingen verleihen, eine überzeugende Wahrheit vermitteln und sich in ihrer Stimmigkeit durch das persönliche Evidenzgefühl (s. Glossar) als wahr erweisen, gehören zu der Kategorie der bedeutsamen Träume.

5. Alle Träume, in denen sich der Abglanz der göttlichen Schönheit widerspiegelt, indem sie in den Symbolen der Schöpfung und des Kosmos erstrahlt, sind bedeutsam.

6. Alle Träume, in denen eine weise Anima oder ein geistreicher Animus in überzeugender Gestalt erscheint, sind Erscheinungen des Archetypos der Weisheit und gehören damit ebenfalls zu den bedeutsamen Träumen.

7. Alle Träume, in denen sich uns die Weisheit der vergangenen Geschlechter und früheren Generationen zu erkennen gibt, und prophetische Träume, die uns die Augen für die Zukunft öffnen, sind bedeutsam.

8. Alle Träume, die unsere Spiritualität und Sinnfindung im Leben fördern, indem sie uns in Gottes Willen und Wissen einweihen, verbinden uns zu einer kollektiven Gemeinschaft.

Das Schöpferische in kollektiven Träumen

Im Zusammenhang mit den kollektiven Träumen ist die Beachtung des Schöpferischen in den vielgestaltigen Bildern und Ausdrucksformen der Träume von ganz besonderer Bedeutung. Aus diesem Grunde wollen wir uns hier mit dem Thema befassen. Wer längere Zeit sein Traumleben beachtet und erforscht, wird zunehmend beeindruckt sein von der Kreativität des Unbewußten, mit welch einem Einfallsreichtum die verschiedenen Motive und Symbole miteinander verbunden sind. In meiner praktischen Traumarbeit und der Traumtherapie bezeichne ich diese innere Instanz als »Traumregisseur«, sie ist es, die eine innere Befindlichkeit oder seelische Empfindungen durch Handlungen oder eine anschauliche Szene darstellt. In den erfindungsreichen Kombinationen der Traumhandlungen werden in vielfältiger Weise die handelnden Personen auf der Traumbühne zueinander in Beziehung gesetzt, ähnlich wie ein Theater-Regisseur die Handlungen phantasievoll und originell gestaltet. Von Menschen mit weniger Traumerfahrungen werden derartige erfindungsreiche Konstruktionen der Motive und die Kombinationen der verschiedenartigen Symbole oftmals als komisch und absurd empfunden, weil sie nicht den Gesetzen der Logik zu folgen scheinen. Wenn dagegen eine tiefere Einsicht in die verschiedenen Bereiche von Bewußtsein und Unbewußtem erarbeitet wird, dann erweisen sich meistens die komischen Träume als besonders anregend und kreativ, weil sie den ohnehin bekannten Gegebenheiten des Lebens etwas Neues und bisher Unbekanntes hinzufügen.

Die in den Träumen erfahrbare Kreativität, die sich besonders in den kollektiven Träumen und ihrer Gestaltungskraft bis zum Schöpferischen steigern kann, geht meistens aus Gegensatzspannungen hervor, die durch Lebenskrisen erzeugt werden.

Auch zu einseitige Lebenseinstellungen können Gegensätze zwischen dem Denken und Fühlen, zwischen geistiger Orientierung und dem Streben nach Triebbefriedigung erzeugen und damit die für das Leben und das seelische Erleben notwendige Balance stören. In solchen Fällen haben die Träume eine überwiegend kompensatorische Funktion, indem sie einen Ausgleich bewirken zwischen den beispielhaft genannten Gegensätzen. Jeder Mensch mit auch nur ein wenig Selbsterkenntnis kann in seinem persönlichen Leben derartige Gegensätze und die dadurch verursachten inneren Spannungen feststellen. Nach C. G. Jung »besteht die Psyche aus Vorgängen, deren Energie dem Ausgleich verschiedenster Gegensätze entstammen kann. Der Gegensatz Geist–Trieb stellt nur eine der allgemeinsten Formulierungen dar, welche den Vorteil hat, die größte Anzahl der wichtigsten und kompliziertesten psychischen Vorgänge auf einen gemeinsamen Nenner zu bringen. Vom Standpunkt dieser Betrachtungsweise aus erscheinen die psychischen Vorgänge als energetische Ausgleiche zwischen Geist und Trieb, wobei es zunächst völlig dunkel bleibt, ob ein Vorgang als geistig oder als triebhaft bezeichnet werden kann.«[176] Der schon genannte Ausgleich zwischen den Gegensätzen, der auch als Gegensatzvereinigung bezeichnet wird, ist eine der grundlegendsten Erfahrungen des Schöpferischen.

Eine weitere Form des Schöpferischen erleben wir in unseren Träumen, wenn sie uns die Vergangenheit unserer Lebensgeschichte und unserer Erfahrungen vergegenwärtigen. Wenn wir auf unserer Traumbühne in die Vergangenheit blicken, so scheint die Kreativität des Unbewußten damit zwei Anliegen zu verfolgen. Zum Positiven dieser Rückbesinnung gehört, daß wir an gelungene Lebensgestaltung erinnert werden und dadurch Lebensmut und Hoffnung freigesetzt werden kann zur Auseinandersetzung mit den Problemen der Gegenwart. Dazu gehört ferner, mit den in uns schlummernden Potentialen und Ressourcen eine Verbindung herzustellen, damit die Lebensenergien aus der Quelle unserer Geschichte und aus unseren Wurzeln für die Gegenwart nutzbar werden können.

Durch den Rückgriff unserer Träume auf unsere Vergangenheit können aber auch schmerzliche Erfahrungen und traumatische Erfahrungen in Erinnerung gerufen werden, die noch nicht geheilt sind und einer gegenwärtigen Bearbeitung und Lösung bedürfen. Das Schöpferische wird nun in den beispielhaft genannten Erfahrungen nach längerem Bemühen darin spürbar, daß ein Gefühl des Friedens, des »Seelenfriedens« spürbar wird und wir eine Zeitlang Ruhe finden.

Einen weiteren schöpferischen Prozeß können wir in den Analogiebildungen und die Parallelisierungen der Bilder und Symbole innerhalb des ein und selben Traumes beobachten. Was in der einleitenden Szene eines Traumes vielleicht nur angedeutet erscheint, wird meistens in einem nächsten Teil konkretisiert oder sogar dramatisiert, um die Aufmerksamkeit für die Bedeutung und Botschaft des Traumes zu verstärken. Derartige Parallelisierungen sind in den Dichtungen der biblischen Psalmen ein häufig angewendetes Prinzip[177]. Da die 150 Psalmdichtungen die gesamte Geschichte des Volkes Israel begleitet und in dieser langen Tradition auch die Beachtung der Träume mit der Pflege einer regen Traumkultur einherging, vertrete ich die These, daß jenes dichterische Prinzip von den schöpferischen Prozessen in den Träumen übernommen wurde.

Einen weiteren Ausdruck des Schöpferischen sehe ich in dem Evidenzgefühl, das uns die Stimmigkeit einer Einsicht und einer Erkenntnis vermittelt und uns damit vergewissert, daß wir mit unserer Traumdeutung auf dem richtigen Wege sind. Das Evidenzgefühl ist zutiefst mit unserer Fühlfunktion verbunden, mit deren Hilfe wir die Dinge und Erfahrungen nach angenehm oder unangenehm, nach richtig oder falsch beurteilen können. Auch wenn wir auf unsere innere Stimme und deren überzeugende Wahrheit zu hören beginnen, sagt uns das Evidenzgefühl, ob wir richtig oder falsch liegen oder handeln. Gerade in einer Zeit, in der wir durch die Flutwelle an Informationen in der Gefahr stehen, fremdbestimmt zu werden, scheint es mir besonders notwendig zu sein, auch auf die leise Stimme im eigenen Inneren zu hören.

Im Praxisfeld der Traumarbeit bekommt die Inkubation eine besondere Bedeutung, wozu ich seit mehreren Jahren spezielle Traumseminare durchführe. Wir schlafen dann mit der Gruppe in einer Kirche oder an einem besonderen Kraftort und unterstützen dadurch das »Brüten der Seele«. Zu diesem praktischen Umgang mit Inkubationsträumen bin ich durch folgende Überlieferungen angeregt worden. Bei den gegenwärtig noch ursprünglich lebenden Völkern, wie z. B. einzelnen Stämmen der Indianer in Nordamerika oder den Ureinwohnern Australiens oder Afrikas ist es heute noch Sitte, daß der Einzelne oder eine Gruppe sich zur »Visionssuche« in die Einsamkeit an einen spirituellen Ort zurückzieht, um einen großen Traum zu erwarten[178]. Man glaubt, daß der gute Geist eines bestimmten Kraftorts die eigene Seele derart beeinflussen könne, daß das verborgene Wissen des Unbewußten durch Fasten und/oder innere Sammlung erweckt werden könne und durch die Träume einsehbar werde. Auch in der jüdisch-christlichen Tradition haben Inkubationsträume und Initiationen in einer besonderen Lebensaufgabe eine

Funktion gehabt, die jedoch weitgehend vergessen wurde. Beispielhaft dafür verweise ich auf den Berufungstraum des jungen Königs Salomon. Er begab sich zum Empfang seines Inkubationstraumes zu einem besonderen Anbetungsort, einer Kulthöhe in Gibeon und wartete dort auf seinen großen Traum[179]. Schließlich sei noch an die therapeutische Funktion der Inkubationsträume im alten Griechenland erinnert. Patienten durften in der psychosomatischen Klinik in Epidaurus nach längerem Klinikaufenthalt im heiligen Bezirk schlafen und dort ihren Heiltraum und die Erscheinung eines Gottesbildes erleben[180]. Über die Erfahrungen mit Inkubationsträumen in meinen Gruppen berichte ich in meinem Buch: *Die Heilkraft der Träume*[181].

Das Ziel unserer Traumarbeit besteht darin, zu erkennen und wahrzunehmen, was der besprochene und bearbeitete Traum zur Ganzwerdung der Person und zur Heilung des inneren Menschen beiträgt. Dies kann für den Betreffenden erfahrbar werden, indem der Traum eine Lösung des realen Konflikts anzeigt und mögliche Schritte für eine neue Lebensgestaltung vor Augen führt. Im emotionalen Erleben kann dies zu einer neuen Zufriedenheit oder motivierendem Lebensmut führen. Ich spreche in diesem Zusammenhang absichtlich nicht von Ganzheit, wie es in der tiefenpsychologischen Literatur üblich ist, sondern habe den fortwährenden Prozeß des Werdens hervorgehoben. Mit dieser Traumpsychologie und Lebensphilosophie schließe ich mich dem altgriechischen Philosophen Heraklit an, der schon vor rund 2500 Jahren lehrte, daß die Schlafenden und Träumenden Mitwirkende an den Geschehnissen in der Welt sind[182].

Schließlich möchte ich auch einige Gedanken zum Schöpferischen aus der analytischen Psychologie C. G. Jungs vorstellen. Für Jung ist die Beachtung des Schöpferischen von grundlegender Bedeutung, wenn er in seiner Biographie schreibt: »Mein Leben ist die Geschichte einer Selbstverwirklichung des Unbewußten. Alles, was im Unbewußten liegt, will Ereignis werden, und auch die Persönlichkeit will sich aus ihren unbewußten Bedingungen entfalten und sich als Ganzheit erleben.«[183] Jung beschreibt mit zahlreichen Beispielen, Erfahrungen und Träumen die schöpferischen Wirkungen und Inspirationen aus seinem Unbewußten. Diese faßt er am Ende seiner Biographie folgendermaßen zusammen: »Meine Werke können als Stationen meines Lebens angesehen werden, sie sind Ausdruck meiner inneren Entwicklung, denn die Beschäftigung mit den Inhalten des Unbewußten formt den Menschen und bewirkt seine Wandlung. Mein Leben ist mein Tun, meine geistige Arbeit. Das eine ist vom anderen nicht zu trennen. Alle meine Schriften sind sozusagen Aufträge von innen her; sie entstanden unter einen schicksalhaften Zwang. Was ich schrieb, hat mich von innen überfallen. Den Geist, der mich bewegte, ließ ich zu Worte kommen.«[184]

Die Bedeutsamkeit der Kreativität im Werk von C. G. Jung und die schöpferischen Prozesse der Seele würdigt auch seine engste Mitarbeiterin, Marie-Louise von Franz, in ihrer Biographie über C. G. Jung. Sie beschreibt in vielfältiger Weise, wie Jung diese schöpferischen Stimmen des Unbewußten in seinen Werken und Briefen mitreden ließ. Zur Beschreibung dieser Kreativität wählt von Franz den Begriff des schöpferischen Eros und schreibt dazu:»Der Gott des schöpferischen Eros erwies sich nämlich in Jungs Leben auch als ein anspruchsvoller Geist, der ihm keine Ruhe ließ und ihn rastlos weiterzuforschen zwang. So bekennt Jung selber am Ende seines Lebens: Ich hatte Mühe, mich neben meinen Gedanken zu behaupten. Es war ein Dämon in mir…, er überflügelte mich, und wenn ich rücksichtslos war, so darum, weil ich vom Dämon gedrängt wurde. Ich konnte mich nie aufhalten beim einmal Erreichten. Ich mußte weiter eilen, um meine Vision einzuholen.«[185]

In ähnlicher Weise würdigt auch Verena Kast die Kreativität in der Psychologie von C. G. Jung, indem sie nachweist, welch einen maßgeblichen Stellenwert sie einnimmt. Die schöpferischen Kräfte aus dem unbewußten und deren kreative Realisierung beschreibt V. Kast wie folgt:»Daß solche Impulse zu schöpferischem Tun aus dem Unbewußten auftauchten, scheint doch darauf hinzudeuten, daß im Unbewußten selber eine Tendenz ist, sich vom Bewußtsein festhalten zu lassen durch schöpferisches Tun. Und dieses schöpferische Tun ist sehr vielgestaltig: der eine malt, was ihm die Phantasie eingibt, der andere modelliert in Ton, der nächste baut Sandburgen, wieder ein anderer interpretiert ein Märchen, das ihm auf der Seele brennt – es wird musiziert, getanzt usw.: kurz, es geht um das Schöpferische in seiner vollen Bandbreite.«[186]

Das Mandala als Ursymbol in kollektiven Träumen

Das Mandala ist ein Ursymbol des Lebens und der Träume. Die Grundformen eines Mandalas stellen ein Quadrat oder einen Kreis dar, die auf ein Zentrum und einen Mittelpunkt ausgerichtet sind. In der Kultur- und Kunstgeschichte der Menschheit finden sich seit Jahrtausenden vielfältige und eindrucksvolle Darstellungen des Mandalas. In östlichen spirituellen Traditionen, wie z. B. im Buddhismus oder Hinduismus, stellt das Mandala ein Sinnbild für das Universum dar und ist ein Ausdruck für die ordnende Macht der Götter. Der Name Mandala kommt aus dem Sanskrit und bedeutet ganz einfach Kreis oder magischer Kreis. Weitere Formen des Mandalas sind das Rad, der Kranz und besonders die Rosette in vielen Kathedralen des Mittelalters im europäischen Bereich. In der Praxis wird das Mandala als Meditationshilfe benutzt, um die Gedanken und Gefühle zu ordnen und auf ein Zentrum hin zu konzentrieren. Lange bevor die heutige »Mandalawelle« mit vielen Buchveröffentlichungen und Vorlagen zum Ausmalen der Mandalas uns überrollte, hat C. G. Jung in seiner therapeutischen Traumarbeit erkannt, daß das Mandala Schritte und Wege zur Individuation weist. Die Konzentration des Mandalas auf eine Mitte bewirkt Gleichgewicht und Ordnung und verhilft zur Ganzwerdung. Dazu schreibt C. G. Jung:

»Das Grundmotiv der Mandalas ist ›die Ahnung eines Persönlichkeitszentrums‹, sozusagen einer zentralen Stelle im Inneren der Seele, auf die alles bezogen, durch die alles geordnet ist, und die zugleich eine Energiequelle darstellt. Die Energie des Mittelpunktes offenbart sich im beinahe unwiderstehlichen Zwang und Drang, das zu werden, was man ist, wie jeder Organismus annähernd jene Gestalt, die ihm wesenseigentümlich ist, unter allen Umständen annehmen muß. Dieses Zentrum ist nicht gefühlt und nicht gedacht als das Ich, sondern, wenn man so sagen darf, als das Selbst. Obschon das Zentrum einerseits einen innersten Punkt darstellt, so gehört zu ihm andererseits auch eine Peripherie oder ein Umkreis, der alles in sich enthält, was zum Selbst gehört, nämlich die Gegensatzpaare, welche das Ganze der Persönlichkeit ausmachen. Dazu gehört das Bewußtsein in erster Linie, sodann das sogenannte persönliche Unbewußte und schließlich noch ein bestimmter großer Ausschnitt des kollektiven Unbewußten, dessen Archetypen allgemeinmenschlich sind.« (GW 9/I, § 634)

Im Hinblick auf die Praxis der Traumdeutung möchte ich aus diesem inhaltsreichen Zitat noch einige Anmerkungen machen. Wenn ein Mandala in einem Traum das zentrale Symbol darstellt, wäre besonders der Mittelpunkt anzuschauen, um zu spüren, welche Energiequelle und welche Heilkräfte sich hier zeigen und spürbar werden. Die verschiedenen Gegensätze in der eigenen Seele, wie z. B. der Gegensatz von Geist und Trieb, von bewußt und unbewußt, von geordnet und chaotisch, um nur einige zu nennen, können in den Träumen in Gestalt eines Mandalas miteinander verbunden werden. Die anordnenden Faktoren für die Gestaltwerdung eines Mandalas sind die Archetypen, die als anordnende Kräfte und als gestalt-gebende Faktoren definiert werden. Da die Archetypen unanschaulich sind, können sie erst in den archetypischen Bildern der Träume und insbesondere in der Gestalt des Mandalas gesehen werden.

Nach der einleitenden Definition des Mandalas und seiner Funktion, besonders im Seelenleben und in den Träumen, möchte ich jetzt seine Wirkung in dem Traum einer 42jährigen Juristin aufzeigen, die im Prozeß ihrer Individuation folgendes träumte:

»Ich fahre mit meinem Auto ins Meer. Das Wasser ist ganz still, so daß ich ruhig auf dem Meeresgrund dahinfahre. Plötzlich befinde ich mich in einer Runde von Meeresschlangen. Sie sind etwa 2–3 m lang und haben 30 cm dicke Leiber. Sie sind hellbraun und einige weiß. Sie scheinen mit dem Schwanz irgendwo verankert zu sein, so daß ihre Leiber in schwingenden Bewegungen mit der Strömung des Wassers mitgehen. Die Schlangen sind kreisförmig wie ein Mandala angeordnet. Ich befinde mich in meinem Auto geschützt mitten unter ihren Leibern. Besonders eine große weiße Schlange bewegt sich neugierig ganz nahe über mein Auto hinweg. Ich bekomme Angst, sie könnte mich erdrücken. Doch dann bekomme ich plötzlich die Gewißheit, daß sie mir nichts anhaben wird. Dieses Vertrauen läßt mich ruhig werden. Während ich geschützt in meinem Auto sitze, verfolge ich die erhabenen, langsam schwingenden Bewegungen der Schlangen um mich herum. Nach einiger Zeit fahre ich wieder aus dieser Runde heraus und erwache mit einem ruhigen Gefühl und denke verwundert über den Traum nach.«

Nachdem in der Traumbesprechung der lebensgeschichtliche Kontext und die Psychodynamik ausführlich besprochen worden sind, beschränke ich mich hier im Hinblick auf das Thema des Mandalas auf dieses Urbild in Gestalt der Schlangen. Nach dem Bericht der Träumerin hatten sich etwa 30–40 Schlangen in Kreisform angeordnet. In ihren schwingenden Bewegungen mit der Strömung des Wassers erinnern die Schlangen an vergrößerte Spermien und verweisen damit auf sexuelle Energien in der Träumerin. Zu dieser Assoziation würde auch passen, daß dieser Traum zwei Nächte vor der Menstruation geträumt wurde. Dazu gehört auch die Erfahrung, daß die Träumerin in dieser Zeit meistens starke Lustgefühle empfindet. Da die Träumerin sich seit längerer Zeit mit dem Ausmalen von Mandalas beschäftigt und dabei eine beruhigende und heilende Wirkung empfindet, dürfte es nicht zufällig sein, daß die sexuellen Lustgefühle sich in Gestalt eines Mandalas im Traum anordnen. Zu der Zahl der Schlangen fällt der Träumerin ein, daß es eine Entsprechung zu ihrem Lebensalter sein könnte, während sie in der Mitte ihres Lebens steht und sich bemüht, zur inneren Mitte unterwegs zu sein. Wörtlich sagte die Träumerin: »Wenn ich die Bewegungen der Leiber betrachte, fällt mir auf, daß sie sehr elegant sind. Die Eleganz der Bewegung erinnert mich an die Schönheit der Bewegung im Eiskunstlauf, insbesondere dem Eistanz und dem Ballett mit schöner Musik. Immer wenn ich Derartiges sehe und höre, schwingt meine Seele mit, und ich fühle mich sehr wohl. Diese Traumbilder erinnern mich auch an die Empfehlung meiner Therapeutin, meine Gefühle in Körperbewegungen mit Musik zum Ausdruck zu bringen. Wenn ich die genannte Empfehlung auf der Subjektstufe zu verstehen suche, könnte mich das Symbol der weißen Schlange auf eine innere Lebensweisheit aufmerksam machen. Aus der großen Zahl der Schlangen bewegte sich die weiße Schlange sehr dicht auf mich zu. In dieser Annäherung scheint eine besondere Botschaft enthalten zu sein, deren Bedeutung ich zwar ahne, aber zur Zeit noch mit meinem Denken und mit meinem bewußten Ich nicht ganz erfassen kann. Im Traum habe ich zwar zunächst Angst, doch verdichtet sich dann die Gewißheit, daß die Schlange mir kein Leid zufügen will. Zur Farbe Weiß möchte ich noch erwähnen, daß mich das Sprachbild an die Weisheit erinnert. Da ich zur Zeit das Buch *Die weiße Göttin* lese, könnten mich diese Gedanken auch zu der weißen Schlange inspiriert haben«.

Zu der eingangs genannten Gegensatzthematik in einem Mandala gehören in diesem Traum die vielen braunen, erdfarbenen Schlangen im Gegensatz zu der weißen Schlange. Auch die genannten sexuellen Energien zum Zeitpunkt der Menstruation als Ausdruck der Triebhaftigkeit und der Lebensenergien einerseits und die Suche nach geistiger Orientierung und ganzheitlicher Spiritualität der Träumerin würden in dem geschilderten Traumbild zum Ausdruck kommen.

Im Verlaufe von Jahrzehnten habe ich die unterschiedlichsten Mandalas in Träumen zu Gesicht bekommen. Ein Beispiel von vielen möchte ich noch erwähnen, weil es mir beinahe zu einem hohen Toto-Gewinn verholfen hätte. Vor Jahren erzählte mir ein Mathematiker einen merkwürdigen Traum, in dem ein ganzes Feld von Zahlen in quadratischer Form angeordnet war. Der Analysand hatte sich als Mathematiker die Zahlen seines Traumes genau merken können und sie auf einem Zettel aufgeschrieben mitgebracht. Nachdem wir die mögliche Bedeutung der Zahlen nach allen Regeln der Kunst besprochen und dazu auch das Symbol des Mandalas herangezogen hatten, schlug ich dem Patienten vor, seine Zahlen auf einen Lottozettel zu übertragen. Da er dazu keinerlei Neigung und Lust verspürte, bat ich um die Erlaubnis, dies selbst tun zu dürfen. Zum ersten Mal in meinem Leben füllte ich damals einen Lottozettel aus und stellte später fest, daß ich vier Richtige getippt hatte. Als ich diese Erfahrung in der nächsten Stunde dem Analysanden erzählte, staunte er nicht wenig über die Anordnung seiner Zahlenkombination. Zum Verbleib des Gewinns machte er den Vorschlag, das Geld für einen guten Zweck zu verwenden.

Zur Annäherung an die Symbolik des Mandalas möchte ich abschließend noch einige praktische Empfehlungen geben, wobei ich mich besonders auf die Veröffentlichungen von Ruediger Dahlke zum Thema Mandala beziehe. Zur Erschließung der inneren Energiequelle durch Mandalas schreibt Dahlke: »In der Analogie der materiellen Welt ist uns anschaulich klar, daß die wirkliche Kraft in der Mitte der Dinge liegt. Wer in seiner Mitte ruht, ist auch durch überlegene physische Kraft nicht umzuwerfen, wie uns immer wieder östliche Kampfkünstler auf eindrucksvolle Weise demonstrieren. Daß in der Mitte des Atoms die größte physische Kraft liegt, ist inzwischen längst eine Binsenweisheit. Da Mandalas uns in Beziehung zu unserer Mitte bringen können, ermöglichen sie offenbar auch Zugang zu der hier ruhenden Kernkraft, die die Gestalttherapeuten Core-Energy oder Zentralkraft nennen. Soviel wir in der Physik auch von diesen ungeheuren Kräften im Kern des Atoms wissen, so unbedarft sind wir immer noch, was unsere seelische Kernkraft angeht, aber mit Hilfe des Mandala kommen wir immerhin ab und zu in ihren Genuß (Dahlke, *Arbeitsbuch zur Mandala-Therapie*, S. 28). Zum Umgang mit Mandalas und zum Ausmalen derselben gibt der Autor in dem genannten Werk zahlreiche hilfreiche Anregungen. Über die Hilfen und Wirkungen der Mandalas schreibt Dahlke zusammenfassend:

»Mandalas ermöglichen:
- zu lernen, mit Grenzen umzugehen, die notwendigen zu akzeptieren, den dazwischen bestehenden Raum aber frei zu gestalten,
- zu sich zu kommen und Ruhe zu finden, in sich zu ruhen,
- Zentrierung und Konzentration bei gleichzeitiger Entspannung,
- Orientierung im Lebensmuster,

– bessere Integration von Erlebnissen,
– lernen, mit einem Muster in Resonanz zu gehen,
– Gipfelerlebnisse im Sinne von Einheitserfahrungen,
– Entwicklung in Richtung einer ruhenden Persönlichkeit,
– Kraft aus der eigenen Mitte zu gewinnen.« (Arbeitsbuch, S. 33)

Die Mandala-Struktur in den Kristallen

Der japanische Wissenschaftler Masaru Emoto, Doktor der alternati-
ven Medizin, hat in seinem Buch: »Die Botschaft des Wassers« zahlreiche Mandalas in Kristallen unter dem Mikroskop fotografiert. Er
konnte damit wohl erstmals sichtbar machen, daß das Wasser ein
besonderer Träger von feinstofflichen Informationen werden kann.
Indem Emoto musikalische Schwingungen, wie z. B. Bachs »Air«
durch Beschallung auf einen Wassertropfen »übertrug«, ordneten
sich die Kristalle in Form eines Mandalas an. Eine ähnliche Gestalt

Kristall-Mandala fotografiert von Masaru Emoto

178

bildete sich durch die musikalischen Schwingungen von Beethovens Pastorale und einer Symphonie von Mozart. Nach der gleichen Methode bildete sich ein Mandala, wenn Wasser aus der Heilquelle von Lourdes fotografiert wurde, im Unterschied zu verdreckten japanischen Gewässern, die ein schreckliches Gebilde sichtbar machten. Das gleiche Phänomen ereignet sich, wenn die positive Energie der Liebe als Information auf den Wassertropfen gegeben wird.

Mit diesem Bild möchte ich zeigen, daß das Ursymbol eines Mandalas nicht nur ein schönes Kunstgebilde ist, wie aus den vielen Veröffentlichungen mit abgebildeten Mandalas zu ersehen ist, sondern durch positive Informationen auch in den kleinsten Teilchen der Materie sichtbar gemacht werden kann. Dies mag zugleich veranschaulichen, welche positiven oder negativen Wirkungen unsere Worte und Vorstellungen auch in unserer Seele bewirken können. In den kollektiven Träumen mit archetypischen Urbildern, besonders in der Gestalt eines Mandalas, wird uns eine hilfreiche und heilende Botschaft zuteil, die zur Ganzwerdung unserer Seele von grundlegender Bedeutung ist.

Religiöse Symbole öffnen Türen zum kollektiven Unbewußten

Zu meinen interessantesten Erfahrungen in der tiefenpsychologischen Traumarbeit gehört, daß spirituelle Symbole aus den verschiedensten religiösen Traditionen einen Zugang erschließen zu den tiefen Dimensionen der Seele, die wir mit C. G. Jung als das kollektive Unbewußte bezeichnen. Im Unterschied zu den vielen Träumen, die mit ihren Tagesresten unsere Alltagsprobleme widerspiegeln oder menschliche Reifungsprobleme vor Augen führen, gibt es in den Schwellensituationen des Lebens, wie z. B. in der Lebensmitte oder beim Übergang in den letzten Lebensabschnitt sogenannte große Träume mit archetypischen Symbolen, die uns mit der Tiefe des Seins verbinden. Die darin erscheinenden Symbole und die in Schwingung versetzenden Gefühle rühren die betroffenen Träumerinnen und Träumer derart stark an, daß häufig von einer spirituellen Erfahrung gesprochen wird. Bei vielen besteht der Wunsch oder sogar der Drang, derartige spirituelle Erfahrungen mit religiösen Symbolen im vertrauten Kreise zu erzählen und mit Gleichgesinnten zu teilen. Daraus wird einsichtig und verständlich, daß spirituelle Erfahrungen nicht nur eine Türe zum kollektiven Unbewußten sind, sondern darüber hinaus auch eine kollektive Bedeutung für viele andere Menschen haben. Das erfuhren wir in unserer Arbeitsgruppe, als Johannes, ein 33jähriger Sozialpädagoge und Sänger, den folgenden Traum erzählte:

»Eine mir unbekannte schöne Frau führt mich eine Treppe hinunter in einen geheimnisvollen unterirdischen Raum. Er erscheint mir wie ein antiker Kultraum der alten Griechen oder Römer. Die Frau ist mir sehr sympathisch, weswegen ich mich führen lasse. Sie trägt ein langes Kleid, das mich an ein priesterliches Gewand erinnert. Als wir unten sind, beginnt ein merkwürdiges Ritual. Ein Schaf wird auf einen Altar gelegt, und ihm wird in einer schmerzfreien Handlung der Kopf abgetrennt. Es war kein schreckliches Ritual mit Blutvergießen und Zuckungen des Opfertieres, sondern alles verlief zu meinem größten Erstaunen ganz friedlich. Offensichtlich wurde hier eine neue Methode der Opferung und Darbringung angewendet, die für das Schaf sanft und mild sei. In allem, was hier geschah, schien eine sanfte Energie zu walten. Diese unblutige Opferung beschäftigte mich noch tagelang, und ich bekam das Gefühl, zu meinen religiösen Wurzeln zurückgekehrt zu sein.«

Nachdem Johannes den Traum in einer gewissen Ergriffenheit erzählt hatte, wünschte er als erstes ein beeindruckendes Erlebnis aus seinem lebensgeschichtlichen Kontext zum Traum zu erzählen:

»Ich hatte diesen Traum am Freitag, bevor ich am Sonntag meine Freundin in Heidelberg besuchte, die dort Theologie studiert. Sie lud mich zu einem Gottesdienst in der Peterskirche ein. Nachdem ich viele Jahre nicht mehr in einer Kirche war, ging ich ihr zuliebe mit. Während ich den ersten Teil des Gottesdienstes etwas gelangweilt an mir vorübergehen ließ, erlebte ich eine Art Geistesblitz, als der Prediger, ein Professor, meiner Freundin, aus Offenbarung 5 vorlas. Besonders angesprochen wurde ich von dem Vers 6, wo es heißt: ›Und ich sah, zwischen dem Thron und den vier Lebewesen und mitten unter den Ältesten stand ein Lamm; es sah aus wie geschlachtet und hatte sieben Hörner und sieben Augen; die Augen sind die sieben Geister Gottes, die über die ganze Erde ausgesandt sind.‹ Ganz spontan war mein Traum gegenwärtig, und ich war fortan mit dem Gedanken beschäftigt, was die Opferung und Darbringung meines Schafes im Traum mit dem geschlachteten Lamm in der Offenbarung zu tun habe? Während mein Schaf durch eine neue Methode sanft und mild geopfert wurde und in dem gesamten Ritual eine unblutige Opferung mit einer sanften Energie stattfand, predigte der Theologe eine für mich schaurige Blut- und Opfertheologie und stellte dabei den für unsere Sünden hingerichteten Jesus am Kreuz uns vor Augen. Dabei erinnerte ich mich an meinen Konfirmandenunterricht, wie schon damals in meiner sensiblen und zartbesaiteten Seele diese Bluttheologie mich ekelte und abstieß und ich deswegen später niemals mehr in die Kirche ging. In den kommenden zwanzig Jahren spürte ich oft eine merkwürdige Solidarität, wenn meine Freunde oder Freundinnen auf dieses Thema zu sprechen kamen und sich deswegen ebenfalls vom Christentum abwendeten und neue Wege für ihre Spiritualität in östlichen Weltanschauungen suchten.«

Kritische Leserinnen und Leser werden bei der sanften Energie und der schmerzlosen Opferung des Schafes im Traum von Johannes zu Recht fragen, ob diese veränderte Symbolik angesichts der Greueltaten im Holocaust und im Kosovo und anderswo nicht zu schön seien, um wahr zu sein? In gewisser Weise mag das für viele zutreffen. Da jedoch die tiefere Wahrheit eines spirituellen Traums uns zur Quelle des kollektiven Unbewußten führt, wird damit eine tiefere Dimension erschlossen, die nicht durch die realen Gegebenheiten bewertet werden sollte. Ähnlich wie bei der genannten Gotteserfahrung von Elia, wo Gott nicht in den starken und erschütternden Naturerscheinungen gegenwärtig ist, sondern in dem stillen sanften Sausen, gibt es nach meiner Praxis in den spirituellen Lebenskrisen in begnadeten Augenblicken jene Erfahrungen, die unserem Träumer Johannes widerfahren sind. Die Wahrnehmung derartiger sanfter Energien und neuartiger spiritueller Symbole, wie z. B. das schmerzfreie Ritual im Traum, ist keineswegs nur ein schwacher Trost oder eine Wunscherfüllung (nach Freud), sondern öffnet neue Seiten im Lebensbuch. Ähnlich wie im Traum des Apokalyptikers Johannes, wo nicht der kraftvolle Löwe das Buch mit den sieben Siegeln öffnet, sondern das zarte und schwache Lamm, so können gegenwärtig gerade sanfte Energien bisher ungeahnte Lebensmöglichkeiten neu eröffnen.

Wenn wir eine religiöse Sozialisation und eine christliche Erziehung erfahren haben, können uns häufig die in unserem Unbewußten gespeicherten spirituellen Symbole durch die symbolbildenden Prozesse in den Träumen erscheinen und zum Ausdruck werden für Sinnfindung und neue Spiritualität. Ähnlich wie in dem Traum von Johannes muß nicht eine wortgetreue Wiederholung im Traum geschehen, sondern die Kreativität des Unbewußten zeigt sich gerade in neuen Symbolerfindungen, die für gegenwärtige Menschen der bestmögliche Ausdruck sind für Sinnfindung und Spiritualität. In der Arbeit mit Träumen und insbesondere mit archetypischen Symbolen und ihrer kollektiven Vernetzung ist es wichtig, nicht allein die rationale Logik zum Maßstab der Wahrheitsfindung zu machen, sondern offen zu sein für die genannte Vernetzung im kollektiven Unbewußten.

Exkurs zum religiösen Symbol »Lamm Gottes«

Alle religiösen Symbole des Christentums, des Judentums sowie des Islam und aller östlichen Religionen gehören zu den kollektiven Ursymbolen der Menschheit. Sie sind aus zwei Gründen als kollektiv zu bezeichnen, zum einen, weil sie auf der bewußten Ebene von vielen Menschen als Ausdruck ihrer Spiritualität akzeptiert werden, und zum anderen, weil sie aus den Quellen des kollektiven Unbewußten hervorgegangen sind und daher der bestmögliche Ausdruck sind für ein religiöses Gefühl, das viele Menschen miteinander in ihrer jeweiligen Religionsgemeinschaft teilen. Diese Bedeutung eines religiösen Symbols möchte ich an dem »Lamm Gottes« verdeutlichen. Ich nehme dieses Symbol als Beispiel für die Wirkung und Verbreitung von kollektiven Urbildern, weil es in dem Traum von Johannes erschienen ist. Ferner habe ich das Symbol Lamm Gottes in einigen anderen Träumen von religiös orientierten Menschen kennengelernt. Besonders eindrucksvoll und merkwürdig war, daß selbst ein atheistisch eingestellter Mann vom Lamm Gottes träumte und verärgert darüber war, daß er Gott bzw. das Gottesbild noch nicht aus seinem Unbewußten vertrieben hatte. Für meine Forschungen zu kollektiven Träumen ist das letzte Beispiel ein »Beweis«, oder besser gesagt ein Hinweis, daß im Unbewußten viele Symbole gespeichert sind, die entsprechend der persönlichen Entwicklung durch einen Traum ins Bewußtsein dringen können. Selbst wenn das individuelle Bewußtsein sich mit manchen religiösen Symbolen nicht mehr identifiziert, kann aus dem kollektiven Unbewußten ein derartiges Urbild im Bewußtsein erscheinen.

Das Symbol Lamm Gottes zählt nach meiner tiefenpsychologischen Symboldeutung aus mehreren Gründen zu den kollektiven Symbolen. Bei dem Exodus des Volkes Gottes aus der Knechtschaft in Ägypten diente das Blut des Lammes, das die Israeliten an ihre Türpfosten streichen sollten, als Schutz und zur Verschonung vor den angekündigten Plagen. Dazu heißt es im zweiten Buch Mose: »Am Zehnten dieses Monats soll jeder ein Lamm für seine Familie holen, ein Lamm für jedes Haus... Nur ein fehlerfreies, männliches, einjähriges Lamm darf es sein, das Junge eines Schafes oder einer Ziege müßt Ihr nehmen... Man nehme etwas von dem Blut und bestreiche damit die Türpfosten und den Türsturz an den Häusern, in denen man das Lamm essen will... In dieser Nacht gehe ich (spricht Gott) durch Ägypten und erschlage in Ägypten jeden Erstgeborenen bei Mensch und Vieh. Über alle Götter Ägyptens halte ich Gericht, ich, der Herr. Das Blut an den Häusern, in denen Ihr wohnt, soll ein Zeichen zu Eurem Schutz sein. Wenn ich das Blut sehe, werde ich an Euch vorübergehen, und das vernichtende Unheil wird Euch nicht treffen, wenn ich in Ägypten dreinschlage.«[187] Zum ewigen Gedenken an die Befreiung feiern die Juden bis auf den heutigen Tag ihr Passahfest. Später hat die christliche Urgemeinde die Symbolik und den Begriff Lamm Gottes auf Jesus übertragen und bringt nach dem Theologen Joachim Jeremias damit ein Dreifaches zum Ausdruck:

1. Die Geduld des Leidens Jesu, indem er sich wie ein Lamm zur Schlachtbank führen läßt[188].
2. Die Sündlosigkeit und Unschuld Jesu[189].
3. Die Sühnwirkung seines Opfertodes[190]. Geduldig wie ein Opferlamm ist der am Kreuz sterbende Heiland stellvertretend in den Tod gegangen; durch die Sühnkraft seines unschuldigen Sterbens hat er die Schuld der ganzen Menschheit getilgt.

Die Vergegenwärtigung dieser Symbolik erleben die Christen im sonntäglichen Gottesdienst beim Abendmahl und der Eucharistie. Der Priester sagt in der heiligen Messe: »Seht das Lamm Gottes, das hinwegnimmt die Sünden der Welt!« Dabei blickt der Priester auf die Hostie, also auf das Brot der Abendmahlsfeier, und erkennt darin Jesus Christus, der nach katholischer und orthodoxer Auffassung in Fleisch und Blut, als Gottheit und Menschheit unter der Gestalt des Brotes und des Weines real gegenwärtig ist. Die Worte der Liturgie sind dem ersten Kapitel des Johannesevangeliums entnommen, wo Johannes der Täufer auf Christus mit diesen Worten hinweist[191]. In ergreifendster Weise dürfte diese Szene im Isenheimer Altar (um 1512–1516 in Colmar) von Grünewald dargestellt sein. In verschiedenen liturgischen Gesängen wird Christus als das Lamm Gottes um Erbarmen angerufen:

»Christe, du Lamm Gottes, der du trägst die Sünd der Welt, erbarm dich unser,
Christe, du Lamm Gottes, der du trägst die Sünd der Welt, gib uns deinen Frieden. Amen.«

Für die Deutung des vorliegenden Traumes von Johannes möchte ich jetzt kurz die Studie von Herbert Schade, katholischer Theologie und Kunsthistoriker, referieren. In einem faszinierenden Rückgriff auf die altorientalische und altägyptische Kultur, zeigt Schade erstaunliche Parallelen und geistige Hintergründe zwischen dem christlichen Bild vom Lamm Gottes und dem ägyptischen Seelenwidder auf[192]. In der altägyptischen Religion und Kunst stellt der Widdergott Chnum bzw. Amun den astronomischen Beginn des Jahres dar. »In diesen Tierbildern erkannte man den Anfang der Welt, den unteilbaren Punkt der Schöpfung oder die Aufrichtung der Grundordnung im Kosmos. Die mythischen Berichte sprechen von der »Trennung von Himmel und Erde«. Es ist die Zeit des sich immer wieder erneuernden Lichtes und Lebens in der Biosphäre im Frühling«[193]. Mit zahlreichen Details weist der Kunstgeschichtler nach, daß die genannte Symbolik in das Gottesbild des Alten Testamentes und später auf Jesus als Lamm Gottes übertragen wurden. Besonders in der mittelalterlichen Ikonographie gibt es zahlreiche Beispiele, wie Christus als Lamm Gottes in den Kirchen oder auf Bildern dargestellt wurde. Dazu veröffentlichte Schade 110 Abbildungen in dem genannten Buch.

Ohne hier weiter auf kunsthistorische Details oder theologische Fachfragen eingehen zu können ist zu fragen, was die genannte Symbolik für die Deutung und Bedeutung von kollektiven Symbolen beitragen kann? Es sei zunächst nochmals daran erinnert, daß durch die Liturgie der Kirche und die kirchliche Kunst der Gegenwart diese Symbolik einen prägenden Einfluß hat. Durch seine geschichtlichen Wurzeln und die kollektive Verbundenheit aller Religionen zu allen Zeiten, scheint das Lamm Gottes zu den Ursymbolen der Seele zu gehören und ein grundlegendes Lebensgefühl sowie eine religiöse Überzeugung zum Ausdruck zu bringen. Für unseren Träumer Johannes war es der Anfang und der Durchbruch zu einer neuen Spiritualität. Zur astrologischen Bedeutung des Widders kann hier nur auf die Literatur verwiesen werden.

In den großen Träumen des Apokalyptikers Johannes gehört das Lamm Gottes zu den archetypischen Symbolen und zum grundlegenden Inhalt des »Ewigen Evangeliums«[194]. Nach dieser Botschaft dürfte die Symbolik eine zeitlose und ewige Bedeutung haben und wird wohl auch in künftigen Zeiten aus dem kollektiven Unbewußten erscheinen und Menschen einen Anschluß und eine Beziehung ermöglichen zu der geistigen Welt. Wer die geistige Kraft und die spirituelle Schwingung der Symbolik vom Lamm Gottes nachempfinden möchte, der möge dazu aus dem Messias von Händel den entsprechenden Chor auf sich wirken lassen, in dem Händel dazu Worte aus der himmlischen Vision des Johannes vertonte:

Würdig ist das Lamm, das geschlachtet wurde,
Macht zu empfangen, Reichtum und Weisheit, Kraft und Ehre, Herrlichkeit und Lob.
Und alle Geschöpfe im Himmel und auf der Erde, unter der Erde und auf dem Meer, alles was in der Welt ist, höre ich sprechen:
Ihm, der auf dem Thron sitzt und dem Lamm gebühren Lob und Ehre und Herrlichkeit und Kraft in alle Ewigkeit.
Und die vier Lebewesen sprachen: Amen. Und die 24 Ältesten fielen nieder und beteten an.«[195]

Der Engel-Traum von Chagall

Bei der Suche nach neuer und ganzheitlicher Spiritualität haben die Träume in den letzten Jahrzehnten zunehmend an Beachtung und Bedeutung gewonnen[196]. Obwohl nicht jeder Traum, der alltägliche Lebensprobleme widerspiegelt, diese Funktion hat, gibt es in den spirituellen Lebenskrisen beachtenswerte Träume, die uns den Blick öffnen für die unsichtbare geistige Welt und uns Einblicke gewährt in die Hintergründigkeit der Dinge. Dazu werde ich weiter unten einen Engeltraum von Chagall berichten und habe das religiöse Symbol des Lammes Gottes in einem Großen Traum von Johannes mitgeteilt. Zunächst jedoch befassen wir uns einleitend mit der Erfahrung, daß gerade in einer Zeit, in der so viele religiöse Symbole ihre Anerkennung und Wirkung verloren zu haben scheinen, die aus dem Unbewußten sichtbar werdenden Traumbilder ein neuer Ausdruck für Spiritualität werden können. Eine grundlegende Erkenntnis dafür ist die kompensatorische Funktion der Seele, indem die Inhalte und Werte, die einst einen wegweisenden Platz im kollektiven Bewußtsein der Menschen hatten, ins Unbewußte gesunken sind, hier eine Zeitlang schlummerten oder ruhten, bis sie mit neuen Lebensenergien derartig angereichert wurden, daß sie dann zwangsläufig wieder aus der Tiefe aussteigen und für das innere Auge sichtbar werden. Derartige Offenbarungen sind keineswegs nur ein Phänomen unserer Zeit, sondern sind in der Geistesgeschichte der Menschheit häufig zu beobachten. Als Theologe hat mich dieses Phänomen schon zu meinen Studienzeiten fasziniert, daß die Propheten Israels in einer Epoche auftraten, als der wahre Gottesglaube in vielen Menschen wie abgestorben schien. In dieser Zeit traten einzelne Gottesmänner an die Öffentlichkeit, weil sie durch ihre Visionen und Träume dazu genötigt wurden, die Botschaften, die sie innerlich hörten und sahen, für das Kollektiv ihres Volkes zum Ausdruck zu bringen[197]. Ihre Großen Träume mit den archetypischen Symbolen scheinen zeitlos zu sein, so daß auch nach zweieinhalb Jahrtausenden gegenwärtig in den Gottesdiensten darüber gepredigt wird und sie für die Gegenwart aktualisiert werden.

Damit haben wir wiederum ein kollektives Phänomen herangezogen, wie aus dem kollektiven Unbewußten einzelner Menschen Botschaften und Bilder hervortreten, die für die menschliche Gemeinschaft und die Zukunft der Menschheit von grundlegender Bedeutung sind.

»Die Erscheinung des Engels« von Marc Chagall

Die genannte kompensatorische Funktion der Träume, die gerade auch für das neue Verständnis von Spiritualität so wichtig ist, hat

C. G. Jung in seinem berühmten Wort von dem sogenannten »Stern-
fall« beschrieben und sagt dazu sinngemäß: »Seitdem die Sterne vom
Himmel gefallen sind, herrscht geheimes Leben im Unbewußten.«[198]
Jung will mit diesem Bild zum Ausdruck bringen, was einleitend
bereits ausgeführt wurde, daß diejenigen Inhalte, die im Bewußtsein
und vor allem im kollektiven Bewußtsein der Menschen keinen Raum
mehr haben, sich nicht einfach ins Nichts auflösen, sondern im Unbewußten und speziell auch im kollektiven Unbewußten, weiterwirken
und zu einem bestimmten Zeitpunkt wieder als kollektive Träume im
Bewußtsein einzelner Menschen erscheinen. Diese geistesgeschicht-
lich bedeutsame Situation erleben wir nach meiner Sicht und
Erkenntnis in den letzten Jahrzehnten. Die Werte und religiösen Symbole, die einst jahrhundertelang oder sogar Jahrtausende für Menschen eine wegweisende Funktion hatten, erscheinen erneut in kol-
lektivbedeutsamen Träumen und gewinnen damit nicht nur für den
einzelnen Menschen eine Bedeutung, sondern sind auch richtung-
weisend für viele Menschen, wenn nicht sogar für die ganze Menschheit. Dieses Geschehen möchte ich mit Hilfe eines Engeltraumes von
Marc Chagall verdeutlichen und habe es mit dem archetypischen
Symbol des Lammes Gottes in einem Traum von Johannes veranschaulicht.

Chagall berichtet in seiner Autobiographie *Mein Leben*[199], wie er in
seiner Petersburger Zeit um 1910 (Chagall war damals 23 Jahre alt) so
arm war, daß er nicht einmal ein eigenes Zimmer geschweige denn ein
eigenes Bett besaß. Wörtlich erzählt er: »Meine Mittel erlaubten mir
nicht, ein Zimmer zu mieten; ich mußte mich mit Zimmerecken
begnügen. Ich hatte nicht einmal ein Bett für mich allein. Ich mußte
es mit einem Arbeiter teilen. Er war wirklich ein Engel, dieser Arbeiter
mit dem tiefschwarzen Schnurrbart. Aus lauter Freundlichkeit zu mir
drückte er sich ganz gegen die Wand, damit ich mehr Platz hätte, ihm
den Rücken zukehrend, mit dem Gesicht zum Fenster und atmete die
frische Luft. In diesem Zimmer, mit Arbeitern und Straßenhändlern
als Nachbarn, blieb mir nichts anderes übrig, als mich auf den Bett-
rand zu legen und über mein Leben zu grübeln. Worüber sonst?

Und Träume suchten mich heim: ein viereckiges Zimmer, leer. In einer
Ecke ein Bett und ich darin. Es wird dunkel. Plötzlich öffnet sich die Zim-
merdecke und ein geflügeltes Wesen schwebt hernieder mit Glanz und
Gepränge und erfüllt das Zimmer mit wogendem Dunst. Es rauschen die
schleifenden Flügel. Ein Engel! denke ich. Ich kann die Augen nicht öffnen,

es ist zu hell, zu gleißend. Nachdem er alles durchschweift hat, steigt er empor und entschwindet durch den Spalt in der Decke, nimmt alles Licht und Himmelblau mit sich fort. Dunkel ist es wieder. Ich erwache. Mein Bild ›Erscheinung‹ gibt diesen Traum wieder.«[200]

Chagall hat dieses kollektive Traumbild etwa sieben oder acht Jahre in seinem Herzen bewegt und konnte es offensichtlich erst im Jahre 1917/18 malen. In der genannten Autobiographie, die er während seines Aufenthaltes in Moskau im Jahre 1921/22 abfaßte, also etwa drei bis vier Jahre nach dem genannten Traumbild »Die Erscheinung«, ist er mehrfach in der Biographie auf das Thema Traum eingegangen. Daraus wird ersichtlich, daß in seiner Herkunftsfamilie, besonders seitens der Mutter, das Träumen zum alltäglichen Leben dazugehörte. Wie stark die Träume das Leben in der Familie bestimmten, läßt Chagalls Bemerkung erkennen, daß er, wie seine Geschwister, ihre Kinderkrankheiten immer erst dann bekamen, wenn die Mutter davon geträumt hatte[201]. Als Chagall Jahre später selbst Vater geworden war, hatte er ebenfalls derartige vorausschauende Träume, daß z. B. seine Tochter von einem Hund gebissen wurde, was dann auch real geschah[202]. Die mystische Verbundenheit auf seelischer Ebene, die Chagall in seiner Kindheit durch die Träume der Mutter erfahren hatte, setzten sich offensichtlich in der Mitte seiner Jahre fort in der traumhaften Verbundenheit zu seinen eigenen Kindern. Nach meinen Studien zur Kreativität im Leben von Chagall dürfte die genannte Traum-Partizipation auch zur entscheidenden Innovation für seine gemalten Traumbilder geworden sein, indem er die große Kombinationsfähigkeit der Seele in Verbindung der verschiedensten Motive in seinen Bildern, insbesondere in seinen Engelbildern, zum Ausdruck brachte. Der Umstand, daß Chagall diesen kollektiven Traum erst Jahre später malte und nochmals Jahre später in seiner Biographie darauf zu sprechen kam, ist nach tiefenpsychologischer Deutung ein Hinweis darauf, daß es sich um einen kollektiven Traum handelt, der nach meinen Forschungen mit derartigen Phänomenen lange Zeit im Herzen »bebrütet« werden muß, bevor man ihn in Worte oder in ein Bild kleiden kann. Betrachten und deuten wir dieses visionäre Traumbild im lebensgeschichtlichen Kontext des jungen Malers, dann spiegelt sich darin die kompensatorische Funktion seiner Psyche. Damit wird gesagt, daß die ärmlichen Verhältnisse und die soziale Not des nach Anerkennung strebenden jungen Malers durch die Erscheinung seines Engels einen Einblick bekommt in die geistige Welt, die sich in der Offenbarung seiner schöpferischen Muse zeigt[203]. Autobiographisch betrachtet spiegelt sich in dieser Engel-Muse seine geliebte Bella, in die er sich 1909 in Witebsk verliebte und schließlich trotz vieler Widerstände der reichen Familie von Bella 1915 heiratete. Die Glückseligkeit der Liebe und die erotische Faszination findet in jenen Jahren einen farbigen Ausdruck in seinen zahlreichen Bildern mit den Titeln: Die Liebenden in Grün, in Blau und in Rosa, die allesamt psychologische Meisterwerke sind, für ein mystisches Lebensgefühl des Chassidismus des Ostjudentums, dem Chagall, seine Eltern und Vorfahren entstammten. Zu dieser Frömmigkeit gehört, den göttlichen Eros, die Gottesliebe, in der menschlichen Liebe zu erfahren und zu erleben[204].

Neben der persönlichen Verliebtheit in seine spätere Frau Bella und den damit einhergehenden erotischen Einfärbungen seiner Liebesgefühle ist auch die schwierige Ausbildungssituation jener Zeit eine Kompensation zu der spirituellen Symbolik in dem geschilderten Traum. Aus der Biographie und anderen Werken seines Schwiegersohnes sowie weiterer Autoren geht hervor, wie viele Absagen Chagall von Ausbildungsstätten für die Malkunst hinnehmen mußte, und dazu kamen große finanzielle Nöte, so daß er mit einem Existenzminimum auskommen mußte[205]. Bei all diesen irdischen Nöten dürfte die Sehnsucht des erfolglosen jungen Mannes verständlich werden, daß sich ihm der Himmel öffnen und aus der geistigen Welt ein Engel oder eine Muse erscheinen möge, wie es in dem vorliegenden Traum geschah. Der durch den Spalt in der Decke hereinschwebende Engel ist ein anschauliches Symbol für die Leichtigkeit des Seins, die zu jenem Zeitpunkt die bedrückenden Lebensprobleme kompensierte. Der genannte Schwebezustand mit der Aufhebung der Erdenschwere wird fortan ein wichtiges Motiv in den späteren Bildern, in denen Menschen mit Leichtigkeit durch die Luft zu fliegen scheinen. Was Chagall mit diesem Motiv ausdrückt, ist vergleichbar mit den kompensatorischen Traumbildern, die häufig in belastenden und schwierigen Lebenssituationen von der Seele hervorgebracht werden, um einen gewissen Ausgleich der Gegensätze herzustellen und eine heilende Balance zwischen Lebenslast und Lebenslust spürbar zu machen. Da Chagall seine Wurzeln in der mystischen Tradition des Judentums hat, obwohl er selbst kein Mitglied der Synagoge war, zeigt dennoch, daß für seine Seele der Engel ein bestmöglicher Ausdruck ist für jene Form von Spiritualität, die das irdische Dasein erträglicher macht. Durch meine langjährige Beschäftigung mit den Bildern von Chagall bin ich zu der Auffassung gelangt, daß insbesondere seine zahlreichen Engelbilder an verschiedenen Orten in der

Welt ein Ausdruck und eine fortwährende Weiterentwicklung des geschilderten Initialtraumes sind. Ein kollektiver Traum, der bestimmend wird für das Leben, die Kunst oder die Weltanschauung sowie die Spiritualität eines Menschen, kann nicht nur einmal beschrieben und angeschaut werden, sondern muß in vielgestaltiger Weise den Menschen mitgeteilt werden, wie Chagall dies in seinen unnachahmlichen Engelbildern getan hat. Die Bedeutung des Engels im Leben und Wirken von Chagall faßt einer der besten Kenner des Meisters, Alfons Rosenberg, wie folgt zusammen: »So ist die Spannweite dessen, was bei Chagall der Engel bedeutet, ungemein groß. Oft sind es die Gestalten biblischer Boten, dann wieder Geister der Liebe, zuweilen auch geflügelte Elementargeister. Und schließlich dient die Beflügelung von Tieren und Dingen dazu, um das Wehen des Geistes in allen Dingen auszudrücken. Denn die Dinge und Lebewesen sind für Chagall nicht so fixiert, wie dies unsere eingeschränkte Logik wahrhaben will. Für ihn ist die ganze Schöpfung noch in Bewegung und im Werden, weshalb jeder Zeit in ihr das Unausdenkbare und Unvorhersehbare Ereignis werden kann. Die Symbole für die Bewegtheit der Schöpfung durch Liebe und Geist sind für Chagall die Engel.«[206] Über die kollektive Bedeutung derartiger Träume schreibt Rosenberg weiter: »Chagall träumt diesen ewigen, grenzenlosen und dennoch sich in unserer Enge bergenden Gott. Ist er aber darum nur ein Traum? (...) Aber die Träume der Seher sind Zeugnisse der Wahrheit und oft wirklicher als die Berechnungen der Rechenmeister. Darum erwärmt Chagall durch seinen Großen Traum von Gott unsere Herzen; er öffnet unsere Augen, damit wir die volle Wirklichkeit, die in ihrem Kerne immer eine göttliche ist, zu erfahren vermögen. Chagall, der Maler-Seher, ist davon überzeugt, daß alles sich verändern mag in unserer demoralisierten Welt, nur nicht das Herz, die Liebe des Menschen und sein Streben nach Erkenntnis des Göttlichen.«[207]

Engelerfahrungen meines Arztes

Seit einigen Monaten hängt in der Arzt-Praxis meines HNO-Arztes ein Engelbild, das ich ihm aus Dankbarkeit für die gute und hilfreiche ärztliche Behandlung geschenkt habe (siehe Farbtafel »Engel mit dem goldenen Haar«). Es wurde mir von einem befreundeten Arzt vom heiligen Berg Athos in Griechenland nach einer Pilgerreise mitgebracht. Seit ich vor 40 Jahren zusammen mit meinem Studienfreund

Horst Bethge zum ersten Mal auf dem Athos war und den Schätzen der Ikonen begegnete, sind sie für mich ein kollektives Symbol für die spirituelle Welt geworden. Ähnlich wie der Seher Johannes in seiner Offenbarung schreibt, daß er in seinen großen Träumen in der Höhle auf der Insel Patmos wie durch eine geöffnete Türe in die geistige Welt schaute (Offenbarung 4), so ergeht es mir und vielen anderen Menschen, wenn sie längere Zeit eine Ikone meditieren und zu ahnen und zu spüren beginnen, daß sie selbst als Ebenbilder Gottes (Genesis 1, 27) eine Ikone sind. Derartige spirituelle Erfahrungen können zur Heilung der Seele und zur Ganzwerdung der Person beitragen.[208] Aus diesem Grunde sehe ich in der Abbildung meinen verehrten Heilengel Raphael, dessen Name bedeutet: Gott heilt. Welche Erfahrungen mein Arzt mit diesem Engel macht, möchte ich im folgenden berichten.

Dr. Sp. teilt mit, daß die Engel-Ikone auf ihn ausgesprochen beruhigend wirkt und ein Bild des inneren Friedens ist. Wenn er auf den Engel blickt und sich angeschaut fühlt, werde er in der Hektik seiner ärztlichen Praxis ausgeglichener und könne sich liebevoller seinen Patientinnen und Patienten zuwenden. Besonders wenn er in schwierigen Fällen in seiner ärztlichen Diagnose eine Krebserkrankung mitteilen muß und Patienten dann sehr betroffen sind, weist er auf den Heilengel in seinem Besprechungszimmer hin. Neben diesen wichtigen individuellen Erfahrungen ist für Dr. Sp. der Heilengel ein zentrales Symbol für die transzendente Dimension, die dem Menschen verdeutlichen kann, daß sie nicht allein auf dieser Welt sind. Wir leben nicht nur in dieser immanenten Welt, sondern es gibt eine spirituelle Welt, aus der wir Kraft, Trost und Hilfe schöpfen können. Eine Ikone kann uns schließlich daran erinnern, daß jeder Mensch ein Abbild und Ebenbild Gottes ist. Abschließend bezeugte Dr. Sp. in unserem Gespräch, daß er bei seinen Patientinnen und Patienten ein zunehmendes Bedürfnis nach Transzendenz verspürt, auch wenn dies nicht in kirchlichen und dogmatischen Aussagen formuliert wird.

Ähnliche spirituelle Erfahrungen berichtet eine Juristin, die das Engelbild in ihrer Kanzlei aufgehängt hat, und sagte mir wörtlich: »Immer wenn ich das Bild von Raphael anschaue, wird es mir warm ums Herz. Er erweckt ein tiefes Gefühl der Liebe in mir und bringt diese Energie zum fließen. Seine gütigen Augen lindern jeden seelischen Schmerz. Immer wenn ich den Engel ansehe, habe ich das Gefühl, daß in seiner Umgebung nichts Böses geschehen kann. Sein liebevoller und gütiger Blick löst negative Energien in mir aus. Seine warmherzige Ausstrahlung wandelt dunkle Gedanken in eine freundliche Stimmung.«

Psychologische und symbolische Bildbeschreibung der »Energie – Spirale mit Heilengel« von Roswit Balke

Die Künstlerin Roswit Balke bringt in ihren Bildern und Werken jene Ursymbole zum Ausdruck, die sie in ihren künstlerischen Imaginationen und Träumen aus den tiefen Schichten der Seele empfängt. Ein Beispiel dafür ist die abgebildete »Energie-Spirale mit Heilengel«. Viele Teilnehmerinnen und Teilnehmer meiner Traumseminare fühlen sich von den Bildern der Künstlerin angesprochen, weil sie in den Farben und Formen, in den Motiven und Symbolen etwas wiederfinden, was sie bereits in persönlichen Träumen gesehen und erlebt haben. Auf dem vorliegenden Bild sind die zwei grundlegenden Bausteine aller Träume dargestellt, nämlich die psychische Energie in der Form der Spirale und in der bildhaften Gestalt des Heilengels Raphael mit dem Fisch als spirituelles Symbol. Zugleich ist dieses Bild kennzeichnend für die kollektiven Träume, denen eine besondere psychische Energie innewohnt, die überzeugend auf das Bewußtsein mit seinen vier Orientierungsfunktionen einwirkt, nämlich auf das Denken und Fühlen, auf die sinnlichen Wahrnehmungen und die Intuition als übersinnliches Wahrnehmungsvermögen. Unter psychischer Energie im Sinne von C. G. Jung verstehen wir alle Lebensenergien, die Leib und Seele durchströmen und in den Bildern der Träume sichtbar werden. Eine Verstehenshilfe erhalten wir für diesen Begriff durch das Eigenschaftswort »energisch«, wenn wir aktiv und tatkräftig etwas mit besonderer Kraft anpacken. Wir erleben diese Energie, wenn wir uns energiegeladen fühlen und zielbewußt eine Entscheidung treffen oder energielos und geschwächt uns zurückziehen. Mit der geistig-psychischen Orientierungsfunktion des Denkens verhilft uns die Lebensenergie zur Willensstärke und Entschiedenheit. Mit der Fühl-funktion bewerten wir die energiegeladenen Lebensvorgänge, und in den Träumen spüren wir, ob uns die inneren Vorgänge in der Dramaturgie des Traumes positiv oder negativ berühren, ob sie unsere Stimmung heben oder zur Verstimmung führen, indem wir uns niedergeschlagen oder depressiv fühlen. Ferner nehmen wir die Lebensenergien in allen Sinneserfahrungen wahr und in den psychosomatischen Reaktionen unseres Körpers, indem wir erregt werden, schwitzen oder Herzklopfen bekommen. Die Intuition schließlich ermöglicht uns einen Einblick in die Bilderwelt der Seele, die in den Träumen sichtbar wird.

Nach tiefenpsychologischer Anschauung wirken die inneren Bilder

»Energie-Spirale mit Heilengel« von Roswit Balke (siehe Farbtafel)

und Symbole der Träume als Energietransformatoren. Ähnlich wie
die Transformatoren den Strom aus den Hochspannungsleitungen
transformieren, damit wir in unseren Häusern den Strom mit etwa
220 V nutzen können, so werden uns durch die symbolbildende
Funktion der Seele die physischen und psychischen Energien in den
Träumen sichtbar gemacht, sowie die darauf einwirkenden kosmischen Schwingungen. Diese Vorstellungen können wir auch auf das
Verständnis und die Deutung von kollektiven Träumen anwenden.
Sie verbinden das Individuum mit den Mitmenschen und können
uns darüber hinaus mit der ganzen Welt verbinden, wie z. B. das
Internet. In Analogie dazu können wir sagen, daß alle Menschen
durch die kollektiven Träume in einem sogenannten »Traum-Internet« miteinander verbunden sind.
    Die Spirale auf dem Bild gehört zusammen mit den Mandalas zu

den großen Urbildern des Kosmos und zur Mikrowelt in der Seele. Wenn wir von einer Spirale träumen, handelt es sich um einen kollektiven Traum. In der geometrischen Figur der Spirale wird die psychische Dynamik sichtbar und zeigt als Traumsymbol die Lebensbewegungen der Seele an. Fließt die Lebensenergie im Uhrzeigersinn nach außen, erleben wir im Traum eine Extraversion, und es wird eine Bewußtwerdung angezeigt, indem äußere Objekte besetzt oder die Gefühle auf Personen, Tiere oder Dinge gerichtet werden. In der Gegenrichtung fließen die psychischen Energien nach innen und führen die Träumenden zu ihrer Mitte. Diese Introversion spüren wir im Solarplexus (Sonnengeflecht) als Zentrum unserer körperlichen und inneren Kraftquelle.

Den Engel auf dem Bild können wir als sichtbar gewordene spirituelle Energie ansehen, der die Lebensenergien lenkt und dadurch den Menschen zur Ganzwerdung und Heilung verhilft. In dem apokryphen biblischen Buche *Tobit* erfahren wir, wie der Engel Raphael (= Gott heilt) einen jungen Menschen begleitet und durch seine Anweisungen hilft, daß Tobias einen großen Fisch fängt zur Nahrung und Herz sowie Leber für ein spirituelles Ritual verwendet und die schöne Sara von ihrem negativen Sexualkomplex befreit.

In dem Traumbuch des Propheten Daniel lernen wir einen weiteren Engel kennen, der zur Traumdeutung verhilft, indem er spricht: »Daniel, ich bin gesandt worden, um dir klare Einsicht (zur Traumdeutung) zu geben!« (Dan 9, 22). Der abgebildete Fisch symbolisiert in den Träumen meistens einen spirituellen Inhalt des Unbewußten, der ins Leben integriert werden sollte, indem er zur Nahrung für die Seele wird. Mit derartigen Traumbildern wird den Träumenden signalisiert, daß sie einen Zugang zum kollektiven Unbewußten gefunden haben und dessen Lebensenergien als Kraftquelle nutzen können. Mit dieser Deutung des Bildes haben wir weitere Merkmale für kollektive Träume beschrieben.

Die Botschaft der Heilung: »Du wirst gesund!«

Abschließend möchten wir uns mit dem Thema Licht und Schatten im Traum beschäftigen. Anhand eines Fallbeispiels zeigen wir, wie die Träumerin Gisela sich aus den vielfältigen Verstrickungen des Familiensystems zu befreien und zu lösen vermag, um ihr individuelles Schicksal zu gestalten und die persönlichen Begabungen zu einem erfolgreichen Leben zu nutzen. Ich möchte ferner zeigen, daß es einen inneren Zusammenhang gibt zwischen den Gegensätzen von Licht und Schatten, von körperlichen Störungen und Leiden einerseits und seelischen Heilungskräften andererseits. Es wäre wohl angebracht, bei den genannten Zusammenhängen von einer kollektiven Weisheit zu sprechen, die Leib und Seele, Gesundheit und Krankheit sowie das Individuum, die Herkunftsfamilie und auch die menschliche Gemeinschaft in bestimmten Wechselbeziehungen sieht. So scheint es auch zwischen Krankheit und Heilung, zwischen Neurosen und Rosen, als Symbol für Wachstum und volle Entfaltung der Persönlichkeit, wechselseitige Beziehungen und Bedingungen zu geben. Diese wechselseitigen Wirkungen möchte ich an dem folgenden Fall verständlich machen. Gisela wäre wahrscheinlich nicht zur erfolgreichen Unternehmerin geworden, wenn sie sich nicht durch die Probleme und Qualen hindurchgewunden hätte, um einen Weg zur Quelle ihrer Gesundung zu suchen und Wege der Heilung zu finden. Die Frau, die wie eine Lichtgestalt im Traum erscheint und die Botschaft zur Heilung mitteilt, dürfte die Kehrseite der drei schwarzen Figuren sein, die als schwarze Madonnen bezeichnet werden. Doch damit zunächst genug der Hinführung, und wir lassen den Traum und das nachfolgende Gespräch auf uns wirken. Der Traum lautet:

»Ich befinde mich an einem Hang. Es gibt eine blühende Wiese, und ich gehe relativ unsicheren Schrittes einen Pfad entlang. Ich habe das Gefühl, daß ich eine Krankheit überwunden habe, bin aber noch etwas unsicher auf den Beinen. Meine Sinne nehmen die Sonne, das Hellgrün der Wiese, die Vielfalt der Blumen auf, und ich kann wieder riechen. Ich fühle mich alleine, aber nicht einsam.

Plötzlich tauchen auf dem Hang drei schwarze Figuren auf. Sie sind wie in einem Dreieck positioniert, und ich bekomme den Eindruck, daß es sich um drei schwarze Madonnen handelt. (Ehr-)Furcht übermannt mich, und ich gehe meinen Weg weiter. Während ich wandere, kommt mir eine Frau entgegen. Sie erscheint wie eine Lichtgestalt. Es ist eine weise Frau mit weißen Haaren. Sie kommt mir leichten Schrittes entgegen und sagt leise und freundlich: ›Deine schwere Krankheit hast du überwunden; du wirst gesund werden!‹ Dann geht sie leichten Fußes weiter, und auch ich setze meinen Weg fort.

Plötzlich taucht in der Ferne ein Haus auf, es ist mehr wie eine Hütte. Ich gehe weiter und betrete dieses Haus. Es ist klein; im Hausinneren befindet sich eine spärliche, aber gediegene und solide Einrichtung. In diesem Haus lebt ein Ehepaar, und ich habe das Gefühl, daß es dort alles gibt, was der Mensch braucht. Nicht mehr und nicht weniger. In mir entsteht eine große Stille und Friede. Ich kann dort verweilen und weiß plötzlich, daß dies mein Ort der Stille ist, ich aber noch einmal zurückmuß. Ich gehe den Weg ruhigen Herzens zurück.«

Dazu folgender Kommentar: In seinen Bildern und in den Orten der Handlungen sowie in den Symbolgestalten erscheinen wichtige Aspekte des persönlichen Lebensschicksals wie auch einer kollektiven Weisheit. Die Ortsangabe am Anfang der Traumhandlung macht wichtige Aussagen über die körperliche Befindlichkeit und die sinnliche Wahrnehmungsfähigkeit der Träumerin. Nach der anschaulichen Dramaturgie ist sie noch etwas unsicher auf den Beinen, dennoch scheint Gisela hoffnungsvoll und zuversichtlich ihren Weg zu gehen. Sie spürt und fühlt, daß sie eine Krankheit überwunden hat. Sie ist erfreut darüber, wieder den Duft der Blumen riechen zu können. Die blühende Wiese mit der Vielfalt der Blumen ist eine traumhafte Kompensation der krankmachen Lebensschwierigkeiten, die Gisela in ihrer Herkunftsfamilie erleiden mußte. Ein ähnliches Stück »heile Welt« erlebt die Träumerin gegenwärtig in ihrem Feriendomizil mit den alten Olivenbäumen in einer südlichen Region, wo sie von Zeit zu Zeit weilt und neue Kräfte auftankt. Die Traumbilder am Anfang sind also keine realitätsferne Vision von einer besseren Zukunft, sondern sie sind durch die geschaffenen besseren Lebensbedingungen bereits in Erfüllung gegangen. Da Giselas Traum die individuelle Heilung ihrer schicksalhaften Lebensschwierigkeiten in Verbindung bringt mit einer schönen heilen Welt, ist dies ein weiteres Merkmal für einen kollektiven Traum, ähnlich wie der Prophet Jesaja die Wendung der Not des Volkes in seiner Vision in Verbindung bringt mit einer künftigen heilen Welt, wo die Berge und Täler sich ebnen zu einer geraden Straße durch die Wüste und es eine blühende Landschaft gibt[209]. Wenn der einzelne Mensch in seinem Traum und später auch in der Realität seinen Platz findet in dem großen Rahmen einer Landschaft dann wird jenes Lebensgefühl spürbar, das unsere Träumerin in die Worte kleidet: »Ich fühle mich alleine, aber nicht einsam!«

Die von Gisela erlebte positive Einsamkeit wird im zweiten Teil des Traumes kompensiert, indem aus der archetypischen Bilderwelt die drei schwarzen Figuren und als vierte Gestalt die weise Frau mit den weißen Haaren erscheint. Aus dem Gespräch wurde schon verständlich, mit welchen Schattenanteilen von verschiedenen Geschwistern und Familienangehörigen die drei schwarzen Figuren in Beziehung stehen. Tiefenpsychologisch sprechen wir hier vom »Familienschatten«, der über mehrere Generationen seine neurotischen Wirkungen ausüben kann, ähnlich wie der kollektive Schatten des Naziregimes bei Kindern und Kindeskindern nachwirkt, wie es in dem Kapitel über Segen und Fluch in der Ahnenreihe beschrieben wurde.

In der Dramaturgie der Traumbilder ist die Zahlensymbolik ebenfalls ein kollektives Phänomen. Darauf hat M. L. von Franz mehrfach hingewiesen[210]. Am Anfang des Traumes wird die Träumerin als einzelne Person vorgestellt. Am Ende des Traumes wird die Zahl 2 in Gestalt des Ehepaares genannt, das in dem geschilderten Erleben von Gisela eine positive Bedeutung hat. In zahlreichen anderen Träumen habe ich erforschen können, daß in den vielgestaltigen Ausdruckformen der Zahl 2 eher eine negative Wirkung spürbar wird. Diese Erfahrung wird in verschiedenen Sprachbildern und Worten deutlich wie z. B. Zweifel und Zwietracht. Die besondere Energie der 3 erscheint im Traum in den drei schwarzen Figuren bzw. in den drei schwarzen Madonnen. Die Triade, die Dreiheit steht in der pythagoreischen Vorstellung für die Welt. Häufig wird die menschliche Familie in den Träumen durch die Zahl 3 symbolisiert, nämlich Vater, Mutter und Kind. In Giselas Traum sind die drei schwarzen Figuren ein negatives Bild für die im Gespräch geschilderten familiären Probleme. Zu dieser Dreiheit wird im Traum die Lichtgestalt als vierter und damit heilender Faktor hinzugefügt. In der Traumsymbolik hat der vierte Faktor die Qualität und die Eigenschaft der Integrität, der Solidargemeinschaft und Ganzwerdung. Für Pythagoras war die Zahl 4 sowie der jeweilige vierte Faktor ein Ausdruck für das Gleichgewicht und das Wesen der Natur. Auch in unserem Weltbild sprechen wir von vier Grundelementen, nämlich Feuer, Wasser, Luft und Erde. Auch in der Typologie von C. G Jung kommt die Symbolik in den vier Orientierungsfunktionen zum Ausdruck, dem Denken und Fühlen, dem Empfinden und der Intuition. Wenn nun in der Dramaturgie eines Traumes eine derartige Vierheit sichtbar wird, ist auch dies ein weiteres Merkmal für einen kollektiven Traum.

Nach dem kurzen Exkurs betrachten wir abschließend noch das Ehepaar im Haus als eine symbolische Vereinigung der verschiedenen Gegensätze, die wir schon an anderer Stelle beschrieben hatten. Im Traum sieht Gisela nicht nur das Haus des Paares, sondern geht hinein und nimmt im Hausinneren die genannten Einzelheiten wahr. Zwei Aspekte sind in dieser Symbolik wichtig. In der Traumsprache kann das Haus ein Abbild des eigenen Körpers und/oder ganz allgemein der Lebenssituation sein. Im Unterschied zu zahlreichen vergleichbaren Träumen anderer Träumerinnen und Träumer, die nur ein Haus oder eine Situation von außen betrachten, geht Gisela hinein. Unter psychodynamischen Gesichtspunkten können wir sagen, daß es sich um den Prozeß der Introversion handelt, die Hinwendung zur inneren Welt und die Wahrnehmung von inneren Lebenswerten. Aus den verschiedenen biografischen Mitteilungen von Gisela läßt sich diagnostisch erheben, daß sie in der Jugend und in der ersten Lebenshälfte überwiegend extravertiert gelebt hat. Die verschiedenen körperlichen Symptome nötigten sie dann zunehmend dazu, auf den Körper zu achten und zu spüren, was er durch Qualen und Schmerzen sagen will. Besonders therapeutisch hilfreich wurde die Körpertherapie und Biosynthese. Es ist beachtenswert, wie Gisela (und ähnlich viele meiner Patientinnen und Klienten) jene Therapieform suchen und finden, die für sie die bestmögliche Form der Heilung darstellt. Das spürbare Ergebnis des Heilungsprozesses wird im Traum und im Gespräch als lebendiger und sanfter Friede beschrieben, der am Ort der Stille, im Ferienhaus, erlebt wird. Für Gisela ist dies nicht mehr der trügerische Scheinfriede, der früher in der Herkunftsfamilie mit psychischen und körperlichen Leiden erkauft wurde, sondern was Friede im ursprünglichen Sinne und nach der Bedeutung des hebräischen Wortes Schalom meint, nämlich: »Ganz, voll, genügend oder vollkommen sein; und im Partizipium bedeutet Schalom nach dem jüdischen Theologen und Religionswissenschaftler Pinchas Lapide wohlbehalten und unversehrt sein.«[211]

Für die Ganzwerdung der Person und die Heilung der Lebensverhältnisse und Seele ist die Lichtgestalt des Traumes ein spirituelles

Symbol. Es vermittelt die Kraft, von erneuten Verstrickungen fernzu-
bleiben, und eröffnet eine neue Dimension der Herzensfreundlichkeit
und Güte. Subjektstufig betrachtet hat unsere Träumerin eine Beziehung gefunden zu ihrer spirituellen Anima und zu ihrem spirituellen
Selbst, das in der Tiefe der Seele, im kollektiven Unbewußten, jene
Heilkräfte aufbewahrt und ausstrahlt, die im vorliegenden Traum
sichtbar und wirksam geworden sind. Das Beispiel und die Erfahrungen von Gisela könnten vielen Träumerinnen und Träumern Mut
machen, in den qualvollen Zeiten der Neurose sich mit der nötigen
Geduld um Ganzwerdung und Heilung zu mühen, bis die Seele wieder erblüht wie eine Rose.

In der Analyse und weiteren Deutung des Traumes nach der Typologie von C. G. Jung wird es darum gehen, die verschiedenen Bewegungen der Lebensenergie aufzuzeigen. Ähnlich wie das Leben an energetische Abläufe gebunden ist, so scheinen auch den Inszenierungen der
Träume bestimmte Muster zugrunde zu liegen. Als erstes betrachten
wir die Lebensbewegungen in der Dramaturgie des Traumes im Hinblick auf ihre Extraversion und die Introversion[212]. Bei der Introversion
wendet sich die Lebensenergie den inneren Objekten zu, bei der Extraversion den äußeren Dingen des Lebens. Aus dem psychodynamischen
Handlungsverlauf des Traumes und den lebensgeschichtlichen Erfahrungen der Träumerin Gisela wird ersichtlich geworden sein, daß
sowohl die extravertierte Lebensorientierung als auch der introvertierte
Spürsinn für die inneren seelischen Erfahrungen beteiligt sind. Die
Extraversion wird im Traum selbst schon am Anfang angezeigt, in dem
sich die Träumerin draußen an einem Hang auf einer blühenden Wiese
befindet. In dem Gespräch wird mehrfach geäußert, daß die Träumerin
schon mit zwölf Jahren intensiv Leistungssport betrieb und einige Jahre
später aus dem Haus geht und schließlich erfolgreiche Unternehmerin
wird. In der Krise der Lebensmitte wird Gisela dann durch die
beschriebenen Schwierigkeiten dazu genötigt, sich mehr und mehr um
die inneren Vorgänge und die seelischen Bedürfnisse zu bemühen.
Damit ist der Weg in die Introversion betreten und wird dann durch die
Traumarbeit fortgesetzt. Ein weiterer Ausdruck für die Introversion ist,
daß Gisela im letzten Teil des Traumes in das Haus hineingeht und sich
im Hausinneren genauestens orientiert.

Schauen wir des weiteren auf die vier Orientierungsfunktionen,
wie das Denken und die seelischen Empfindungen funktionieren und
welche Erfahrungen Gisela mit ihrer Fühlfunktion und der Intuition
macht. Das Denken und die rationale Willenssteuerung erfolgte

besonders stark in der Jugend und bestimmte die erste Lebenshälfte. Das rationale Erkennen für das Machbare wurde für die Unternehmerin von grundlegender Bedeutung. Mit der Entwicklung ihres geistigen Potentials und der weiteren Schulung des Denkens konnte die früher nicht lebbare Begabung befreit und beruflich wie privat genutzt werden. Als das Leben in den lebensbedrohlichen Krisen manchmal wie an einem seidenen Faden hing, war die Begabung mit einem guten Denkvermögen so etwas wie eine Silberschnur, die eine hilfreiche Kommunikation mit der Intuition und dem ausgeprägten Fühlen ermöglichte. In der Dramaturgie des Traumes kommt das ordnende und das strukturierende Denken in der dargestellten Zahlensymbolik weiterhin zum Ausdruck.

Das Empfinden betrifft die körperlichen Wahrnehmungen und den ausgeprägten Spürsinn für die Realität und das Machbare im Leben. Im Traum wurde bereits ausgeführt, wie spürbar die sinnlichen Wahrnehmungen von Gisela beteiligt sind. Sie nimmt mit allen Sinnen die Sonne und das Grün der Wiesen wahr. Sie sieht die Vielfalt der Blumen und kann ihren Duft wieder riechen. Zum Abschluß des deutenden Gespräches zu dem Traum erfahren wir, wie intensiv und körperlich spürbar Gisela die Kraft der alten Olivenbäume spürt, wenn sie sich mit dem Rücken an sie lehnt. Ferner haben wir erfahren, wie die Träumerin mit ihren sensiblen Empfindungen ihre psychosomatischen Störungen und seelischen Krisen wahrgenommen hat. Diese beispielhaft genannten Erfahrungen und Wahrnehmungen gehören nach der Jungschen Typologie zum Empfinden.

In der Dramaturgie des Traumes kommt das Fühlen wortwörtlich zum Ausdruck in dem Erleben von Gisela, wenn sie sagt: »Ich fühle mich allein, aber nicht einsam!« Im Traum erlebt sie, daß sie Fühler bekommen hat, die es ermöglichen, sich auch im realen Leben nicht mehr so einsam zu fühlen wie in den krisenreichen Zeiten des Lebens. Das geheilte Fühlen läßt auch die Fühler wachsen, um die allverbindende Liebe zu fühlen. Das Fühlen im Sinne der Jungschen Typologie vermittelt Gisela das überzeugende Gefühl, die Krankheit überwunden zu haben und gesund und heil zu werden. Mit der Fühlfunktion erkennt sie, was für sie und ihre weitere Entwicklung an den Einflüssen der Herkunftsfamilie und den Erstarrungen der Geschwister negativ ist und auf sie krankmachend wirkt. Mit dem gleichen Wahrnehmungsorgan des Fühlens spürt die Träumerin den heilenden Einfluß der Lichtgestalt. Für die künftigen Entscheidungen als freie Unternehmerin verhilft die Fühlfunktion zu den bestmöglichen Entscheidungen in den Verhandlungen mit den zu beratenden Firmen und Institutionen. Gegen Ende des Traumes vermittelt die Fühlfunktion das Gefühl, daß es in dem geträumten Haus alles gibt, was man zum weiteren Leben braucht, wobei weniger an materielle Güter gedacht wird, sondern an die große Stille und jenen Frieden, der nach dem biblischen Friedensgruß »alles Verstehen übersteigt und die Herzen und Gedanken in der Gemeinschaft mit dem spirituellen Christus bewahrt.«[213] Indem die Träumerin das ganzheitliche Erleben des Friedens erfährt und indem sie spürt, daß dieser Friede alles rationale Verstehen übersteigt und den Menschen ganz, heil und vollständig macht, erkennen wir ein weiteres Merkmal für einen kollektiven Traum.

Die gut entwickelte Intuition als Ahnungsvermögen verhilft Gisela zu dem Erkennen und Aufdecken der »unerledigten Geschäfte« (nach Kübler-Ross) in ihrer Herkunftsfamilie und in ihrer Ahnenreihe. Außer der Mutter ahnt und weiß nur sie von ihren Geschwistern um die negativen Einflüsse in den Herkunftsfamilien. Durch den irrationalen Wahrnehmungskanal der Intuition dürfte auch das bisher in ihr schlummernde Urbild der Lichtgestalt vor ihrem inneren Auge im Traum erschienen sein. Die innere Stimme wird hörbar und vernehmbar in den Worten: »Du wirst gesund werden!« Was in der Kindheit in tiefem Vertrauen geglaubt und in den Krisen der Lebensmitte trotz aller Qualen gehofft wurde, wird durch den Traum zu einer spirituellen Anschauung und zu einer lebendigen Hoffnung, die der Träumerin durch den Wahrnehmungskanal der Intuition zugänglich wird.

Zusammenfassend kann gesagt werden, daß es sich immer dann um einen kollektiv bedeutsamen Traum handelt, wenn mit Hilfe der vier Orientierungsfunktionen vielfältige Beziehungen zur Mitwelt möglich werden. Während sich der Mensch in seinen neurotischen Schwierigkeiten isoliert und vereinsamt fühlt, wie wir dies auch bei Gisela erkannt haben, wächst in dem Prozeß der Heilung ein umfassendes Gefühl der Zugehörigkeit zu den Mitmenschen, zur Natur und letztlich zur ganzen Welt. Indem sich der Einzelne als Teil des Ganzen fühlt, indem er seine geistigen und seelischen Fühler ausstrecken kann, wird er schließlich auch die allumfassende Liebe in sich spüren und aufnehmen und fühlt sich vernetzt mit der geistigen Welt.

Allgemein läßt sich bemerken, daß es sich um einen kollektiv bedeutsamen Traum handelt, wenn die individuellen Erfahrungen von psychischen Störungen und psychosomatischen Krankheiten mit

den unbewußten Problemen und den ungelösten Lebensschwierigkeiten unserer Herkunftsfamilien in Beziehung stehen und diese
unterschwellig das individuelle Leben und das persönliche Erleben
positiv wie negativ beeinflussen. Zum kollektiven Element des Traumes gehört insbesondere das Erscheinen einer heilend wirkenden
Lichtgestalt mit der Botschaft: »Du wirst gesund!« Dazu kommt im
vorliegenden Fall von Gisela das Gefühl, in einer allumfassenden und
universellen Liebe geborgen zu sein.

»Engel über der Landschaft« von Roswit Balke

»Engel über der Landschaft« von Roswit Balke

Die Träumerin Gisela wurde durch dieses Landschaftsbild der Male-
rin Roswit Balke an ihr Feriendomizil erinnert. Das Grün der Wiesen
auf dem Bild und die Bäume entsprachen weitgehend ihrem Traum.
Ganz besonders sprach die Träumerin der lichte Engel an, der als eine
Analogie zu der Lichtgestalt ihres Traumes angesehen wurde. Ähnlich
wie das spirituelle Symbol des Engels auf dem Bild die Bäume, Wiesen

und Felder in einem hellen Licht erscheinen läßt, so erleuchtete auch die Lichtgestalt in Giselas Traum die Düsternis der Seele, die sie in der zurückliegenden Zeit hatte durchleben müssen.

Andere Teilnehmer und Teilnehmerinnen unserer Traumgruppe, denen ich dieses Bild zeigte, sahen in den drei Ebenen des Bildes Sinnbilder für drei Lebensabschnitte. Im Vordergrund das braune Feld mit der fruchtbaren Muttererde wurde mit der Kindheit verglichen, in der die Seele noch ein offenes Feld ist, in das durch Erziehung und Bildung viel Gutes und wichtige Lebenskeime, aber auch manche neurotischen Krankheitskeime hineingelegt werden. Ähnlich wie die im Acker verborgenen Saat im Stillen keimt und schließlich hervorbricht, so ergeht es den Kindern in der Entwicklungszeit. Der große Mittelteil des Bildes wurde zu den mittleren Lebensjahren in Beziehung gesetzt, wo jeder seine Lebensformen gestaltet. Der dunkle Himmel mit den bläulich-violetten Wolken wurde zu den finsteren Zeiten des Lebens in Beziehung gesetzt, wenn die qualvollen Konflikte alle Lebensfreude vertreiben.

Als Zusammenfassung der kurzen Bilddeutung möchte ich hervorheben, daß die von Künstlerinnen und Künstlern geschaffenen Bilder kollektive Träume darstellen können, insofern sich einzelne Menschen mit ihren Träumen darin wiederfinden können. Aus den Biographien vieler Künstlerinnen und Künstler ist bekannt, daß sie aus ihren Imaginationen und vor allem durch Träume entscheidende Inspirationen bekommen haben für das eine oder andere Werk. Beispielhaft seien dazu nur Chagall und Dalí genannt.

Anregung und Empfehlung für die Leserinnen und Leser:
Wenn Sie von einem Bild oder einer Plastik besonders angesprochen werden, dann überlegen Sie einmal, ob dieser Faszination eine ähnlich Erfahrung und/oder ein Traum zugrunde liegt wie bei Gisela. Ein weiterer Impuls bei der Betrachtung und Meditation von Kunstwerken, Musik oder Filmen, kann bewirken, daß dadurch das Traumleben angeregt wird und sich häufig eindrucksvolle Träume einstellen. Wenn Sie schon längere Zeit eine seelische Dürre erleben, dann könnten diese Anregungen auch Ihre Seele beflügeln zu einem wegweisenden Lebenstraum.

Die Bedeutung des kollektiven Unbewußten für eine neue Traumkultur

Wie bereits mehrfach ausgeführt, beinhaltet die Tiefenschicht der Seele das kulturelle Erbe der Menschheit. Mit dem Konzept einer Traumkultur möchte ich zum Ausdruck bringen, daß wir unser kulturelles Erbe nicht nur in den gewachsenen Traditionen zum Ausdruck bringen, sondern darüber hinaus die Kreativität des Unbewußten und seine Äußerung in den Träumen zu einer Belebung und Erneuerung der Kultur nutzen sollten. Ähnlich wie die UNESCO das Kulturerbe der Menschheit schützt und die Weltgesundheitsorganisation Rahmenbedingungen für die Menschenrechte und die Gesunderhaltung schafft, so habe ich die Vision von einer künftigen Institution, die sich für den Schutz und die Nutzanwendung der Träume und insbesondere der Beachtung der kollektiven Träume zuständig weiß. Gegen meine Forderung könnten nun die Psychologen kritisch einwenden, insbesondere jene, die therapeutisch mit Träumen arbeiten, daß sie doch bei ihrer Arbeit die Heilkräfte der Träume nutzen. Das ist zutreffend, doch mit meinem Begriff der Traumkultur möchte ich den Rahmen für die kulturelle Bedeutsamkeit der Träume wesentlich weiter stecken, als dies auf den speziellen Bereich der Psychotherapie zutrifft. Genauso wie im therapeutischen Setting könnten sie in unserem gesamten Bildungssystem eine bedeutende Rolle einnehmen. Ich träume davon, daß eines Tages etwa 1 % der Bildungsinhalte in allen Schularten, bis hin zu den Universitäten, die Arbeit mit Träumen ausmacht. Bedenken wir, wieviel Zeit und Mühe darauf verwendet wird, die verschiedenen Sprachen zu erlernen oder Geschichte zu studieren, um die Gegenwart in ihrer Hintergründigkeit und dem Gewordensein zu verstehen, so verwundert es um so mehr, daß die fortwährenden Werdeprozesse, die jede Nacht aus den Tiefenschichten der Seele hervorgehen, noch immer weitgehend unbeachtet gelassen werden.

Jedes Kind und jeder Erwachsene träumt nach den empirischen Forschungen in vielen Traumlabors durchschnittlich in den drei bis fünf Traumphasen jede Nacht bis zu 90 Minuten. Berechnen wir diese Traumzeiten für ein Volk von 80 Millionen Menschen, so werden jede

Nacht etwa 120 Millionen Stunden »Dream-Time« erfahren, wo die allermeisten Inhalte wieder im Meer des Vergessens versinken. Statt dessen füllen Millionen von Menschen ihre Neugier mit Informationen aus dem Internet, während die Botschaften der Seele zu einer sinnvollen Lebensgestaltung unbeachtet bleiben. In welch einer Welt leben wir eigentlich, in der die Frage nach Sinngebung, Selbstverwirklichung und geistig-seelischer Heilung eine so geringe Rolle spielt?

Das Kulturerbe der Menschheit schlummert in den Träumen. Zu dieser Kreativität im Unbewußten schreibt C. G. Jung:

»Die Entdeckung, daß das Unbewußte keine bloße Ablage für das Vergangene war, sondern auch voll von Keimen für zukünftige psychische Situationen und Ideen ist, führte mich zu einer neuen psychologischen Betrachtungsweise. Um diesen Punkt sind schon viele Streitgespräche entbrannt. Aber es bleibt eine Tatsache, daß zusätzlich zu Erinnerungen aus weit entfernter bewußter Vergangenheit gänzlich neue Gedanken und schöpferische Ideen aus dem Unbewußten hervorkommen können – Gedanken und Ideen, die nie zuvor bewußt gewesen sind. Sie wachsen aus den dunklen Tiefen des Geistes wie Lotusblumen und bilden einen äußerst wichtigen Bestandteil unserer unbewußten Psyche. Wir sehen dies im täglichen Leben, wenn Probleme manchmal durch die erstaunlichsten neuen Vorschläge gelöst werden. Viele Künstler, Philosophen und sogar Naturwissenschaftler verdanken einige ihrer besten Ideen solchen Inspirationen, die plötzlich aus dem Unbewußten kommen. Die Fähigkeit, eine derartige Ader mit so reichhaltigem Material zu entdecken und wirksam in Philosophie, Literatur, Musik oder naturwissenschaftliche Entdeckung zu übertragen, ist eines der Kennzeichen dessen, was man gewöhnlich als Genie bezeichnet. Beweise dafür finden wir in der Geschichte der Naturwissenschaft und Kunst.«[214]

In diesem letzten und bedeutenden Werk von C. G. Jung werden nochmals wichtige Erkenntnisse formuliert, die für unser Thema von grundlegender Bedeutung sind. Nach der Analyse und Deutung von etwa 80 000 Träumen von Menschen aus aller Welt kann er nach dieser reichen Erfahrung sagen, daß das Unbewußte Keime für zukünftige psychische Situationen und Ideen enthält, die damit für eine Traumkultur von großer Bedeutung sind. Neben den unzähligen Erinnerungen, die in den Träumen erscheinen, können es auch gänzlich neue Gedanken und schöpferische Ideen sein, die aus dem Unbewußten hervorkommen. Die weiteren Aussagen in diesem längeren Zitat bringen all jene Möglichkeiten zum Ausdruck, die ich mit dem neuen Begriff der Traumkultur umschreibe.

Der eigentliche Mutterboden für eine Traumkultur ist das kollektive Unbewußte. Dazu sagt Jung in einem Interview aus dem Jahre 1952:

»Das kollektive Unbewußte ist gefährlicher als Dynamit. Aber es gibt Wege, ohne allzu große Risiken damit umzugehen. Wenn man einen Zugang dazu hat, hat man im Falle einer Krise eine viel bessere Chance, sie zu lösen, als jeder andere. Träume und Wachträume kommen einem zur Hilfe. Es lohnt sich, sie genauer zu betrachten. Jeder Traum birgt eine besondere Botschaft in sich. Er sagt nicht nur, wenn etwas Tiefgreifendes nicht in Ordnung ist, sondern zeigt auch auf, wie aus der Krise herauszukommen ist. Denn das kollektive Unbewußte, welches solche Träume schickt, kennt die Lösung schon. In der Tat und Wahrheit ging nichts vom Erfahrungsschatz, der sich seit undenklichen Zeiten in der Menschheitsgeschichte angesammelt hat, verloren. Alle nur vorstellbaren Situationen und alle möglichen Lösungen sind im kollektiven Unbewußten aufbewahrt. Man braucht nur die Botschaft sorgfältig zu beachten, die das Unbewußte vermittelt und sie zu entziffern versuchen.«[215]

Zu dem Erfahrungsschatz, der im kollektiven Unbewußten gespeichert ist, gehören nach Jungs Erfahrungen Lösungsvorschläge für alle Lebenskrisen. Wenn wir aus der praktischen Traumarbeit eine Traumkultur entwickeln, kann diese weitere Impulse vermitteln für ein modernes Krisenmanagement. Welche weitreichenden Möglichkeiten werden uns vor Augen gestellt: »Alle nur vorstellbaren Situationen und alle möglichen Lösungen sind im kollektiven Unbewußten aufbewahrt!« Der letzte Satz des Zitats bringt wiederum die Wichtigkeit der Deutung der Traumbotschaften und die Entzifferung der Symbole zum Ausdruck. Aus diesem Grunde bedürfen wir einer Traumkultur, in der die Deutung der Traumsprache einen breiten Raum einnehmen sollte.

Versuchen wir eine vorläufige Zusammenfassung des kollektiven Unbewußten als Quelle und Boden der kollektiven Träume. Das kollektive Unbewußte oder das transpersonale Unbewußte, wie es auch genannt werden kann, geht weit über den Bereich der persönlichen Existenz hinaus und umfaßt alle Erfahrungen der stammesgeschichtlichen Entwicklung der Menschheit und damit der gesamten Evolution. Alle Erfahrungen, die in der persönlichen Lebensgeschichte erworben wurden, sind im persönlichen Unbewußten enthalten. Wir können im gemeinsamen Wurzelgrund des kollektiven Unbewußten einen biologischen Pol beschreiben, der alle ererbten Instinkte und angeborenen Auslösemechanismen enthält. Der andere Pol enthält die Archetypen als anordnende Faktoren und Bereitschaftssysteme, symbolische Bilder und geistige Inhalte hervorzubringen. Die Archetypen sind Strukturelemente des kollektiven Unbewußten, welche die archetypischen Bilder hervorbringen, die uns in den Mythen und Märchen und in den kollektiven Träumen zu Gesicht kommen. Nach diesen theoretischen und hypothetischen Überlegungen wenden wir uns nun wieder den praktischen Fragen einer Traumkultur zu.

Zur Förderung und Pflege einer Traumkultur wäre die Gemeinschaft in Gruppen und in Interessengemeinschaften zur Besprechung von Träumen und anderen Lebensfragen wichtig. Ähnlich wie in religiösen Gemeinschaften, spirituell orientierten Gruppen und Vereinen, die alle verbindenden Themen in den Zusammenkünften besprochen werden, so bedarf die Entwicklung einer Traumkultur auch der Gemeinschaft von Gleichgesinnten. In den zurückliegenden Jahrzehnten haben sich die Gespräche in den gegründeten Traumgruppen als sehr förderlich erwiesen. Hier ist der Ort, wo die Mitglieder ihre Träume erzählen und besprechen können und durch das Teilhaben an den Träumen anderer fortwährend das eigene Traumleben anregen lassen können. Ferner können durch das gesammelte Wissen der einzelnen Teilnehmer/innen alle anderen einen Erkenntnisgewinn für die Deutung der eigenen Träume bekommen. Eine besonders wichtige Funktion hat eine derartige Gruppe im Hinblick auf die kritische Auseinandersetzung mit den gewonnen Deutungen der besprochenen Träume für das persönliche Leben als auch für mögliche kollektive Bedeutungen der Träume.

Das nahezu Revolutionäre einer derartigen Traumkultur möchte ich mit dem Konzept des selbstorganisierten Lernens in der Pädagogik vergleichen. In solchen Traumgruppen kann die Selbstverantwortung für die eigenen Träume erweckt und geschult werden. Wenn Menschen lernen, die Lebenskeime in ihren Träumen durch das Erzählen und offene Fragetechniken zu nutzen und eigene Lösungsansätze zu finden, werden sie damit befähigt, sich von den Experten (Traumtherapeuten, Psychotherapeuten und anderen Fachleuten) unabhängig zu machen und damit in der Selbstverantwortung zu wachsen. Dies schließt jedoch nicht aus, daß die genannten Fachkräfte bei psychoneurotischen Erkrankungen ihre Kompetenz und Zuständigkeit behalten.

Das deutende Gespräch über Träume und der Dialog mit den eigenen Träumen fördert auch die Demokratisierung der Menschen. Während in unserer Massen- und Konsumgesellschaft nahezu alle grundlegenden Lebensfunktionen an die großen Institutionen abgegeben werden, wie z. B. die Politik, das Gesundheitssystem oder die religiösen Institutionen der Kirchen, um nur einige große Gruppierungen zu nennen, führt eine anzustrebende Traumkultur zu einer größeren Selbstverantwortung des einzelnen Menschen. Wenn eine derartige Traumkultur eine breitere Basis finden wird und zunehmend mehr Menschen die weitreichende Bedeutung ihrer kollektiven Träume für einen Bewußtseinswandel in der geistigen Situation unserer Zeit erkennen, dann könnte sich daraus eine ähnliche Reformbewegung entwickeln, wie einst die Reformation von Martin Luther. Ähnlich wie Luther in seiner Zeit den Menschen zu einer Unmittelbarkeit zu Gott verhalf, ohne die vermittelnde Funktion durch einen Priester und die Kirche, so hat nach meiner Überzeugung jede Träumerin und jeder Träumer das Urheberrecht für seine Träume und die darin wirkenden Heilungsansätze selbst zu nutzen und dafür in einer Traumkultur die weiteren Voraussetzungen und Hilfen zu schaffen.

Abschließend möchte ich vermerken, daß meine Überlegungen zu einer künftigen Traumkultur nicht den Anspruch erheben, bis in alle Konsequenzen bereits durchdacht zu sein. Es sollen Denkanstöße sein, die Kreativität des Unbewußten zu beachten und dessen Lösungsversuche für eine ganzheitliche Lebensgestaltung zu nutzen. Ich schließe meine Überlegungen zu einer Traumkultur mit einem mir besonders liebgewordenen Weisheitswort aus dem Thomas-Evangelium:

»Wenn Ihr hervorbringt, was in Euch ist, so wird das,
was Ihr hervorbringt, Euch retten.
Wenn Ihr nicht hervorbringt, was in Euch ist,
so wird das, was Ihr nicht hervorbringt, Euch zerstören!«
(Vers 70)

Zehn Argumente für eine neue Traumkultur

In der folgenden Zusammenfassung benenne ich zehn Argumente für eine neue Traumkultur, die in der geistigen Situation unserer Zeit wegweisend werden könnten. Aus folgenden therapeutischen, praktischen und theoretischen Erwägungen halte ich eine neue Traumkultur aus folgenden Gründen für notwendig:

1. Um die starke Außenbestimmung der Menschen durch Medien, Politik und/oder Religion durch persönliche innere Erfahrungen zu ergänzen.
2. Um die krank machende Reizüberflutung (siehe Allergien, Tinnitus und andere psychosomatische Reaktionen) durch die Heilkräfte der Seele abzuwehren oder zu lindern.
3. Um neue geistige Kräfte und seelische Lebenskeime für eine ganzheitliche Lebensgestaltung zu finden.
4. Um die gespeicherten Weisheiten im kollektiven Unbewußten auszuschöpfen und für die schöpferische Arbeit in verantwortungsvollen Berufen und den Künsten zu nutzen.
5. Um in Zeiten der Globalisierung durch die Beachtung der kollektiven Träume Anteil zu gewinnen am weltweiten »Traum-Internet«.
6. Um die Überbetonung des Materialismus und der Diesseitigkeit durch den Anschluß an die umfassende geistige Welt auszubalancieren.
7. Um die persönliche Sinnfindung im Leben durch das innere Erleben und die Zielgerichtetheit der Träume zu fördern.
8. Um das Alleinsein und die Einsamkeit vieler Menschen durch innere Partner (Anima und Animus) zu überwinden, indem man in den Träumen ein Gefühl der Zugehörigkeit erlebt.
9. Um eine neue Spiritualität zu finden, in dem vertraute religiöse Symbole durch die Träume mit neuem Leben erfüllt werden, oder um durch die Symbol bildende Funktion der Seele neue Sinnbilder zu empfangen.
10. Um durch die gemeinsamen Träume Zukunftsperspektiven zu sehen und die Grenzüberschreitungen der Seele in den Todesträumen im voraus zu erleben und sich damit mit den letzten Fragen des Lebens und des Todes auseinanderzusetzen.

»Die Blume des Lebens«

»Die Blume des Lebens« wird auch der »Lebensbaum« genannt und ist die umfassendste Darstellung eines Mandalas, das uns die interkulturelle Vernetzung aller Menschen durch kollektive Träume mit archetypischen Symbolen veranschaulicht. Dazu schreibt der ehemalige Physiker, Symbolforscher und Weisheitslehrer aus USA, Drunvalo Melchizedek: »*Die Blume des Lebens* war und ist etwas, was allen Lebewesen bekannt ist. Alle Formen von Leben, nicht nur hier, sondern überall, wußten, es ist das Schöpfungsmuster...« (Die Blume des Lebens, Burgrain 2000 S. VII). Der Autor hat in seinen interkulturellen Forschungen entdeckt, daß auch der kabbalistische Lebenstraum aus diesem Ursymbol hervorgegangen ist (siehe Abb. S. 214). Dieses Schöpfungsmuster haben wir in unserem Atmungssystem in Gestalt des Bronchialbaumes und im Gehirn als »arbor vitae« (Baum des Lebens) in uns. So wie wir durch den Lebensatem und die komplexen Funktionen unseres Gehirns in fortwährender Kommunikation mit dem Kosmos und der Mitwelt stehen, so veranschaulicht »Die Blume des Lebens« unsere Vernetzung durch große Träume mit archetypischen Symbolen.

Empfehlung und Übung für die Leserinnen und Leser

Ähnlich wie ich in meinem Mandala (siehe S. 13) mit 24 Stichworten die vier grundlegenden Aspekte der kollektiven Träume beschrieben habe (nämlich deren räumliche und zeitliche Dimension sowie ihre heilenden und sinnstiftenden Wirkungen), so mögen Sie »die Blume des Lebens« auf der nächsten Seite als Vorlage nutzen und in jeden Kreis ein Stichwort schreiben, das Ihnen bei der Lektüre meines Buches für das Verständnis und die Deutung von kollektiven Träumen wichtig geworden ist.

Das von Ihnen erstellte Modell mit den weiteren Stichworten könnte dann als Deutungshilfe dienen für die Arbeit an eigenen Träumen. Darüber hinaus werden Sie im folgenden durch meine 16 Fragen zur Deutung von Träumen weitere Verstehenshilfen erlangen.

Den Abschluß dieser Ausführungen bildet Leonardos berühmt gewordener Mensch, eingefügt in ein Raster mit Spiralen. Im Hinblick auf unser Thema zeigt es das Bild des Menschen, der seinen Platz sucht in den komplexen Systemen und Strukturen dieser Welt, um mit Hilfe von Träumen wieder heil und ganz zu werden, eine Vernetzung mit den Mitmenschen zu erfahren und eine Kommunikation mit der geistigen Welt zu erleben und zu spüren, daß das Reich Gottes in uns ist.

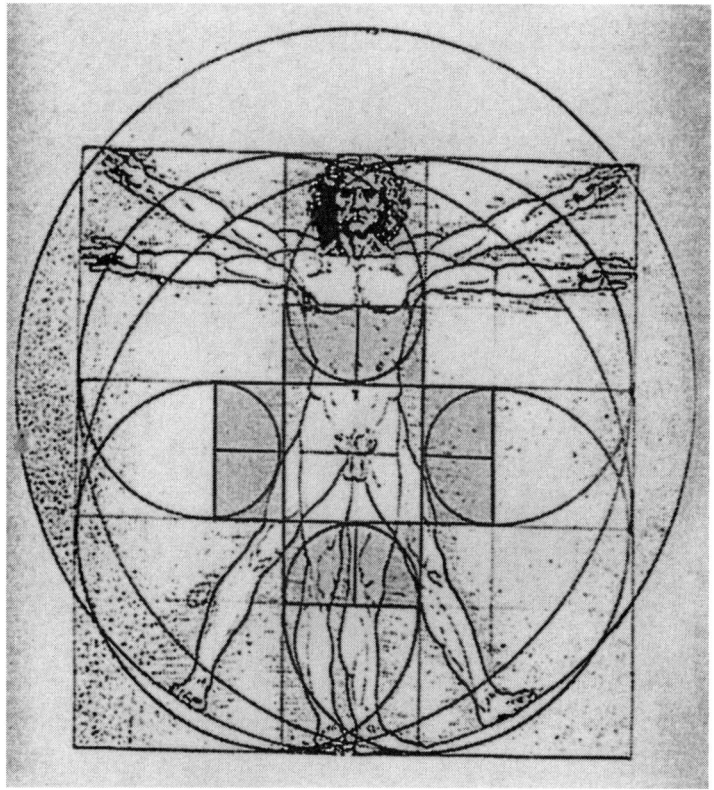

»Spiralen und die acht Ausgangsquadrate«

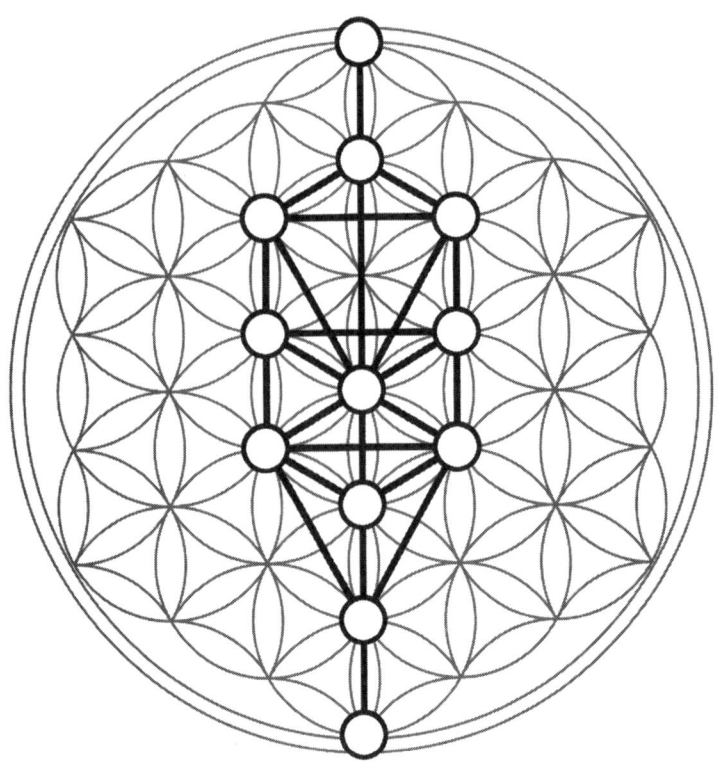

Lebensbaum der Kabbala und Blume des Lebens übereinandergeschichtet.

Träume selbst deuten lernen

Fragen zum persönlichen Umgang mit Träumen

In diesem Kapitel biete ich Fragen an, die Ihnen, verehrte Leserin, und Ihnen, geehrter Leser, hilfreich werden können zum persönlichen Umgang mit Ihren Träumen. Diese Fragen sind erwachsen aus meiner langjährigen Traumarbeit in der analytischen Psychotherapie nach C. G. Jung und aus unzähligen Gruppen mit interessierten Menschen, welche die kreativen Prozesse in ihren Träumen zur persönlichen Lebensgestaltung nutzen wollten. Hinter diesen Bemühungen steht die Überzeugung, daß für die Entstehung einer neuen Traumkultur (Glossar) immer mehr Menschen die Botschaften ihrer Träume verstehen möchten. Während im letzten Jahrhundert die Traumarbeit ganz in die Sprechstunden der Psychotherapeuten gehörte und zur Heilung der neurotischen Erkrankungen genutzt wurden, entwickelte sich auf dem »Psychomarkt« der letzten Jahrzehnte ein wachsendes Interesse vieler Menschen, die kreativen Inszenierungen der Träume und ihre Heilkräfte zur Ganzwerdung des eigenen Lebens zu nutzen.

Nachdem ich in meinen früheren Traumbüchern[216] derartige Fragen für den individuellen Gebrauch der Träume vorgelegt habe und dazu in den Traumgruppen und durch Briefe viele Rückmeldungen über die Hilfe bekommen habe, erweitere ich hier zum Thema der kollektiven Vernetzung durch Träume meine Fragen.

Was geschieht durch die analytische Fragetechnik zur Entschlüsselung und Deutung eines Traumes?

– Die Aufmerksamkeit der Träumerin oder des Träumers wird gezielt und strukturiert auf alle jene Lebenszusammenhänge gelenkt, die aus der langjährigen professionellen Traumarbeit erwachsen sind.

– Durch die vorgegebenen Fragen werden die Träumerin oder der Träumer aufgefordert, selbst am Traum zu arbeiten, nachzuspüren, zu reflektieren und nachzudenken, was in gleicher Weise auch in der Sprechstunde eines Traumtherapeuten praktiziert wird.

- Die Fragen eröffnen für die Träumerinnen und Träumer analytische Perspektiven, so daß diese nicht vorschnell durch eigene
  Denkgewohnheiten oder voreingenommene Bewertungen den
  persönlichen Traum entwerten.

- Die Beantwortung der Fragen stärkt das Selbstvertrauen in die
  eigene Deutungskompetenz, und sie schult die Fähigkeit, nach
  etwas Übung und Erfahrung zunehmend eigenständiger die Träume zur ganzheitlichen Lebensgestaltung zu nutzen.

Abschließend noch eine Empfehlung zum freien Erzählen eines persönlichen Traumes, bevor Sie durch die folgenden 16 Fragen mit der
Bearbeitung Ihres Traumes beginnen. Dies kann in der Weise geschehen, daß Sie in einiger Entfernung einen Stuhl stellen und sich
vorstellen, darauf säße ein vertrauenswürdiger Freund oder eine
Freundin oder..., denen Sie Ihren Traum jetzt erzählen wollen. Im
Unterschied zu dem aufgeschriebenen und nachgelesenen Traum verleihen Sie Ihrem Traum durch das Erzählen einen stimmlichen Ausdruck und eine bestimmte Resonanz, die wiederum als seelische
Schwingung Ihre Wahrnehmungsfähigkeit verstärken kann. Wer ein
Kassettengerät hat, könnte seinen Traum auch auf Tonband sprechen
und danach anhören und wird mit Erstaunen feststellen, welche
zusätzlichen Einfälle beim Anhören des Traumes aufkommen. Außer
einem vorgestellten einzelnen Zuhörer beim Erzählen Ihres Traumes
können Sie sich mit etwas Phantasie ferner vorstellen, Sie würden
Ihren Traum in einer Traumgruppe erzählen, so wie ich es mit gutem
Erfolg in meinen Traumgruppen praktiziere, indem ein Traum nicht
vorgelesen, sondern frei erzählt wird. Bei der gemeinsamen Deutungsarbeit in der Gruppe praktizieren wir dann die analytische Fragetechnik, indem jedes Gruppenmitglied eine der folgenden Fragen
an den Träumer oder die Träumerin richtet und sie dadurch veran-
laßt, gezielter über den erzählten Traum zu sprechen und die Einfälle
und Wahrnehmungen mitzuteilen.

Bei einem erzählten kollektiven Traum schließlich können Sie sich
mit etwas Erfahrung im Umgang mit Träumen vorstellen, Sie würden
Ihren Traum nicht nur in einer geschlossenen Gruppe erzählen, sondern bei einer größeren Veranstaltung, und viele Menschen hören
Ihnen zu. So ähnlich geschieht es noch heute in jenen Volksstämmen,
die in ursprünglichen Traditionen leben (wie z. B. die Senoi in Malay-
sia oder die Aborigines in Australien oder Indianerstämme, die ihre
Traumkultur noch heute praktizieren). Doch damit genug der Vor-

rede, und nun lassen Sie sich mit Neugier und Interesse auf die Fragen ein und notieren Sie Ihre Einfälle und Wahrnehmungen.

A: Träume im Lebenskontext und Familiengedächtnis

Die ersten Fragen zu einem Traum beziehen sich auf persönliche Erinnerungen und Erfahrungen, die der Traum widerspiegelt. Alles, was unser Ich-Bewußtsein in der letzten Zeit oder selbst vor Jahrzehnten gesehen und erfahren hat, kann im Unbewußten aufbewahrt werden und durch die gegenwärtige Trauminszenierung vom sogenannten Traum-Ich nachts gesehen werden. Da unser individuelles Ich in vielfältigen Beziehungen steht zu Partnern im familiären Umfeld oder der Arbeitswelt sowie in Beziehungen zu größeren kollektiven Systemen (Gesellschaft, Religion, Volkszugehörigkeit, etc.), können sich auch diese Beziehungen und Erfahrungen in unseren Träumen widerspiegeln und zeigen uns die gegenwärtigen Verstrickungen oder eine bestimmte emotionale Kommunikation an.

Frage A 1: **Welche Erfahrungen der letzten Tage (»Tagesreste«) spiegeln sich im vorliegenden Traum?**

Erläuterung: Im persönlichen Umgang mit Träumen sind vielschichtige Wechselbeziehungen zwischen Traum und Leben zu beobachten. Oftmals träumen wir, was uns zu schaffen macht. Daher sollten Sie sich zunächst die wichtigsten Probleme und Erfahrungen der letzten Tage oder Wochen vergegenwärtigen. Die genannten Tagesreste bilden meist einen wichtigen Anreiz zur Entstehung des Traumes.

Frage A 2: **Welche zu einseitige Lebenseinstellung wird in dem Traum kompensiert?**

Erläuterung: Die Kompensation ist ein Selbstregulierungsprozeß in der Psyche und dient dem Ausgleich zwischen dem Bewußtsein und dem Unbewußten. Wer z. B. tagtäglich überwiegend sein persönliches Leben und seinen Beruf

217

mit Hilfe des Denkens bewältigt, wird oftmals durch die kompensatorische Funktion der Psyche in Träumen mit seinen Gefühlen konfrontiert. Oder ein recht realistischer Träumer oder eine Träumerin erlebt in seinem/ihrem Traum ganz romantische Geschichten oder phantastische Begebenheiten.

Frage A 3: **Welche Beziehungen oder Familienprobleme kommen in diesem Traum zum Ausdruck?**

Erläuterung: Da jeder Mensch in vielfältigen Beziehungen zu seinen Mitmenschen steht, ist es auch logisch, daß die Partnerin oder ein Freund oder ein Arbeitskollege im Traum erscheint und in diesen Personen zumeist verleugnete oder verdrängte Emotionen spürbar werden. Da jeder Mensch auch in einem bestimmten Familiensystem aufgewachsen ist (wozu ich hier auch einen alleinerziehenden Elternteil rechne oder adoptierte Kinder, etc.), können alle diese Bezugspersonen im Traum ebenfalls erscheinen und Repräsentanten werden für bestimmte Erfahrungen und Gefühle, mit denen man sich gegenwärtig auseinandersetzt.

Frage A 4: **Könnten alte Menschen oder Urahnen im Traum eine Botschaft aus dem »Familiengedächtnis«[217] mitteilen?**

Erläuterung: Viele Menschen träumen nicht nur von nahen Angehörigen, sondern gelegentlich auch von Großeltern oder weiteren Ahnen. Dies ist besonders in den Zeiten der Fall, wenn wir nach unseren Wurzeln in der Ahnenreihe suchen. Ausgehend von der Hypothese eines kollektiven Unbewußten sind wir durch das Familiengedächtnis vernetzt mit den gespeicherten Erfahrungen der Vorfahren. Wenn ein unbekannter alter Mann oder eine weise alte Frau in Ihrem Traum erscheint, könnten es Repräsentanten aus dem kollektiven Familiengedächtnis sein. Sie können spüren, ob Sie eine positive Lebensenergie wahrnehmen oder mit einem ungelösten Problem Ihrer Vorfahren konfrontiert sind, an dessen Lösung Sie mit Hilfe des Traumes arbeiten sollten.

B: Kollektive Vernetzungen in Träumen

Ähnlich wie die Symbolisierungsprozesse in Träumen aus dem persönlichen Lebensbereich Personen und Dinge benutzen, um psychische Energien oder geistige Vorstellungen zu veranschaulichen, so können natürlich auch für die Bewußtseinserweiterung Menschen aus anderen Ländern und Kulturkreisen in den Träumen ein Ausdruck sein für die kollektive Vernetzung eines Individuums. Indem Menschen ins Ausland reisen und ferne Länder besuchen, können die verinnerlichten Eindrücke aus der bisher unbekannten und fremden Welt zu Ausdrucksformen und Symbolen werden für bisher unbewußte Tiefenschichten der Seele. Der Kulturphilosoph Jean Gebser differenziert fünf Bewußtseinsstrukturen (Abk.: BS). Die archaische BS ist nach seinen Vorstellungen »die Zeit, da die Seele noch schläft, und so ist sie die traumlose Zeit und die der gänzlichen Ununterschiedenheit von Mensch und All«[218]. Veranschaulichen können wir uns diesen Bewußtseinszustand mit dem schlafenden Bewußtsein eines Babys oder eines Menschen in der Psychose. Als nächste Schicht nimmt Gebser die magische BS. »In der magischen Struktur wird der Mensch aus dem Einklang, der Identität mit dem Ganzen, herausgelöst«[219]. In den Träumen heutiger Menschen erscheint die psychische Energie aus der magischen Tiefenschicht in furchterregenden Ritualen mit den merkwürdigsten Beschwörungen. Auch der Aberglaube vieler moderner Menschen bezieht seine Wirkungen aus der Magie der Seele. In der Entwicklungsgeschichte des Bewußtseins folgt dann die mythische Struktur, in denen Menschen ihre Gefühle, Sehnsüchte und Hoffnungen in mythologischen Gestalten und Symbolen projizieren. Auf diese Struktur wird in den späteren Fragen eingegangen. Schließlich sei noch die mentale Persönlichkeitsstruktur genannt, auf die in Abschnitt D ausführlicher eingegangen wird und die hier durch vier Ich-Persönlichkeitsstrukturen näher beschrieben wird.

Wenn Sie einen Traum haben, der Sie in fremde Länder führt oder in dem interkulturelle Symbole eine wichtige Rolle spielen, dann mögen Sie mit Interesse die folgenden Fragen auf Ihren Traum beziehen.

Frage B 1: **Welche interkulturellen Symbole in Ihren Träu-**
men vernetzen Sie mit anderen Ländern und
anderen Kulturen und Religionen?

Erläuterung: Durch die vielen Reisen haben Menschen Begegnungen
mit anderen Kulturen, Völkern und Religionen, die sich
schließlich auch in eindrucksvollen Träumen nieder-
schlagen können. Durch die gespeicherten Erfahrungen
erleben viele Menschen eine Bewußtseinserweiterung
und spüren darüber hinaus eine Vernetzung mit interkulturellen Erfahrungen. Ähnlich wie durch die weltweite Vernetzung im Internet können wir auch durch
die Träume weltweit mit der Menschheit vernetzt werden.

Frage B 2: **Welcher der vier Bewußtseinsstrukturen nach**
Jean Gebser können Sie die Lebensenergien und
Handlungen des Traumes zuordnen?

Erläuterung: Wenn Sie diese Frage anspricht und neugierig macht,
können die o. g. Beschreibungen eine wichtige Hilfe zur
Deutung des Traumes sein. Sollten Sie einen Erkenntnisgewinn durch diese Frage bekommen haben und
weitere Vertiefung wünschen, dann lesen Sie das von
Jean Gebser geschriebene Werk: *Ursprung und Gegen-*
wart.

Frage B 3: **Welche animalische Triebenergie könnte ein Tier**
in Ihrem Traum darstellen?

Erläuterung: So wie wir alle auf der bewußten Ebene mit anderen
Kulturen und deren Symbolen vernetzt sind, können
wir durch Tiere im Traum mit animalischen Tiefenschichten in uns konfrontiert werden. Träume von Tieren bringen uns in Beziehung zu der häufig vernachläs-
sigten Instinktseite unserer Körperkräfte. Da unsere
archetypischen Anlagen und Reaktionen auf unserer
Evolution aus dem Tierreich beruhen, haben Träume

von Tieren nicht nur eine kompensatorische Ersatz-
funktion, sondern bringen uns mit den Lebensenergien
in Beziehung, die in den Tieren symbolisiert erscheinen[220].

Frage B 4: **Welche Wahrnehmungen und Vorstellungen vermitteln Ihnen kosmische Symbole im Traum?**

Erläuterung: Wenn Sie sich in Ihren Träumen gelegentlich im Weltall
befinden, könnte dies ein Hinweis sein, daß sich Ihr
Weltbild erweitert und Ihr geistiger Horizont größer
wird. Sonne, Mond und Sterne können kosmische
Symbole sein für die Beziehungen zu Vater, Mutter oder
Geschwistern[221]. Ferner können übersinnliche Erfahrungen in Träumen und transpersonale Symbole (wie
z. B. Gott, Göttin, Engel, Teufel, etc.) Ausdruck sein für
eine spirituelle Erfahrung.

C: Archetypische Symbole in kollektiven Träumen

Die Bilder und Symbole unserer Träume haben ihre Wurzeln im Kulturgut der Menschheit. Daher haben alle Menschen, ganz gleich, welcher sozialen Schicht, Bildung oder Nationalität sie angehören, in ihren
Träumen Anteil an den erworbenen Erfahrungen und dem im kollektiven Unbewußten gespeicherten Wissen der Menschheit. Die Archetypen[222] wirken dann als anordnende Faktoren für die Entstehung und
Erscheinung der Traumbilder und Symbole. Die Archetypen als
ursprüngliche und uranfängliche Prägungen ermöglichen die Spiegelungen der Seele (ähnlich wie die Quantenphysiker in den kleinsten
Teilchen die Spiegelungen sehen für den Anfang des Universums).
Unser Bewußtsein ist das hilfreiche Wahrnehmungsorgan, das die Welt
um uns und die innere Welt (das Unbewußte und das kollektive Unbewußte) mit ihren archetypischen Bildern und Symbolen erkennt und
für die gegenwärtige Lebensgestaltung deuten und nutzen kann. Das
Kulturgut der Menschheit und das gesammelte Wissen kann zum Ausdruck kommen in Filmen und Romanen, in Märchen und Mythen
sowie in religiösen Motiven. Auf diesen weiten Bereich beziehen sich die
folgenden Fragen zur Deutung eines Traumes mit großen Urbildern.

Frage C 1: **Erinnert Sie Ihr Traum an einen Film oder Roman oder an ein Drama, das Sie gelesen oder auf der Bühne gesehen haben?**

Erläuterung: Da die Themen der Filme aus dem Leben genommen werden und die Romane sowie die Dramen das Leben widerspiegeln, besteht meistens eine Beziehung zwischen den entsprechenden Träumen und der genannten Literatur[223]. Je nachdem wie gebildet und wie ansprechbar Sie für derartige Themen sind, kann Ihr innerer Traumregisseur diese Inhalte aufgreifen und damit Ihr derzeitiges Lebensthema zum Ausdruck bringen. Besonders aufschlußreich sind die Abweichungen in unseren Träumen von den vorgegeben Stücken, worin dann ein besonderer Anteil der Kreativität unseres Unbewußten zum Ausdruck kommt[224].

Frage C 2: **Erinnert Sie ein bestimmtes Traummotiv an ein Märchen?**

Erläuterung: Nach der tiefenpsychologischen Märchendeutung sind diese aus den Imaginationen der Märchenerzähler und/oder aus der kollektiven Stammes- oder einer Volksgruppe hervorgegangen. Sie dienten nicht nur zur Unterhaltung und/oder zur Erziehung, sondern in ihrem Handlungsverlauf zeigen sie Entwicklungsprozesse für die zentralen Lebensfragen auf. Wenn Ihnen kein passendes Märchen zu Ihrem Traum einfällt, dann können Sie mit Hilfe der angegebenen Literatur[225] ein Märchen suchen, zu dem die Motive und Symbole Ihres persönlichen Traumes in Beziehung stehen. Vielleicht fällt Ihnen auch ein Lieblingsmärchen Ihrer Kindheit ein, das in dem vorliegenden Traum wieder lebendig wird. Wenn Sie meinen, das zu Ihrem Traum passende Märchen gefunden zu haben, dann können Sie diese Zusammenhänge nochmals überprüfen, ob beim Lesen des Traumes ein Evidenzgefühl (s. Glossar) Ihnen die Stimmigkeit bestätigt. Aus dem Verlaufe des Märchens und dessen Lösungen am Ende können Sie gewisse

Rückschlüsse ziehen über die weiteren Entwicklungsprozesse für sich selber.

Frage C 3:   **Welcher Mythos entspricht Ihrem Traum?**

Erläuterung: Nach dem tiefenpsychologischen Verständnis sind die
Mythen kollektive Träume der Völker[226]. Wahrscheinlich sind die Mythen in grauer Vorzeit aus den kollektiven Träumen der weisen Frauen und Männer entstanden und sind dann durch das Weitererzählen zum
Allgemeingut eines Volkes oder eines ganzen Kultur-
kreises geworden. Die Schöpfungsmythen imaginieren
den Anfang der Welt, und die Heldenmythen sowie
zahlreiche weitere Mythen zu den grundlegenden
Lebensfragen zeigen mögliche Entwicklungsprozesse
und Lösungen zu den möglichen Rätseln des Lebens
auf. Wenn Sie mit Hilfe der angegebenen Literatur das
zentrale Thema Ihres Traumes in einem Mythos erkennen, bekommen Sie damit einen hilfreichen Überblick
zu einem Weg mit weiteren Lösungsmöglichkeiten.

Frage C 4:   **Auf welche religiöse Überlieferung oder Thema-
tik verweist Sie ein religiöses Motiv in Ihrem
Traum? Könnte ein für Sie heiliges Symbol ein
Ausdruck Ihrer persönlichen Spiritualität sein?**

Erläuterung: In der Gegenwart erleben wir eine Renaissance der
christlichen Religion und ein großes Interesse an östlichen Religionen. Immer mehr Menschen werden des
Konsums und des Materialismus überdrüssig und
besinnen sich auf eine ihnen gemäße Religion zur Sinngebung und zur ethischen Orientierung. Bei den
zunehmenden interkonfessionellen Beziehungen und
sogenannten Mischehen sowie interkulturellen Begegnungen zwischen den Religionen ist es nicht verwunderlich, daß derartige Motive sich auch in den Träumen
widerspiegeln. Ein hilfreicher Erkenntnisgewinn geschieht dadurch, daß wir nicht nur die Beziehungen

und die Zusammenhänge zwischen unseren Träumen und der Religion erkennen, sondern welche Schlußfolgerungen wir daraus für unsere Entscheidungen und die Lebensgestaltung ziehen.

D: Typologische Gesichtspunkte zur Traumdeutung

Wenn Sie sich einmal mit der Jungschen Typenlehre (vgl. C. G. Jung, GW 6, §§ 556–671) beschäftigt haben, haben Sie zahlreiche Einsichten über Ihre Persönlichkeit und über Ihre vier Ich-Bewußtseinsfunktionen erhalten. Wenn Sie festgestellt haben, daß Sie ein introvertierter Typ sind, werden Sie nach meinen Erfahrungen in der Traumtherapie Ihre Träume gut behalten können, weil Sie durch die grundlegende Orientierung nach innen eine angeborene Wahrnehmung für innere Lebensvorgänge und damit auch für die Erinnerung für die Träume haben. Dagegen sind viele extrovertierte Persönlichkeiten so stark mit der äußeren Realität identifiziert, daß die innere Erlebniswelt mit wenig psychischer Energie besetzt ist. Dennoch geschieht häufig durch die kompensatorische Funktion der Psyche ein Ausgleich zwischen beiden Orientierungen, so daß auch diese Persönlichkeiten durchaus mit einiger Übung ihre Träume erinnern werden.

Bei den vier Ich-Funktionen der Jungschen Lehre habe ich in der Praxis folgende Beobachtungen gemacht: Die intuitiven Persönlichkeiten und die Fühltypen erinnern sich ebenfalls besonders gut an ihre Träume, während es die Denk-Typen und die Empfinder sich häufig schwer tun im Umgang mit den persönlichen Träumen. Mögen die folgenden Fragen Ihnen einen weiteren Erkenntnisgewinn bringen zur Deutung Ihrer Träume.

Frage D 1: **Welche Gedanken und Einfälle kommen Ihnen zu dem Traum?**

Erläuterung: Bei der Sammlung von Einfällen (Assoziationen) sollte man stets von dem vorliegenden Traum ausgehen und sich wieder darauf beziehen. Im Unterschied zur freien Assoziation nach Freud, bei der sich die Gedankeneinfälle nicht auf die Traumsituation zu beziehen brauchen, richtet sich die sogenannte kontrollierte Assoziation in der Traumbearbeitung nach C. G. Jung immer wieder auf den Traum als Urtext, von dem ausgegangen wird und auf den die Einfälle ausgerichtet bleiben sollten.

Frage D 2: **Welche sinnlichen Wahrnehmungen und Körpergefühle spüren Sie zu dem Traum?**

Erläuterung: Mit Hilfe der sinnlichen Wahrnehmungen (sehen, hören, tasten, riechen, usw.) wird unser Körper zum hilfreichen Traumdeuter. Der Psychologe und Schüler von Carl Rogers, Eugene T. Gendlin, spricht in seiner Methode des Focusing von einem Pendeldienst zwischen Traum und Körper[227]. Da jeder Traum unlöslich verbunden ist mit den komplexen Funktionen des Körpers und seiner Organe, ermöglichen uns die Körpergefühle und sinnlichen Wahrnehmungen wichtige Zugänge zu unseren Träumen. Wenn wir im Traum bestimmte Körperteile oder Organe mit angstbesetzten Emotionen erscheinen, kann dies auf eine gesundheitliche Störung hinweisen. Wenn es sich nicht nur um Sorgen und Ängste um die körperliche Gesundheit handelt, sollten Sie Ihren Arzt um Rat fragen.

Frage D 3: **Welche Ahnungen vermittelt Ihnen der vorliegende Traum?**

Erläuterung: Unter Ahnung wird hier eine innere Wahrnehmung verstanden, die meistens ohne bewußte Mitarbeit des Verstandes abläuft. Das Ahnungsvermögen ist weitgehend identisch mit der von C. G. Jung beschriebenen Intuition als einer irrationalen psychologischen Orientierungsfunktion. Mit Hilfe der Intuition vernehmen wir die in den Traumbildern verschlüsselten Informationen. Mit Hilfe dieser Funktion können wir die geahnten Lösungen in den Träumen erkennen.

Frage D 4: **Vermittelt Ihnen der vorliegende Traum ein positives oder eher negatives Selbstwertgefühl?**

Erläuterung: Das Selbstwertgefühl bildet die Grundlage unseres Selbstbewußtseins als das Wissen um uns selbst als Person. Der Kern dieser Orientierung ist das Selbst (s. Glossar), und das Ich mit den einzelnen Erkenntnismöglichkeiten ist das Zentrum unseres Bewußtseins. Da das Denken in fast allen Lebensbereichen überbetont ist, ist auf der inneren geistig-seelischen Wertachse in unserem Unbewußten das Fühlen meistens wenig entwickelt und macht sich daher häufig in Ängsten und irrationalen Sorgen bemerkbar. Für ein ganzheitliches Leben ist das Fühlen von grundlegender Bedeutung.

Glossar

Archetypen (A)

Die A-Lehre von C. G. Jung ist für das Verständnis und die Deutung von kollektiven Träumen von grundlegender Bedeutung. Die A sind unanschauliche Wirkfaktoren im Seelenleben des Menschen, welche die Energiefelder (Komplexe) des Unbewußten zu bestimmten Urbildern in der gemeinsamen Bilderwelt der Seele anordnen. Ähnlich wie die Gene unser biologisches Erbe steuern und die Meme unser soziales Verhalten gestalten, so bestimmen die »Psychogene« die Bilderwelt unserer Träume. Wir können die Wirkungen der A mit einem Magneten vergleichen, der die Eisenspäne auf einem Blatt Papier nach bestimmten Mustern anordnet. Die archetypischen Urbilder und Lebensmuster scheinen in ihrer Autonomie und in ihrer überzeugenden Wirksamkeit darauf ausgerichtet zu sein, daß wir Menschen nach Ganzwerdung und Heilung trachten. Nach dem Archetypenkonzept von Jung ermöglichen diese Grundprinzipien des Seelenlebens einen großen Beziehungsreichtum, sind aber nicht eindeutig festzulegen. Die Archetypen sind ein psychosomatisches Konstrukt, das Körper und Seele, Bilder und Instinkte miteinander verbindet.

Amplifikation (AK)

Die AK ist für die Bearbeitung und Deutung von kollektiven Träumen von grundlegender Bedeutung. Durch diese Arbeit geschieht eine Erweiterung und Anreicherung des Traumbildes durch Ergänzungen aus dem Bereich der Märchen, Mythen, Religionen, der Kunst und allen kulturellen Überlieferungen der Menschheit. Während durch die Assoziationen die persönlichen Fäden zu einem Traum »gesponnen« werden, werden durch die AK Verbindungen zu universellen Vorstellungen und Symbolen der Menschheit hergestellt. Durch diese Parallelen wird der Traum in einen großen Zusammenhang gestellt, und damit werden weitere Aspekte seiner Bedeutung erhellt. Wichtig ist, daß nicht beliebiges Vergleichsmaterial ausgewählt wird, sondern stimmiges, das in dem Träumer ein Evidenzgefühl (Stimmigkeit) hervorruft.

Anima (Aa.) und Animus (As.)

Aa. und As. sind innere Seelenpartner – innen in jeder Frau und jedem Manne. Während Jung in seinem ursprünglichen Konzept nur den Männern eine Aa. zudachte und den Frauen einen As., gehen wir in dem erweiterten Konzept davon aus, daß beide Geschlechter an ihren Erscheinungsbildern Anteil haben. Aa. und As. sind personifizierte Erscheinungsbilder eines Archetypus des Lebens und ermöglichen Beziehungen zum kollektiven Unbewußten und steuern die Kommunikation zwischen den Menschen. Diese Seelenbilder bringen weibliche Erlebnisqualitäten und männliche Eigenschaften in jedem Menschen zum Ausdruck. Sie ermöglichen emotionale Erfahrungen, wie z. B. Liebe und Haß, erotische Empfindungen und romantische Gefühle einerseits oder Verstimmungen und Launenhaftigkeit andererseits. In den Träumen erscheint die Aa. in den verschiedensten Frauengestalten (z. B. als Freundin und Geliebte, als Ehefrau oder Kollegin, als Hexe, Hure oder als Heilige, um nur einige Beispiele zu nennen) und als As. in Personifikationen als Freund und Kollege, als Arzt, Richter oder Therapeut. Im Individuationsprozeß verhelfen diese inneren Seelenpartner zur Ablösung von den Elternbindungen. In ihrer inspirierenden Funktion scheinen diese Seelenbilder eine große Ähnlichkeit zu den Musen der Antike zu haben, die als »Nährerinnen der Seele und Erheberinnen der denkenden Kraft« genannt werden (siehe Hark: *Die Heilkraft der Träume* S. 63).

Denken (D.)

Mit Hilfe unseres D. erlangen wir einen Erkenntnisgewinn aus den Träumen und aus den kollektiven Träumen Lebenspläne aus der gemeinsamen Bilderwelt der Seele. C. G. Jung unterscheidet zwischen aktivem und passivem D. Ersteres ist ein zielgerichtetes D., das unsere Willenshandlungen bestimmt. Das passive D. wird auch intuitives D. genannt, mit dem wir die Ereignisse in den Träumen, Imaginationen und Phantasien rezipieren und intuitiv deuten. Mit Hilfe der D.-Funktion gelangen wir zu einer kritischen Distanz zu unseren Träumen und beurteilen diese nach den kognitiven Gesetzen der rationalen Logik (GW 6 § 774 ff.).

Empfinden (E.)

Darunter sind alle Sinnesempfindungen mit Hilfe unserer Sinnesorgane zu verstehen, des Sehens, Hörens, Tastens und Schmeckens. Mit Hilfe des E. nehmen wir die Realität um uns und die Körpergefühle in uns wahr. Das E. kann auch als Spürbewußtsein bezeichnet werden, in dem das sogenannte Traum-Ich die Dinge, Personen und Handlungen ganz realistisch spürt.

Evidenzgefühl (Eg.)

Das Eg. ist ein sinnliches Spürbewußtsein für die Stimmigkeit der erarbeiteten Traumdeutung und für die persönliche Wahrheit, die durch den Traum einsichtig wird. Für die stimmige Traumdeutung ist das Eg. von grundlegender Bedeutung, weil es die jeweilige Träumerin oder den Träumer vor fragwürdigen oder falschen Deutungen schützt. Das Eg. scheint nach meinen Erfahrungen mit der Fühlfunktion verbunden zu sein, die als wertende Funktion in uns über richtig und falsch, die Wahrheit und die Unwahrheit entscheidet.

Fühlfunktion (Ff.)

Die Ff. im Sinne der Jungschen Typologie ist ein Feeling für den Wert und die Bedeutung der Träume. Wir können uns die Bedeutung dieser Funktion durch das Sprachbild von den ausgestreckten »Fühlern« veranschaulichen. Bei entsprechender Entwicklung unseres Einfühlungsvermögens verstärkt sich unsere Empathie in den Beziehungen zu den Mitmenschen, den Tieren und der ganzen Schöpfung. In den großen Träumen mit archetypischen Symbolen fühlen wir eine noch tiefere und weitere Allverbundenheit mit der Menschheit, dem Kosmos und der »Weltseele«. Das Fühlen sollte nicht mit den Gefühlen und unserer Emotionalität verwechselt werden. Wir können die Ff. als ein ethisches Wertsystem in unserer Seele verstehen, das uns hilfreiche Maßstäbe an die Hand gibt, unsere Lebenssituationen und unsere Träume zu bewerten und zu beurteilen.

Ganzwerdung (GW)

Das grundlegende Ziel des Individuationsprozesses ist die GW der Person und die Heilung der Seele. Mit der Betonung des Werdens soll gesagt werden, daß unsere Selbstverwirklichung ein fortwährender Prozeß des Werdens ist. Dieser lebenslange Weg zur menschlichen Ganzwerdung ist nicht eindeutig oder rational festzulegen, sondern vollzieht sich in den unzähligen Lebenserfahrungen mit Freuden und Leiden. In unseren Träumen vollzieht sich die GW durch den Umgang mit heilenden Symbolen (siehe dort). Die GW ist kein modernes Modewort, sondern ein biblisches und spirituelles Prinzip, das als archetypisches Lebensmuster im Seelengrund einprogrammiert ist und in Gestalt der Selbst-Symbole und der Gottesbilder sichtbar werden kann. Für die GW ist der biblische Begriff »tamim« von grundlegender Bedeutung, das nach dem hebräischen Wortfeld mit »vollständig werden und Ganzsein« in über 200 Bibelstellen zu belegen ist (M. Luther übersetzt diese Stellen meistens mit fromm sein, und die biblische Einheitsübersetzung spricht von Rechtschaffenheit).

Intuition (I.)

In der Wahrnehmungsachse der Typologie bildet die I. den irrationalen Gegenpol zu der realitätsbezogenen Empfindungsfunktion. Während letztere in unseren realen Erfahrungen und in den Träumen die Details erkennt und wahrnimmt, ermöglicht uns das Ahnungsvermögen eine ganzheitliche Sicht der Lebenssituation und der Traumbilder. Nach Jung »präsentiert sich bei der I. ein Inhalt als fertiges Ganzes, ohne daß wir zunächst fähig wären, anzugeben oder herauszufinden, auf welche Weise dieser Inhalt zustande gekommen ist« (GW 6, 481). Menschen mit einem gut entwickelten Wahrnehmungskanal für die I. sind meistens auch besonders offen für kollektive Träume und ahnen die zukünftigen Möglichkeiten, die darin in Erscheinung treten. Menschen mit einer besonderen I. haben häufig

Wahrträume und Präkognitionen über zukünftige Ereignisse (siehe
S. 120). Ferner verfügen alle kreativen Menschen und schöpferischen
Künstler über eine gute I.

Kollektive Träume (KT)

Unter KT werden hier alle jene Träume verstanden, die mit ihren
archetypischen Symbolen aus dem kollektiven Unbewußten (C. G.
Jung) hervorgehen. Im Unterschied zu den individuellen Träumen,
die sich überwiegend auf die persönlichen Erfahrungen beziehen, verweisen die KT in ihrer räumlichen und zeitlichen Dimension auf die
gemeinsame Bilderwelt der Seele, an der alle Menschen in den großen
Lebensträumen Anteil haben können. Ähnlich wie die Telekommunikation im Internet können wir ihn den KT grenzüberschreitende
Erfahrungen machen, die unsere rationalen Erfahrungen erweitern
und eine Allverbundenheit ahnen lassen. Unsere traditionellen Vorstellungen von Vergangenheit, Zukunft und Gegenwart scheinen in
den KT im Sinne von Albert Einstein aufgehoben zu sein, wenn er
sagt: »Die Zukunft existiert gleichzeitig mit der Vergangenheit.« Im
bewußten Erleben erfahren wir die zeitliche Ausweitung in synchronistischen Phänomenen. In den KT erleben wir die Zukunft und die
Vergangenheit gleichzeitig in den gegenwärtigen Träumen. (Weitere
Merkmale siehe S. 167 und das Mandala mit Wortfeld zu KT, S. 13).

Mandala (M.)

Das M. ist ein zentrales Symbol in den Träumen und ein grundlegendes Merkmal für die kollektiven Träume. Der Begriff kommt aus dem
Sanskrit und bedeutet Kreis oder magischer Kreis. Alle Ausdrucksformen eines M. sind auf ein Zentrum und einen Mittelpunkt ausgerichtet. In den östlichen Traditionen und Religionen ist das M. ein Sinnbild für das Universum und ein Ausdruck für die ordnende Macht der
Götter und wird als Meditationshilfe benutzt, um die Gedanken und
Gefühle zu ordnen und auf ein Zentrum hin zu konzentrieren. C. G.
Jung hält die Symbolik des Mandalas für die therapeutische Arbeit für
ganz wichtig, weil es das seelische Gleichgewicht und eine innere Ordnung fördert und zur Ganzwerdung verhilft, und schreibt dazu: »Das
Grundmotiv ist die Ahnung eines Persönlichkeitszentrums, sozusa-

gen einer zentralen Stelle im Inneren der Seele, auf die alles bezogen, durch die alles geordnet ist, und die zugleich eine Energiequelle darstellt. Die Energie des Mittelpunktes offenbart sich im beinahe unwiderstehlichen Zwang und Drang, das zu werden, was man ist, wie jeder Organismus annähernd jene Gestalt, die ihm wesenseigentümlich ist, unter allen Umständen annehmen muß.« (GW 9/I, § 634) Der japanische Wissenschaftler Masaru Emoto hat zahlreiche Mandalas in den Kristallen durch das Mikroskop fotografiert und nachgewiesen, daß musikalische Schwingungen oder positiv besetzte Worte nach einiger Zeit ein Mandala in Erscheinung treten lassen (s. Abbildung mit erläuterndem Text, S. 178). Das M. ist ein wesentliches Merkmal für kollektive Träume. In der therapeutischen Arbeit wirken M. heilend, indem sie die Gefühle und das Seelenleben ordnen. Nach diesen vielfältig belegten Erfahrungen könnten die M. auch positiv auf das friedliche Zusammenleben der Menschen einwirken, indem sie gestaltet und meditiert werden oder in Ritualen begangen werden.

Objektstufe (OS)

Bei der Traumdeutung auf der OS werden alle handelnden Personen und Situationen des Traumes objektiv auf die äußere Realität bezogen. Wenn jemand von seinen Eltern, einer Partnerin, dem Nachbarn oder von einem Kollegen träumt, dann sind die Charaktereigenschaften und andere persönliche Merkmale dieser Person zu betrachten und auf das Traumbild zu beziehen. In der Regel ergeben sich dabei jedoch schon wesentliche Beziehungen zur Persönlichkeit des Träumers selbst, die dann auf der Subjektstufe (siehe dort) weiter zu betrachten sind.

Selbst (S . . .)

Das S . . . ist ein zentraler Begriff in der Tiefenpsychologie von C. G. Jung, das nach seiner Definition »nicht nur der Mittelpunkt, sondern auch jener Umfang, der Bewußtsein und Unbewußtes einschließt; es ist das Zentrum dieser Totalität, wie das Ich das Bewußtseinszentrum ist« (GW 12 § 44). Wir können das S . . . als Seelenkern in der Bilderwelt der Seele bezeichnen, das in vielfältigen symbolischen Ausdrucksformen in Erscheinung tritt, wie z. B. Mandalas, Gold- und

Edelstein sowie in allen nur erdenklichen Kostbarkeiten. In personalen Gestalten erscheint das S... in Christus oder Buddha sowie anderen Gottesbildern, ferner in den archetypischen Erscheinungen einer weisen Frau oder des alten Weisen. Das S... ist ein wesentliches Merkmal für kollektive Träume.

Subjektstufe (SS)

Bei der Traumdeutung auf der SS werden alle Traumfiguren als Abbilder innerpsychischer Faktoren und als subjektive Befindlichkeit des Träumers selber angesehen. Alle Personen, Objekte und Handlungen sind Ausdrucksformen der eigenen Seele, im Sinne der Selbsterkenntnis: »Das bist Du!« oder »So bist Du!«

Spiritualität (Sp.)

Die Sp. ist in der Gegenwart zu einem universalen Begriff für Ganzheitserfahrungen geworden. Sie kann in religiösen Symbolen zum Ausdruck kommen oder in jenen tiefgreifenden Erfahrungen, die einen Menschen »unbedingt angehen« (Paul Tillich). In den kollektiven Träumen wird die Sp. als ein Weben und Wehen des lebendigen Geistes erfahren und als Flüstern Gottes in den archetypischen Traumbildern. Manche Menschen machen spirituelle Erfahrungen durch die Erscheinung eines Heiligen oder einer Heiligen in ihren Träumen oder durch das Erscheinungsbild eines Engels.

Symbol (S.)

Der Begriff S. ist aus einem altgriechischen Verb abgeleitet mit der Grundbedeutung des Zusammenfügens. Durch die Symbol bildende Funktion der Seele werden in den Träumen fortwährend die verschiedensten Erfahrungen aus Vergangenheit und Zukunft zusammengefügt und für die Gegenwart eine Botschaft zur Lebensgestaltung darin zum Ausdruck gebracht. S. haben eine archetypische Qualität und wirken faszinierend und überzeugend auf das Bewußtsein. Im Unterschied zu der eher rational bedingten Sprache verbinden uns die S. mit der Bilderwelt der Seele und daher für die kollektiven Träume von grundlegender Bedeutung, weil sie eine tiefergehende Kommunikation zwischen den Menschen und Kulturen ermöglichen.

Transzendente Funktion (tF)

TF ermöglicht eine Synthese zwischen dem Bewußtsein und dem Unbewußtsein, indem durch die Bildung der vereinigenden Symbole eine Überwindung der Gegensätze und eine Heilung der neurotischen Verzerrungen des Lebens möglich wird. Insbesondere ermöglicht diese Funktion die schöpferischen Potentiale des Unbewußten zu nutzen. Jung hielt die tF für den wichtigsten Faktor im psychologischen Prozeß, und daher dürfte sie auch für die Deutung von kollektiven Träumen von grundlegender Bedeutung sein.

Traumkultur (TK)

Dieser Begriff wird vom Autor verwendet, um die Bedeutung der kollektiven Träume für die gegenwärtige Erneuerung der Gesellschaft zum Ausdruck zu bringen. Ähnlich wie die UNESCO das Kulturerbe der Menschheit schützt und die Weltgesundheitsorganisation die Rahmenbedingungen für die Gesunderhaltung schafft, sollte es bei diesen Institutionen auch eine Abteilung geben zur Förderung der TK, damit die wegweisenden Lebenskeime in den Träumen zum Aufbau einer friedevollen Gemeinschaft genutzt werden können. Da sich im kollektiven Unbewußten seit undenklichen Zeiten ein unermeßlicher Erfahrungsschatz angesammelt hat und in den kollektiven Träumen zum Ausdruck kommt, können diese Erfahrungen für die Krisenbewältigung genutzt werden, indem sie fortan ganzheitliche Lebensmuster für das Zusammenleben der Menschheit schaffen. Die angeregte TK könnte dazu beitragen, daß die starke Außenbesetzung der Menschen durch die Medien und die Politik durch die persönlichen Erfahrungen und innere Werte einen Gegenpol erhalten. Besonders in unserer Zeit der Globalisierung und der Überbetonung der Diesseitigkeit könnten Sinn stiftende Lebensmuster aus den archetypischen Symbolen und kollektiven Träumen für eine neue TK verwendet werden (siehe Argumente für eine TK, S. 210)

Anmerkungen

1 H. Hark: Der Traum als Gottes vergessene Sprache, 1982 6. Aufl. 1992; ferner meine Diss. Religiöse Traumsymbolik, Frankfurt 1980
2 G. H. v. Schubert: Die Symbolik des Traumes, 1814 S. 9 f.
3 H. Diels: Die Fragmente der Vorsokratiker, Reinbek 1957; W. Capelle: Die Vorsokratiker, Stuttgart 1968
4 In: C. A. Meier: Die Bedeutung des Traumes, Olten 1972 S. 82
5 H. Hark: Der Traum als Gottes vergessene Sprache (darin die Deutung biblischer Träume); ferner Art. »onar« v. Oepke in: Theolog. Wb. z. NT Bd. V S. 220 ff.
6 S. Freud: Die Traumdeutung, Ges. Werke, Frankfurt 1952–1953
7 Eine hilfreiche Übersicht in: Die Psychologie des 20. Jh. Bd. XV (mit Lit.)
8 R. Schmidt: Art. Traum in: Wb. d. Individualpsychologie hg. v. R. Brunner u. M. Titze, München 1995
9 C. G. Jung: Die praktische Verwendbarkeit der Traumanalyse, in: GW 16; ferner: Der Mensch u. seine Symbole; J. Jacobi: Die Psychologie v. C.G. Jung, div. Ausg. Einen Vergleich der Traumtheorien von Freud u. Jung in: L. Frey-Rohn: Von Freud zu Jung, Zürich 1980
10 C. G. Jung: Allgem. Gesichtspunkte zur Psychologie des Traumes in: GW 8 (1928/1948)
11 C. G. Jung: Der Mensch u. seine Symbole S. 50
12 A. S. Lyons, in: Der Blick in die Zukunft S. 413
13 Art. Kollektiv, in: Philos. Wb. hg. v. G. Schischkoff, Kröner, Stuttgart 1957 S. 318
14 Phil. Wb. S. 319
15 1. Kor. 10,16; 2. Kor. 13,13; weitere Stellen in: W. Bauer: Wb. z. Neuen Testament, Art. »koinonia«
16 2. Kor. 13,13; weitere Stellen sind mit Hilfe einer Bibelkonkordanz zu finden.
17 Dan. 8,27
18 Dan. 4,2 f.
19 Lukas 1,26 ff.
20 Die Traumserie berichtet Jung in: Der Mensch u. seine Symbole S. 69 f.
21 H. Hark: Den Tod annehmen
22 W. Pahnke, in: Rosenbohm: Schamanismus, Berlin 1991 S. 161
23 C. G. Jung: Briefe Bd. I bis III Sachregister: Unbewußtes, kollektives; ders. Der Begriff des kollektiven Unbewußten in: GW 9/I, S. 53 ff.
24 ders. GW 9/I, S. 55 f.; ferner in: Der Mensch u. seine Symbole
25 Jung: Erinnerungen S. 163
26 Erinnerungen S. 164
27 Erinnerungen S. 165
28 Briefe I S. 86

29 Briefe I S. 187
30 Briefe I S. 486 f.
31 Erinnerungen S. 179
32 Erinnerungen S. 180
33 V. Kast, in: Lieber C. G. Jung, hg. M. Schiess, Düsseldorf 2000 S. 51
34 Briefe 1 S. 223
35 Lieber Jung S. 51
36 Lieber Jung S. 120
37 Lieber Jung S. 121 f.
38 E. Lenk: Die unbewußte Gesellschaft S. 393
39 H. Hark: Die Heilkraft der Träume
40 Jung: Erinnerungen S. 293 f.
41 Jung: Erinnerungen S. 297
42 Jung: Erinnerungen S. 298
43 Jung: Erinnerungen S. 299
44 Erfahrungen mit Inkubationsträumen beim Kirchenschlaf, in: Heilkraft
   S. 282 ff.
45 Lukas 2,19
46 G. Graichen: Das Kultplatzbuch. Ein Führer zu den alten Opferplätzen, Heilig-
   tümern und Kultstätten in Deutschland, Hamburg 1988
   – B. L. Molyneaux: Heilige Plätze, magische Orte, Rheda 1996
   – M. Dimde: Die Heilkraft der Kirchen, Landsberg 1998
47 C. G. Jung: GW 12 § 6, GW 16 § 185; Lexikon S. 59
48 1. Kor. 6,19
49 F. Cramer: Der Zeitbaum – Eigenzeit u. Resonanz, in: Zeit haben, hg. v. H.
   Egner, Olten 1998 S. 115
50 H. v. Beit: Symbolik des Märchens, Bern 1971 4. Aufl. Register: das Schöne,
   Schönheit etc.
51 GW 6, 202
52 U. Mann: Vom Überschuß des Seins im Schönen, in: Eranos Jb. 1984
53 Ein ähnlicher Traum m. schöner Musik in: H. Hark: Der Traum als Gottes vergessene Sprache, Olten 1982 6. Aufl. 1992 S. 155 ff.
54 W. Abell: The collective dream in art, Cambridge 1957
55 V. van Gogh: Brief W 9 zit. in Ingo F. Walther u. R. Methger: Vincent van Gogh.
   Sämtliche Gemälde Bd. II S. 452
56 Brief 531 zit. bei Walther S. 684
57 Herbert Frank: Vincent van Gogh, Rowohlts Monogr., Reinbek 1976 S. 123
58 Ingrid Riedel: Maltherapie, Stuttgart 1992
59 Van Gogh: Brief W 9 (siehe Anm. 55) S. 454
60 Wolfg. K. Müller: Die Erkrankung des Vincent van Gogh unter neueren psy-
   chiatr. Gesichtspunkten, Innsbruck 1965
61 Aug. Kuhn-Foelix: Vincent van Gogh. Eine Psychographie, Memmingen
   1970
62 Wilh. Lange-Eichbaum u. W. Kurth: Genie, Irrsinn und Ruhm, Bd. 3, neue
   Ausg. v. W. Ritter, München 1985 S. 76
63 Lange-Eichbaum S. 78
64 Brief Nr. 514 in: A. M. Hammacher: Van Gogh. Die Biographie in Fotos, Bildern und Briefen, Stuttgart 1982
65 H. Schipperges: Hildegard von Bingen, Olten 1985 S. 14 (darin ausführliche
   Bibliographie zu Hildegard v. Bingen)
66 Chr. Feldmann: Hildegard von Bingen, Herder, Freiburg 1998 S. 109

67 Zit. bei Feldmann S. 109

68 Ludwig Binswanger in: Philosophisches Wörterbuch hg. von G. Schischkoff, Stuttgart 1957 S. 64 (dort weitere Literatur)

69 Art.: Kompensation in: Hark, Lexikon S. 97 f.

70 M. L. von Franz: Zur Typologie C. G. Jungs, Fellbach 1983; ferner H. Hark: Lexikon Art. Denken und Fühlen

71 Entsprechende Bibelstellen zur Bedeutung des Windes als Geist sind mit Hilfe einer Wortkonkordanz aufzufinden.

72 Der Traum findet sich bei J. Ježower: Das Buch der Träume (s. Lit. verz.) S. 90 ff.

73 Ich träume, also bin ich. Das Denken in Träumen von René Descartes, in: H. Hark: Die Heilkraft der Träume S. 92 ff.

74 Der Traum findet sich bei Ernst Aeppli: Der Traum und seine Deutung (s. Lit. verz.) S. 94

75 J. Fliege: Kirchenbeben. 150 Schritte aus der Kirchenkrise, Kreuz-Verlag, Stuttgart S. 14 ff.

76 H.-J. von Schumann: Träume der Blinden, Basel 1959

77 Was Blinde Träumen, in: H. Hark: Die Heilkraft der Träume S. 191 ff.

78 Z. Szabó: Buch der Runen, München 1985 S. 136

79 B. Wallrath: Das keltische Baumhoroskop, Neuwied 1995

80 C. G. Jung: Ges. W. Bd. 8, S. 291

81 Th. u. A. Seifert: So ein Zufall!, Freiburg 2001

82 Seifert a. a. O. S. 90

83 F. A. Wolf: Die Physik der Träume. Von den Traumpfaden der Aborigines bis ins Herz der Materie, Berlin 1995

84 Wolf S. 398

85 Wolf S. 246

86 Wolf S. 66

87 Wolf S. 399

88 Wolf S. 399

89 Wolf S. 407

90 Gal. 5,22

91 Mein herzlicher Dank geht an Schwester Sophia (Pseudonym) für die Erlaubnis, aus ihren umfangreichen Traumaufzeichnungen von über eintausend Träumen eine Auswahl berichten zu dürfen.

92 Gen. 2,7

93 1. Kön. 17,19; Apg. 20,10

94 Gen. 30,37 f.

95 B. Wallrath: Das keltische Baum-Horoskop, Neuwied 1995 S. 79

96 Sp. 8,14; Jes. Sir. 15,2

97 Bar. 3,37

98 Ex. 16,10

99 Andrea Dell Verrocchio (1435–1488): Erzengel Raphael mit Tobias auf dem Weg, Titelbild bei H. Hark: Mit den Engeln gehen

100 Ps. 118,22; 1. Petr. 2,4; weitere Stellen mit Hilfe einer Bibelkonkordanz

101 Mt. 21,43

102 Apg. 4,11

103 Offbg. 2,17

104 Spr. 8,22 ff.

105 H. Hark: Brief an C. G. Jung zum 125. Geburtstag, in: Lieber C. G. Jung, hg. v. M. Schiess, Düsseldorf 2000

106 Siehe der vergiftete Apfel bei »Schneewittchen«; zur Fülle der Todesmotive in Märchen siehe H. v. Beit: Symbolik des Märchens, im Register unter: Tod, Todesbote, Todeszeichen
107 H. Hark: Der Gevatter Tod. Ein Pate fürs Leben. (Reihe: Weisheit im Märchen) Stuttgart 1986
108 K. v. Sury: Wörterbuch der Psychologie, S. 109
109 H. Hark: Träume vom Tod, Stuttgart 1987. Ders.: Der Tod in der Sicht der Jungschen Tiefenpsychologie in: Tod u. Wandel im Märchen. Vorträge bei der Europäischen Märchengesellschaft, Salzburg 1989. Ders.: Den Tod annehmen. Unser Umgang mit dem Sterben als Chance der Reifung, München 1995.
110 siehe Anm. 107
111 Reiches Bildmaterial im Ausstellungskatalog: Der Weltuntergang, hg. v. E. Halter u. M. Müller, Zürich 1999
112 H. Hark: Den Tod annehmen S. 108 ff.
113 C. G. Jung: Symbole der Wandlung
114 Christine Walde: Antike Traumdeutung u. moderne Traumforschung, Düsseldorf 2001
115 A. S. Lyons: Die Kulturgeschichte der Traumdeutung, in: Der Blick in die Zukunft, Köln 1991
116 Hanns Bächtold-Stäubli (Hg.): Handwörterbuch des deutschen Aberglaubens, Berlin-Leipzig 1930/31
117 H. v. Beit siehe Anm. 106
118 Dies.
119 C. G. Jung: Erinnerungen
120 K. Ring: Den Tod erfahren – das Leben gewinnen, München 1985; R. Moody: Leben nach dem Tod, Reinbek 1977; E. Kübler-Ross: Leben bis wir Abschied nehmen, Stuttgart 1980. Dies.: Verstehen, was Sterbende sagen wollen, Stuttgart 1981. Dies.: Über den Tod u. das Leben danach, Melsbach 1984
121 H. Hark: Den Tod annehmen
122 C. G. Jung: GW 8 §§ 145 u. 193
123 Mt. 20, 17 f.; Luk. 18,31 f.
124 Joh. 16, 30
125 C. G. Jung: Briefe Bd. 2 S. 252 ff.
126 C. G. Jung: Erinnerungen S. 389 ff.
127 C. G. Jung: GW Bd. 14 II §§ 388, 417
128 C. G. Jung: GW in Sachregistern unter Seele und Psyche
129 E. Kübler-Ross: Leben, bis wir Abschied nehmen, Stuttgart 1980; dieselbe: Verstehen was Sterbende sagen wollen, Stuttgart 1981; dieselbe: Über den Tod und das Leben danach, Melsbach 1984, V. Kast: Trauern. Phasen und Chancen des psychischen Prozesses, Stuttgart 1977
130 Luk. 16,26
131 W. Bauer: Wörterbuch zum Neuen Testament, Berlin 1958 Sp. 1738
132 H. Hark: Den Tod annehmen S. 148 f.
133 Segen in: Die Religion in Geschichte und Gegenwart Bd. 5, 1648 ff.
134 Mt. 28, Mk. 16 u. Parallelen
135 Luk. 24,50
136 H. Hark: Den Tod annehmen S. 249 ff.
137 J. L. Borges: Buch der Träume, München 1981 S. 96
138 Peter Boerner: Goethe, rororo – Monographien 1995 S. 46

139 Paul Fischer: Goethe-Wortschatz, Leipzig 1929 S. 628
140 Karl J. Obenauer: Goethe Taschenlexikon 1955, Stichwort: Traum siehe auch Goethes erotischer Fasanentraum in: H. Hark: Die Heilkraft S. 42 ff.
141 Mein persönlicher Dank an Jürgen Fliege für die Einladung zur Traumsendung über Wahrträume (gesendet bei der ARD am 9. Oktober 2001)
142 Peter Walden: Die hohe Schule der Traumdeutung S. 128
143 Siehe S. 151
144 Simon/Clement/Stierlin: Die Sprache der Familientherapie S. 233
145 Simon a. a. O. S. 234
146 H. Stierlin: Delegation und Familie, Frankfurt 1982 S. 154
147 Tagebuch v. 6. Mai 1912 in: Franz Kafka: Träume, Frankfurt 1993 S. 32
148 F. Kafka: Brief an den Vater, Frankfurt 1986 S. 13
149 W. Emrich, in Anm. 147 S. 81
150 Stierlin S. 154 f. (wie Anm. 4)
151 H. E. Richter: Bedenken gegen Anpassung, Hamburg 1995 S. 144
152 T. Moser: Dämonische Figuren, Frankfurt 1996 S. 130
153 Moser S. 311
154 Claire Sylvia: Herzensfremd S. 13
155 Herzensfremd S. 15
156 a. a. O. S. 11 f.
157 a. a. O. S. 276
158 a. a. O. S. 278 f.
159 Amelie Schenk: Herr des schwarzen Himmels. Zeren Baawai – Schamane der Mongolei, Bern 2000
160 Klaus E. Müller: Schamanismus, Beck, München 1997 S. 19
161 Robert Kraan: Geheimnisvolle Kultur der Traumzeit, S. 208 f.
162 Kraan S. 136
163 Kraan S. 112
164 Jeannett M. Gagan: Reise zum Selbst, München 2000 S. 56
165 Gagan S. 184
166 Artikel Sophia, in: Theologisches Wörterbuch zum Neuen Testament Bd. VII S. 465–529 (dort theologische Fachliteratur)
167 Artikel: Weise sein, in: Jenni und Westermann: Theologisches Handwörterbuch zum Alten Testament S. 557–567
    F. Christ: Jesus Sophia. Die Sophia-Christologie bei den Synoptikern
168 Jenni S. 566
169 Luk. 2,52; F. Christ: Jesus Sophia
170 Kol. 3,2
171 G. von Rad: Die Erfahrungsweisheit Israels, in: Theologie des Alten Testaments Bd. I S. 430 ff., München 1962
172 Gen. 37–50
173 M. L. von Franz: Der Individuationsprozeß, in: Der Mensch und seine Symbole S. 177 ff.; H. Hark: Lex. Art.: Anima und Animus
174 H. Hark: Mit den Engeln gehen
175 Die Vorläufer der Anima in Gestalt der Musen, in: H. Hark: Die Heilkraft S. 60
176 C. G. Jung: GW Bd. 8 § 407
177 Parallelismus membrorum, in: A. Weiser: Einleitung in das Alte Testament, Göttingen 1957
178 M. Morgan: Traumfänger, München 1995
179 1. Kön. 3

180 L. Hermes: Traum und Traumdeutung in der Antike, Zürich und Düsseldorf 1996
181 H. Hark: Heilkraft der Träume S. 282 f. (Interessenten am Kirchenschlaf wenden sich an Dr. Helmut Hark, 76228 Karlsruhe, Batzenhofweg 5)
182 H. Diels: Die Fragmente der Vorsokratiker
183 C. G. Jung: Erinnerungen S. 10
184 Erinnerungen S. 225
185 M. L. von Franz: C. G. Jung, Frauenfeld 1972 S. 30
186 V. Kast: Kreativität in der Psychologie von C. G. Jung, Zürich 1974 S. 57
187 Ex. 12 (in Auswahl)
188 Jes. 53; Apg. 8,32
189 1. Petr. 1,19
190 Joh. 1,29. 36; 1. Petr. 1,19 Zum Begriff »Lamm Gottes« siehe J. Jeremias: Art. »amnos« in: Theol. Wörterbuch zum NT Bd. I, 342 f.; ferner: Die Religion in Geschichte und Gegenwart (RGG), 3. Auflage Bd. IV Sp. 218
191 Joh. 1,29
192 Herbert Schade: Lamm Gottes und Zeichen des Widders, Freiburg 1998
193 Schade S. 95
194 Offb. 14,6
195 Offb. 5,12 ff.
196 H. Hark: Die Spiritualität in Träumen, in: Die Heilkraft der Träume; ferner Chr. Schütz: Praktisches Lexikon der Spiritualität, Freiburg 1988
197 Artikel: Propheten in: Religion in Geschichte und Gegenwart Bd. 5, 608 ff.
198 C. G. Jung: Erinnerungen
199 M. Chagall: Mein Leben, Stuttgart 1959
200 Chagall S. 81 f.
201 Chagall S. 29
202 Chagall S. 148
203 Alexandra Schatskich in: Marc Chagall, Ausstellungskatalog Frankfurt 1991
204 A. Kamenski: Chagalls Frühwerk . . . in: Ausstellungskatalog S. 47
205 Franz Meyer: Marc Chagall, Leben und Werk, Köln 1961
206 A. Rosenberg: Engel und Dämonen, München 1992 S. 15
207 Rosenberg S. 17
208 H. Hark: Mit den Engeln gehen
209 Jes. 40
210 M. L. von Franz: Zahl und Zeit, Stuttgart 1990
211 P. Lapide: Ist die Bibel richtig übersetzt? S. 54
212 M. L. von Franz: Zur Typologie C. G. Jungs, Fellbach 1983; Alfred Ribi: Die feindlichen Brüder: Extraversion – Introversion, Brugg 1993
213 Phil. 4,7
214 C. G. Jung: Der Mensch und seine Symbole S. 37
215 In: Jung-Zeit, 4. Heft, Februar 2000 S. 6, C. G. Jung-Gesellschaft Köln
216 H. Hark: Der Traum als Gottes vergessene Sprache und Träume als Ratgeber; ferner: Todesträume selber deuten, in: Den Tod annehmen S. 108 ff.
217 Simon/Clement/Stierlin: Die Sprache der Familientherapie, Stuttgart 1999
218 J. Gebser: Ursprung und Gegenwart, Teil 1 S. 83
219 Gebser S. 88 f.
220 H. Hark: Tierträume selber deuten lernen, in: Tier-Träume. Von der Klugheit unserer Instinkte S. 223 ff.
221 Gen. 37

222 C. G. Jung: Die Archetypen und das kollektive Unbewußte, in: GW 9/I; ferner in: H. Hark: Lexikon Jungscher Grundbegriffe, Art. Archetypus
223 G. Devereux: Träume in der griechischen Tragödie, Frankfurt 1985
224 H. Hark: Die Kreativität der Träume, in: Die Heilkraft der Träume
225 Tiefenpsychologische Märchendeutungen in der Reihe: Weisheit im Märchen, herausgegeben von Th. Seifert sowie die Märchendeutungen von E. Drewermann
226 Zauber der Mythen, hg. v. Th. Seifert
227 E. T. Gendlin: Dein Körper – Dein Traumdeuter, Salzburg 1987; A. Mindell: Der Leib und die Träume, Paderborn 1990

Abkürzungen

Briefe . . . . C. G. Jung: Briefe Bd. 1–3
Der Mensch . . . C. G. Jung: Der Mensch und seine Symbole
Erinnerungen . . C. G. Jung: Erinnerungen, Träume, Gedanken
G W . . . . C. G. Jung: Gesammelte Werke
Heilkraft . . . . . H. Hark: Die Heilkraft der Träume
Lexikon . . . . . . H. Hark (Hg.): Lexikon Jungscher Grundbegriffe

Abkürzungen der biblischen Bücher:

Apg. . . . . Apostelgeschichte
Bar. . . . . Baruch
Ex. . . . . Exodus (2. Buch Mose)
Gal. . . . . Galater-Brief
Gen. . . . . . . Genesis (1. Buch Mose)
Jes. . . . . Jesaja
Jes. Sir. . . . . . Jesus Sirach
Joh. . . . . Johannes
Kol. . . . . Kolosser-Brief
1. Kön. . . . . . . 1. Könige
1. Kor. . . . . . . 1. Korinther-Brief
Luk. . . . . Lukas
Mt. . . . . Matthäus
Offb. . . . . . . Offenbarung des Johannes
1. Petr. . . . . . . 1. Petrus-Brief
Phil. . . . . Philipper-Brief
Ps. . . . . Psalmen
Spr. . . . . Sprüche
Weis. . . . . . . Buch der Weisheit

Literatur

Abell, W.: The collective dream in art, Cambridge 1957

Adam, K.-H.: Therapeutisches Arbeiten mit Träumen, Berlin-Heidelberg 2000

Aeppli, E.: Der Traum und seine Deutung, München 1998

Analytische Psychologie: Zeitschrift für Analyt. Psychol. u. ihre Grenzgebiete, Basel 5 (1974) ff.

Artemidor: Das Traumbuch, Zürich-München 1979

Bachelard, G.: Poetik des Raumes, Frankfurt 1994

Ball, P.: 10 000 Träume, München 1997

Behringer, H. G.: Die Heilkraft der Feste, München 2. Aufl. 1998

Beit, H. v.: Symbolik des Märchens, Bern-München 4. Aufl. 1971

Bender, H.: Präkognitionen in Traumserien, in: Zeitschrift für Parapsychologie u. Grenzgebiete, 5 (1961/1962)

Ders.: Zukunftsvisionen, Kriegsprophezeiungen, Sterbeerlebnisse. Aufsätze zur Parapsychologie Bd. II, München 1983

Ders.: Verborgene Wirklichkeit, Olten 1973

Berendt, J.-E.: Hinübergehen. Das Wunder des Spätwerks, Frankfurt 1993

Binswanger, L.: Wandlungen in der Auffassung u. Deutung des Traumes von den Griechen bis zur Gegenwart, Berlin 1928

Blamberger, G.: Das Geheimnis des Schöpferischen, Stuttgart 1991

Borges, J. L.: Buch der Träume, München 1981

Boss, M.: Es träumte mir vergangene Nacht, Bern 1975

Chagall, M.: Mein Leben, Stuttgart 1959

Christ, F.: Jesus Sophia. Die Sophia-Christologie bei den Synoptikern, Zürich 1970

Coelho, P.: Handbuch des Kriegers des Lichts, Zürich 2001

Dahlke, R.: Arbeitsbuch zur Mandala-Therapie, München 1999

Damasio, A. R.: Descartes' Irrtum, München 2001

Dieckmann, H.: Umgang mit Träumen, Stuttgart 1978

Ders.: Träume als Sprache der Seele, Stuttgart 1972

Faraday, A.: Deine Träume, Schlüssel zur Selbsterkenntnis, Frankfurt 1978

Franz, M. L. v.: Der Individuationsprozeß, in: Jung, Der Mensch

Dies.: Träume, Zürich 1985

Freud, S.: Gesammelte Werke, Frankfurt 1952–1953

Fromm, E.: Märchen, Mythen, Träume, Stuttgart 1980

Gorgo, Zeitschrift für archetypische Psychologie u. bildhaftes Denken. Fellbach 1979, Heft 1 ff.

Hall, J.: Arbeit mit Träumen in Klinik und Praxis, Paderborn 1982

Halter, E. u. M. Müller: Der Weltuntergang, Zürich 1999

Hark, H.: Religiöse Traumsymbolik, Frankfurt 1980

Ders.: Der Traum als Gottes vergessene Sprache, Olten 1982, 6. Aufl. 1992

Ders.: Vom Kirchentraum zur Traum-Kirche, Olten 1987

Ders.: Jesus der Heiler, Olten 1988

Ders.: Lexikon Jungscher Grundbegriffe, Olten 1988, 4. Aufl. 1998

Ders.: Heilkräfte im Lebensbaum, München 1992

Ders.: Den Tod annehmen. Unser Umgang mit dem Sterben als Chance der Reifung, München 1995

Ders.: Mit den Engeln gehen. Die Botschaft unserer spirituellen Begleiter, München 3. Aufl. 1998

Hermes, L.: Traum und Traumdeutung in der Antike, Zürich 1996

Hillman, J.: Am Anfang war das Bild, München 1983

Jacobi, J.: Die Psychologie von C. G. Jung, Frankfurt 1977

Ježower, I.: Das Buch der Träume, Berlin 1928 / 1985

Jung, C.G.: Gesammelte Werke, Bd. 1-20, Olten 1971 ff.

Ders.: Briefe, Bd. 1-3 Olten 1972 ff.

Ders.: Erinnerungen, Träume, Gedanken, Zürich 1967

Ders.: Der Mensch und seine Symbole, Olten 14. Aufl. 1995

Kankeleit, O.: Das Unbewußte als Keimstätte des Schöpferischen, München 1959

Kast, V.: Kreativität in der Psychologie von C. G. Jungs, Diss. Zürich 1974

Dies.: Der schöpferische Sprung, Olten 1987

Dies.: Wege aus Angst und Symbiose, Olten 1982

Dies.: Der Schatten in uns, Zürich-Düsseldorf 1999

Kiessig, M.: Dichter erzählen ihre Träume, Stuttgart 1976

Lange-Eichbaum, W. u. W. Kurth: Genie, Irrsinn und Ruhm, Bd. 3 Die Maler u. Bildhauer, München-Basel 7. Aufl. 1985

Lapide, P.: Ist die Bibel richtig übersetzt? Gütersloh 1986

Lenk, E.: Die unbewußte Gesellschaft. Über die mimetische Grundstruktur in der Literatur u. Traum, München 1983

Lyons, A. S.: Der Blick in die Zukunft. Eine illustrierte Kulturgeschichte, Köln 1991

Lyons, A. S.: Die Kulturgeschichte der Traumdeutung, in ders.: Der Blick in die Zukunft, Köln 1991

Meier, C. A.: Die Bedeutung des Traumes, Olten 1972

Morgenthaler, Ch.: Der religiöse Traum, Stuttgart 1992

Moser, T.: Dämonische Figuren. Die Wiederkehr des Dritten Reiches in der Psychotherapie, Frankfurt 1996

Müller, K. E.: Schamanismus, München 1997

Mylius, Chr.: Traumjournal. Experimente mit der Zukunft, Stuttgart 1974

Neumann, E.: Der schöpferische Mensch und die »Große Erfahrung« in: Eranos-Jahrb. XXV (1956)

Ders.: Ursprungsgeschichte des Bewußtseins, Olten 1971

Ders.: Die Große Mutter, Zürich 1956

Ders.: Tiefenpsychologie und neue Ethik, Frankfurt 1985

Riedel, I.: Marc Chagalls Grüner Christus, Olten 1985

Dies.: Maltherapie, Stuttgart 1992

Dies.: Bilder in Therapie, Kunst u. Religion, Stuttgart 1988

Riess, G.: Traumbild Feuer, Olten 1986

Schade, H.: Lamm Gottes und Zeichen des Widders, Freiburg 1998

Schenk, A.: Herr des schwarzen Himmels, Bern 2000

Schubert, H. G. v.: Die Symbolik des Traumes, Bamberg 1814

Sury, K. v.: Wörterbuch der Psychologie, Basel 1967

Teupert, N.: Die Rätsel des Lebens. Energetische Astrologie u. Traumarbeit, Genf 1994

Vedfelt, O.: Dimensionen der Träume, Zürich-Düsseldorf 1997

Walden, P.: Die hohe Schule der Traumdeutung, Genf 1983

Wolf, F. A.: Die Physik der Träume, Berlin 1995

Spirituelle Traum-Gemeinschaft

Im Advent 2001 wurde in einem Ausbildungskurs zum Traumberater die »Spirituelle-Traum-Gemeinschaft« (STG) gegründet. Es ist ein Zusammenschluß von Träumerinnen und Träumern, die durch einen großen Traum mit archetypischen Symbolen besondere spirituelle Erfahrungen gemacht haben, die den bisherigen Glauben und die religiöse Orientierung beleben, erweitern und ergänzen. Die STG dient dem Erfahrungsaustausch mit kollektiven Träumen und will in der Zeit des gesellschaftlichen Umbruchs eine geistige Heimat bieten. Ferner will die STG eine Reaktion sein auf die erschütternden Ereignisse am 11. September 2001 in New York. Die STG ist keine kirchliche oder religiöse Organisation, auch keine Sekte oder eine politische Gruppierung, sondern eine überkonfessionelle Gemeinschaft von Personen, die sich um spirituelle Wegweisung durch kollektive Träume bemühen.

Die theologische Grundlage der STG ist das biblische und tiefenpsychologische Verständnis der Träume als einer der möglichen Offenbarungsquellen Gottes, wie es durch den Propheten Joel 3 angezeigt wird und bei der Ausgießung des Geistes beim ersten Pfingstfest erneut bezeugt wird (Apostelgesch. 2).

Die tiefenpsychologische Grundlage der STG ist die Traumpsychologie von C. G. Jung, wie sie von den analytischen Psychotherapeuten und den Leitern/Leiterinnen der Arbeitskreise vertreten wird.

Ziele der STG sind u. a.:
- persönliche Lebenshilfe durch wegweisende Träume
- Beachtung der Heilkräfte in Träumen
- ganzheitliche Spiritualität
- Förderung der Ausbildung zum Traumberater (bitte gesonderten Prospekt anfordern)
- spezielle »Seelsorge« in der Trauerarbeit und Sterbebegleitung durch Träume
- Vorträge und Öffentlichkeitsarbeit zur Förderung einer Traum-Kultur

Mitglied in der STG kann jede Person werden, die an spiritueller Traumarbeit interessiert ist und einen Traum mit archetypischen Symbolen an das TRAUMARCHIV zu Hdn. Dr. Helmut Hark, Batzenhofweg 5, 76228 Karlsruhe einsendet. Kriterien für einen kollektiven Traum sind aus dem Mandala S. 13 ersichtlich.

Wenn Sie an einer Arbeitstagung der STG teilnehmen möchten oder an der Ausbildung zum Traumberater (für alle Berufsgruppen in psychosozialen Arbeitsfeldern) interessiert sind, dann schreiben Sie an meine Adresse.

Dr. Helmut Hark

Dank

Mein erster Dank gilt meinem »Schreibengel«, der mich oftmals inspirierte und die stockenden Gedanken zum Fließen brachte. Ähnlich wie der antike Dichter Homer am Anfang seines Werkes die Musen um Beistand anrief und sie als »Nährerinnen der Seele und Erheberinnen der denkenden Kraft« erlebte (siehe H. Hark: *Die Heilkraft der Träume*, S. 63), so imaginierte ich den Schreibengel zur Inspiration. Damit keine Mißverständnisse entstehen, möchte ich mich von den »Durchgaben« esoterischer Autorinnen distanzieren und sagen, daß das Geschriebene durchdacht wurde und auf langjährigen Erfahrungen in der Traumtherapie beruht. Hinzu kommt die Intuition, die nach Paulo Coelho für einen Krieger des Lichts sehr wichtig ist (Handbuch S. 61).

Ein besonderer Dank gilt allen Teilnehmerinnen meiner Traumseminare und Ausbildungsgruppen zum Traumberater, die mir ihre Träume zur Verfügung stellten: um deren persönliche Identität zu schützen, habe ich Pseudonyme verwendet. Ein weiterer Dank gilt allen Schreibkräften, die meine mündlichen Diktate tippten.

Schließlich sei Frau Dr. Fischer und Herrn Nahrmann, den Lektoren des Walter Verlags, für die verständnisvolle Betreuung des Manuskripts vielmals gedankt.

Interessenten an meiner Ausbildung zum Traumberater, die in einem psychosozialen Arbeitsfeld stehen sollten, erhalten eine Informations-Broschüre von

Dr. Helmut Hark, Batzenhofweg 5, 76228 Karlsruhe